기본행마로
감각을 키워라

기본에 충실하면 기력향상은 저절로 따라온다!

기본**행마**로
감각을 키워라

초판 1쇄 발행 2016년 11월 1일
초판 3쇄 발행 2019년 8월 20일

감 수   목진석
지은이   이하림
발행인   조상현
발행처   더디퍼런스

등록번호   제2018-000177호
주소   경기도 고양시 덕양구 큰골길 33-170
문의   02-712-7927
팩스   02-6974-1237
이메일   thedibooks@naver.com
홈페이지 www.thedifference.co.kr

독자여러분의 소중한 원고를 기다리고 있습니다. 많은 투고 부탁드립니다.

ISBN 979-11-86217-58-0 13690

이기는 바둑

목진석 감수 · 이하림 지음

기본행마로
감각을 키워라

기본에 충실하면 기력향상은 저절로 따라온다!

더디퍼런스

　바둑의 승패는 궁극적으로 집의 많고 적음으로 판가름하지만 그 과정은 한수 한수 행마(行馬)의 연속입니다. 우선 '행마'란 '돌이 움직이는 길' 정도로 이해하면 되겠지요. 바둑은 수담(手談)이라고도 합니다. 손으로 나누는 대화란 뜻이죠. 서로 돌을 번갈아 놓으며 소통하는 것입니다. 인간사회의 소통에서는 의견이 같으면 평화롭지만, 의견이 엇갈리면 말다툼이 생깁니다. 바둑도 인생의 축소판 그대로입니다. 단, 바둑은 평화롭게만 진행되지는 않습니다. 승패가 갈리는 승부의 속성상 어디선가는 싸움이 반드시 벌어집니다. 다만 그런 싸움 속에서도 항상 타협을 해나갈 뿐입니다. 그런 점이 바둑의 매력으로 인생이 배워야 할 점이죠. 바둑은 승부와 타협이 공존하면서 가치를 창조해 갑니다. 아무튼 승부는 승부. 접전이 벌어지면 행마가 좋고 나쁘냐에 따라 판의 유불리가 달라질 것은 분명합니다.

　행마는 바둑의 처음부터 끝까지 이어지므로 너무 광범위합니다. 그런데 출발을 생각해 보면 그 기본은 바로 내 돌의 연결에 있습니다. 그런 연결의 관점에서 보면 가장 기본이 되는 것은 이른바 쌍점, 마늘모, 한칸, 날일자 등의 행마입니다. 이런 모양을 상대가 끊기는 어렵습니다. 그러므로 행마의 이론은 여기서부터 출발합니다. 바둑은 귀와 변에서 출발하므로 이런 기본행마를 귀와 변에서는 어떤 목적으로 사용하는지 살펴야 하겠지요.

　이 책은 주로 귀와 변에서의 접전에 토대를 두고 기본행마의 이론과 활용, 그리고 좀 더 진화된 행마의 급소와 운영을 단계적으로 배우게 됩니다. 귀와 변의 행마법을 익히게 되면 부분 접전에서의 힘이 붙고 판 전체를 이끌어가는 감각이 생길 것입니다.

1장 '이론형 행마의 기본 지식'에서는 주로 기본행마의 이론적 지식에 주안점을 두고 비교적 간단한 활용을 배우게 됩니다. 2장 '활용형 행마의 기본 감각'에서는 기본행마의 본격적 활용에 뜻을 두고 있습니다. 따라서 공격과 방어의 다양한 장면이 등장할 것입니다. 1장과 2장은 행마의 기초 편으로 보면 좋겠습니다.

바둑을 두다 보면 여러 전략적 상황에 접하게 됩니다. 3장 '전략형 행마의 급소 감각'에서는 이런 다양한 장면에서 행마의 급소는 어디인지 배우게 됩니다. 따라서 여기서는 다채로운 맥이 등장하게 됩니다. 초반과 중반 전투에 요긴하게 쓰일 본격 행마법이라 보면 좋을 것입니다. 4장 '실전형 행마의 고급 감각'에서는 부분적인 기술을 토대로 하면서도 전체 판을 염두에 두고 운영하는 데 초점을 맞추고 있습니다. 3장과 4장은 행마의 실전 편으로 불러도 좋겠습니다.

바둑은 기술과 감각의 종합체입니다. 여기에 초점을 맞춰 굳이 분류하자면 1장~3장은 행마의 기술을 배우며 기본 감각이 싹틀 것이고, 4장은 행마의 실전적인 고급 감각에 눈을 뜨게 될 것입니다. 이런 구성은 물론 부족한 점과 다양한 평이 있겠지만 어디까지나 내심 체계적으로 배우게 하려는 필자의 생각이 강하게 작용한 것이지요. 어떻게 소화할 것인지는 여러분의 몫이기도 합니다.

또 구성에 흥미를 더하고자 각 장 말미에 '라이브 실전 포인트'라는 코너를 두어 그리 복잡하지 않은 실전과 소통하면서 숨을 고르는 시간을 갖도록 배려했습니다.

바둑의 행마는 기술과 감각이 핵심입니다. 기술은 정교함이 필요하고 감각은 전체를 바라보는 폭넓은 안목이 필요합니다. 기술이 늘어나면 감각도 좋아질 것입니다. 반대로 감각을 키우면 기술도 좋아지는 법입니다.

바둑은 전체와 부분을 대변하는 가치와 효율 면에서 조화가 이루어지면 최상입니다. 행마는 돌과 돌이 서로 소통할 때 효율과 가치가 커집니다. 그래서 평면적 행마보다 입체적 행마를 강조합니다. 이 책이 그런 지혜로운 행마로 감각을 키우는 데 큰 역할이 되었으면 하는 바람입니다.

이하림

● 차례

1
이론형
행마의
기본 지식

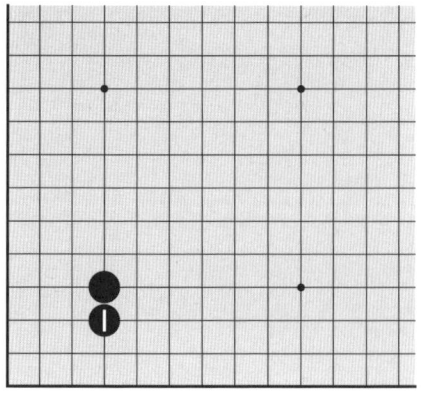

1도

1도(쌍점 행마)

흑1로 붙여 두는 형태를 쌍점 행마라고 부른다.

　가장 튼튼한 형태로 두거나 힘을 비축할 경우에 주로 사용한다. 접전으로 판이 좁혀지면 맥을 구사할 때도 사용한다.

　보통은 효율 면에서는 떨어지므로 주의해서 두어야 한다.

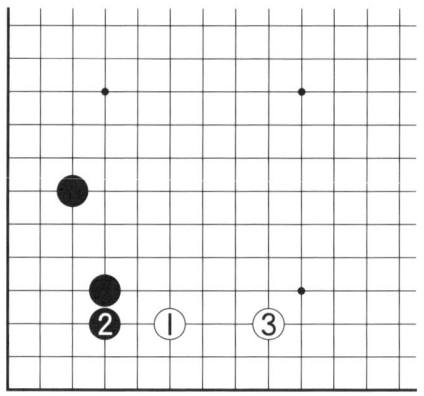

2도

2도(화점 눈목자굳힘에서)

귀에서 흑이 눈목자로 굳힌 형태다. 여기서 백1로 걸쳐오면 흑2의 쌍점으로 받는 것이 튼튼한 수비법이다. 그러면 백3으로 두칸 벌리는 흐름이 될 것이다.

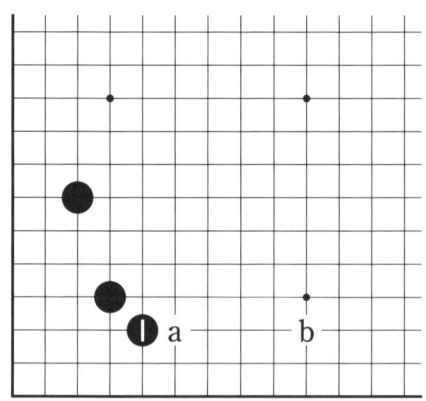

3도

3도(효율)

만일 눈목자굳힘에서 흑이 단독으로 둔다면 1의 마늘모나 a의 날일자 행마가 더 효율적일 것이다. 혹은 때에 따라 b의 벌림도 있을 것이다.

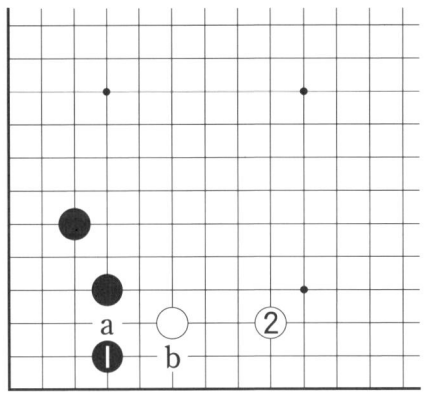

4도

4도(화점 날일자굳힘에서)

화점 날일자굳힘에서 백의 걸침이라면 흑a의 쌍점 지킴은 너무 튼튼하기만 하다.

　보통 1의 한칸 지킴이 탄력이 있다. b의 붙임도 있어 집으로도 약간 유리한 것이다.

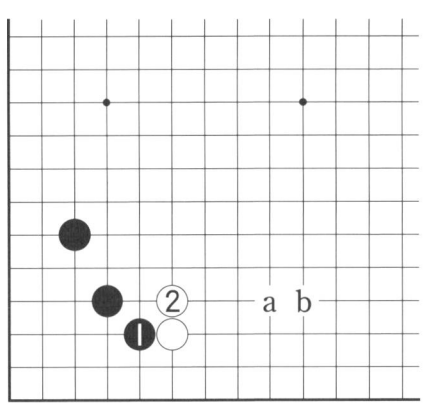

5도

5도(공격 행마)

귀의 지킴이 튼튼한 형태에서는 차라리 흑1로 마늘모 붙여 공격하는 행마가 활발한 경우가 많다.

　다음 백2로 올라서면 흑a나 b로 공격하는 흐름이 된다.

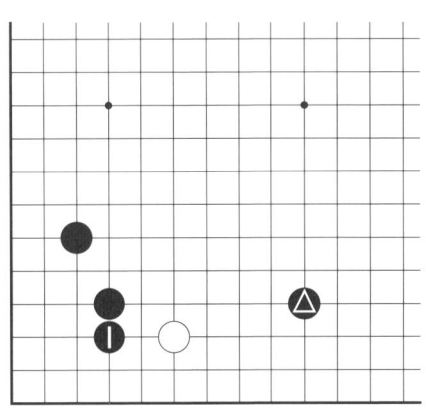

6도

6도(유효)

흑▲로 변에 지원군이 있을 경우, 이번에는 흑1의 쌍점 지킴이 유효하다.

　백에 대한 공격도 겸해 확실한 가치가 있다. 바둑은 고정된 사고를 버려야 발전한다.

11

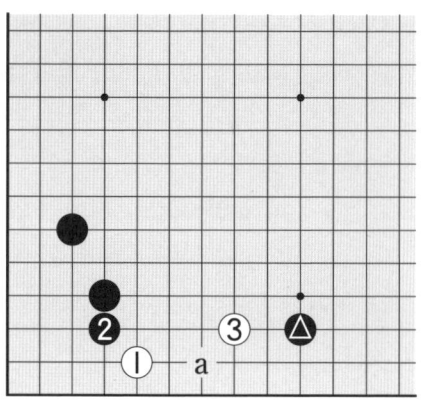

7도

7도(귀의 방어법)

흑이 화점 굳힘에서 ▲로 벌린 장면인데 백1의 침입에는 흑2의 쌍점이 귀의 안전한 방어법이다. 백3으로 벌려 일단락이다. 차후 흑은 a의 치중을 노릴 수 있다.

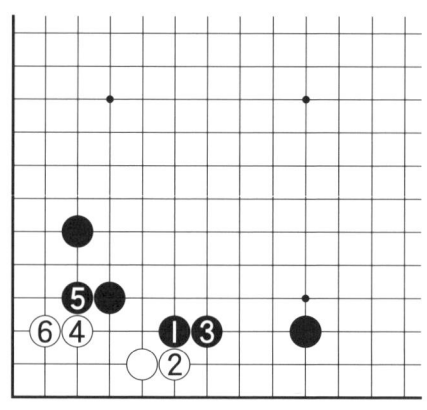

8도

8도(귀의 삶)

백의 침입에 흑1로 두는 것은 상대를 봉쇄하려는 뜻이지만, 백2로 민 후 6까지 귀에서 알차게 집을 내며 살 수 있다.

　세력이 쓸모 있다면 모를까 보통은 흑이 불만이다.

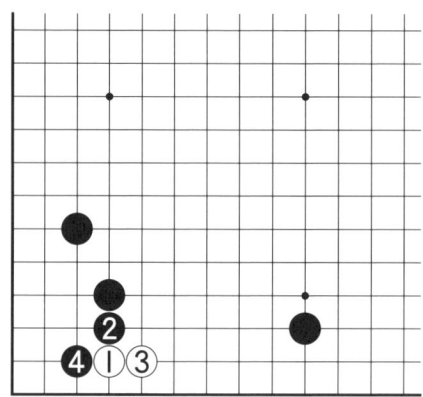

9도

9도(공격적인 침투에서)

백1의 공격적인 침투에도 흑2의 쌍점이 상대의 맥을 짚는 방어법이다.

　백3으로 끌어낼 수밖에 없으니 흑4로 막을 수 있다.

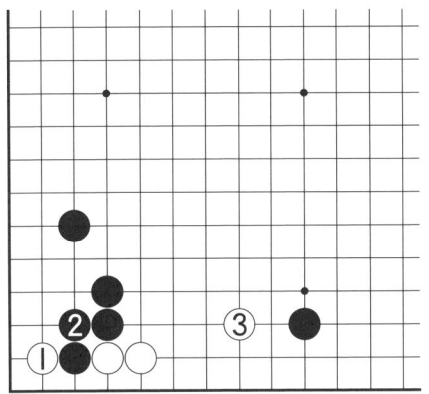

10도

10도(안전한 이음)

여기서 귀는 백1의 껴붙임이 맥인데, 흑2로 잇는 것이 안전하므로 굴복이라 생각하면 안 된다.

역시 백3으로 벌리는 진행이 상식적이다.

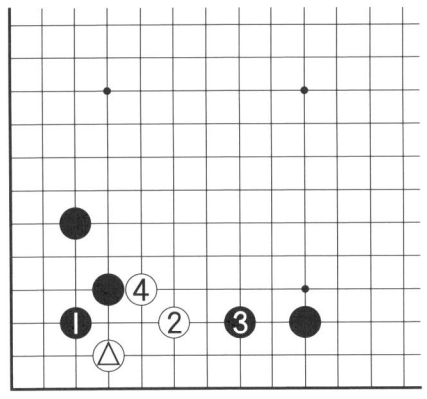

11도

11도(굴복)

백△의 침입에 흑1로 받기 쉬운데 이게 진짜 굴복이다.

백은 2로 자리를 잡은 후 3과 4를 맞봐 타개 모양이 좋다.

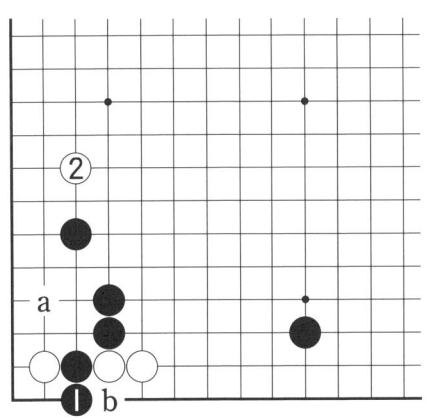

12도

12도(차단)

백이 껴붙일 때 흑1로 차단하는 것은 모양에 후환이 남는다.

차후 백2로 다가오고 나서 a의 노림도 있지만, 어쩌면 백이 하변에서 자체 도생할 때 b의 선수활용이 도움을 줄지도 모른다.

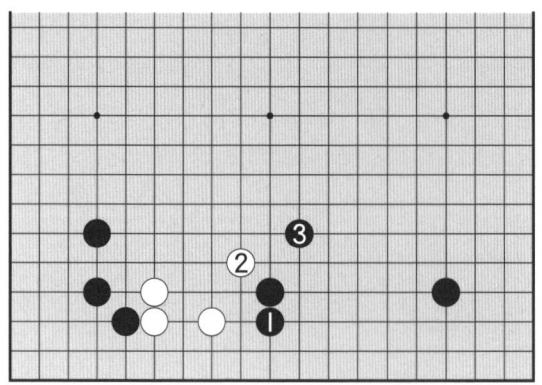

13도

13도(공격의 급소)

흑이 하변 백 석점을 공격
하려면 어디가 좋을까?

흑1의 쌍점이 공격의 급
소다. 백2로 움직이면 흑3
으로 추격한다.

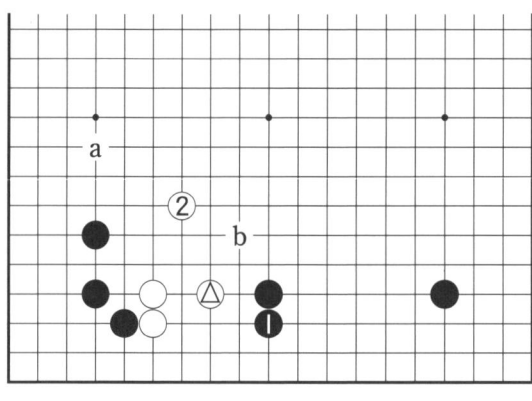

14도

14도(높은 벌림에서도)

백△로 높게 벌려도 흑1의
쌍점이 변을 지키면서 공
격하는 급소다.

그러면 백2로 움직이는
것이 일반적이다. 다음 흑
은 a로 변을 지키거나 b로
추격할 수 있다.

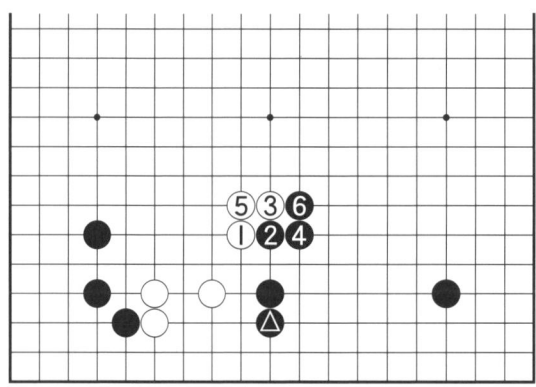

15도

15도(행마의 요령)

흑△의 쌍점으로 둘 때 백
1처럼 우향으로 움직이면
흑2 이하 6까지 기대며 모
양을 키우는 것이 행마의
요령이다.

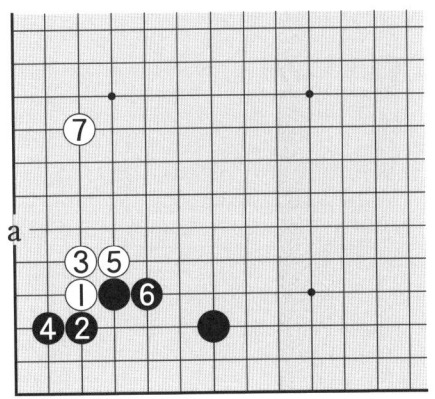

16도

16도(귀의 요소)

흑의 화점 눈목자굳힘에 백1로 붙여오면 흑2로 막은 후 4의 쌍점으로 내려서는 것이 귀의 요소다.

집으로도 크지만 백5, 7로 근거를 마련해도 흑은 a까지 파고들 수 있다.

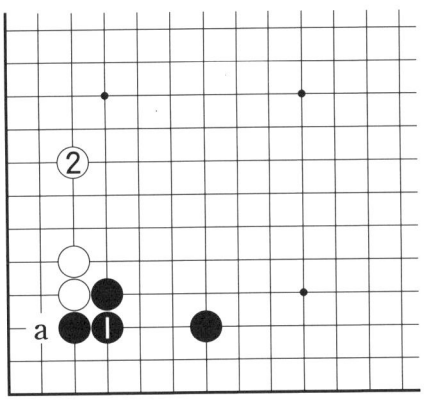

17도

17도(온건책)

앞 그림의 내려서는 수로 흑1로 잇는 것은 온건책인 만큼 집으로는 작다.

a쪽이 서로 근거나 끝내기의 요소로 남는다.

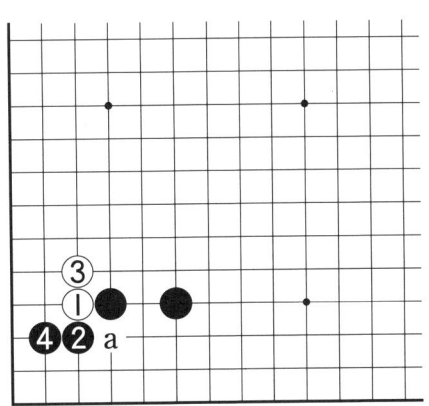

18도

18도(화점에서 한칸굳힘)

흑이 화점에서 한칸으로 굳힌 이런 모양에서도 백1, 3으로 붙여오면 흑4의 쌍점 내려섬이 귀의 큰 자리다.

그러므로 흑4로는 a로 물러서지 말자.

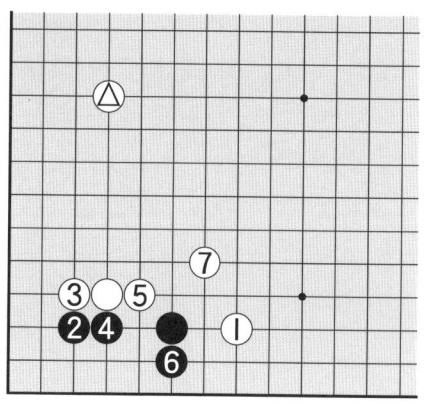

19도

19도(좋은 수비)

⊿의 배경에서 백의 화점에 흑이 걸치고 백1로 협공하면 흑2의 삼삼침입이 상식이다.

이때 백3, 5에는 흑6의 쌍점 행마가 좋은 수비다.

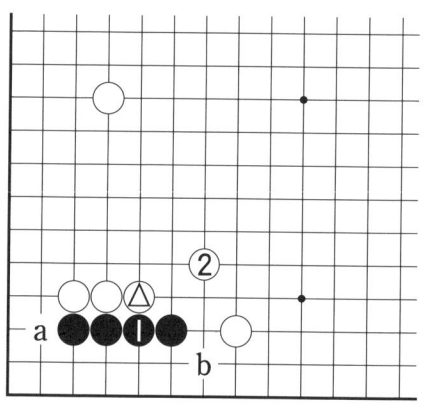

20도

20도(이음)

백⊿에 흑1로 잇는 것은 백2로 된 다음 백a와 b, 양쪽으로 활용당해 흑이 기분 나쁘다.

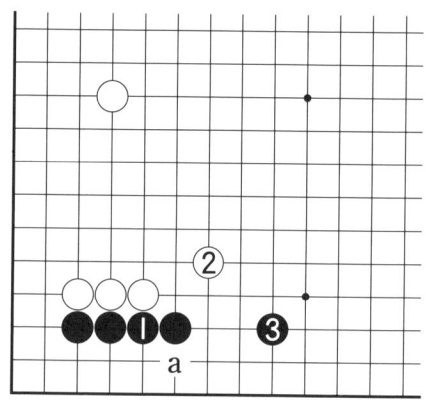

21도

21도(하변 상황에 따라)

물론 하변이 비어 있다면 흑1의 이음이 이번에는 맞다.

흑1이 a에 있다면 돌의 효율상 이상하지 않은가.

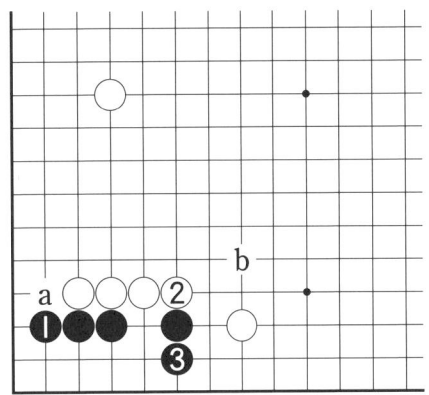

22도

22도(내려섬)

19도의 백5에 흑1로 내려서는 것
도 귀를 중시한 수비다.

　백2에 흑3의 쌍점 지킴은 여전
하다. 다음 백은 a나 b를 선택하는
것이 보통이다.

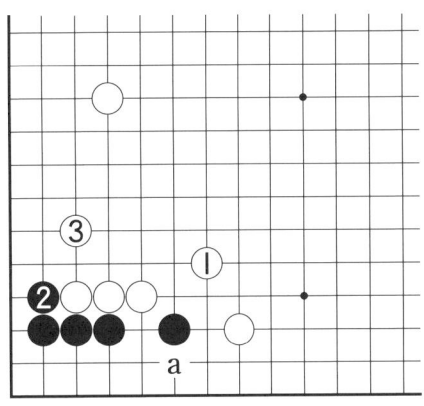

23도

23도(절대 꼬부림)

앞 그림 2로 백1에 포위하면 흑2
의 꼬부림이 거의 절대다.

　이제 와서 흑2로 a에 지키는 것
은 선수를 빼앗겨 발이 늦다.

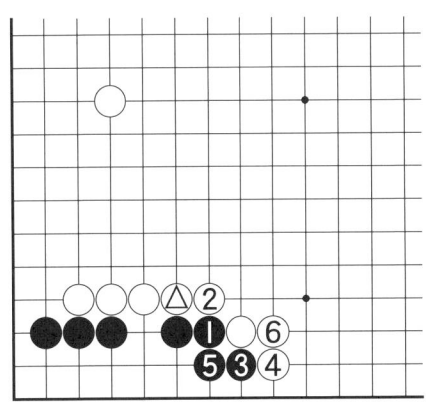

24도

24도(두점머리)

백△에 흑1의 쌍점으로 치받는 것
은 스스로 두점머리를 두들겨 맞
는 격이다. 이하 6까지 되면 백의
외세가 너무 좋다.

　그러므로 행마의 길을 배우면서
모양에 따른 행마법을 제대로 활
용해야 한다.

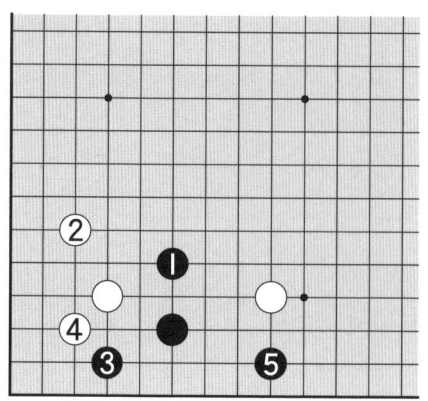

25도

25도(정석 이후)

화점 걸침 두칸높은협공에서 흑1
로 뛴 후 5까지는 간명한 정석이
다. 그런데 흑의 하변이 저위라서
많이 두지는 않는다.

정석 이후 흑이 하변을 둔다면
어디가 적당할까?

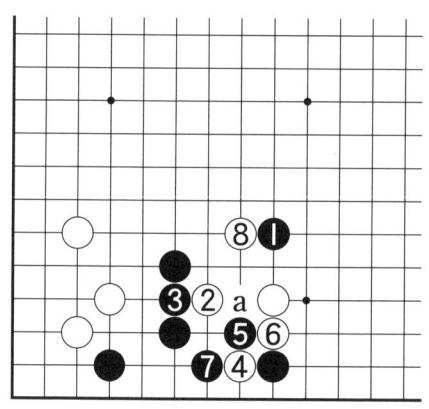

26도

26도(모자 공격)

언뜻 흑1로 모자 씌워 공격하고도
싶다.

그러나 백2 이하 6의 상용수단
으로 사전공작한 후 8로 붙여 중
앙을 가르고 나올 수 있다. 이때
백a는 언제든 선수활용이다.

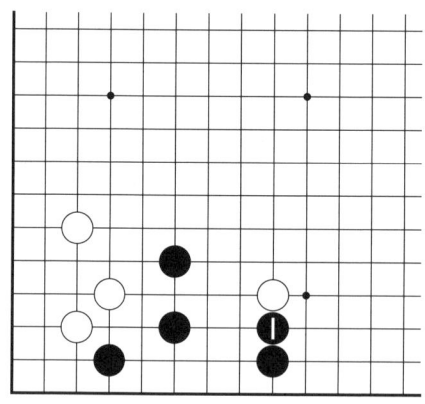

27도

27도(치받음)

흑이 하변을 둔다면 1의 쌍점으로
치받는 것이 두터운 수단이다.

다만 발이 느린 것이 흠이다. 이
정석을 잘 두지 않는 이유다.

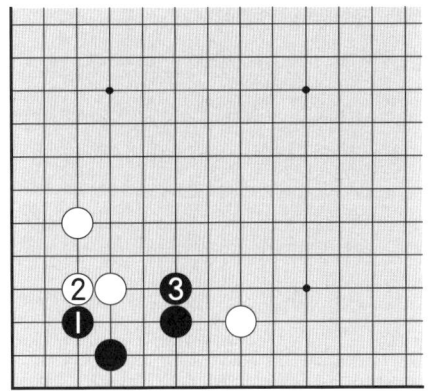

28도

28도(확실한 차단)

이 형태에서 흑1에 백2로 막는 것
은 손따라 두는 인상이 짙다.

여기서 흑은 3의 쌍점으로 좌우
백을 차단하는 것이 확실한 행마다.

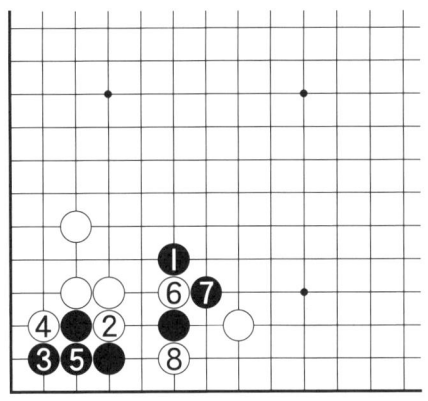

29도

29도(한칸뜀의 약점)

앞 그림 3으로 흑1로 뛰는 것이
보기에는 효과적이지만 약점이 있
다. 백2, 4를 선수한 후 6의 끼움
이 그 약점을 공략하는 수단이다.
흑7에 백8로 붙이면 이번에는 흑
이 위아래로 차단된다.

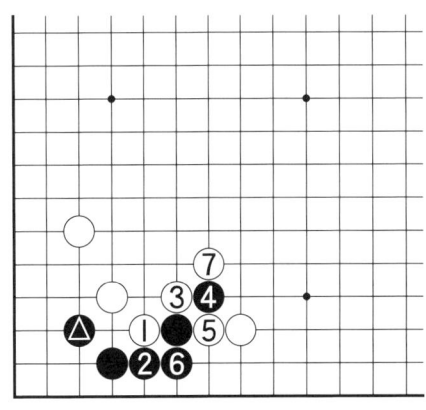

30도

30도(정석)

원래는 흑▲ 때 백은 귀의 실리를
준 만큼 1, 3으로 흑의 외곽을 봉
쇄하는 것이 일반적이다.

이하 7까지 실전에 잘 등장하는
정석이다.

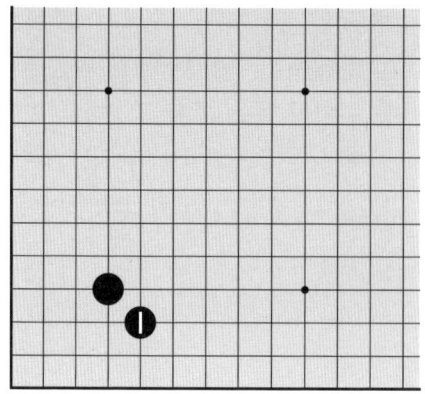

1도

1도(마늘모 행마)

흑1로 대각선 방향으로 두는 형태를 마늘모 행마라 부른다. 속도감은 떨어지지만 튼튼하면서 탄력적으로 둘 때 주로 사용한다.

　기능상 접전에서 맥을 구사할 때도 사용한다. 쌍점 행마와 비교해 모양상 덜 튼튼하지만 더 효율적이라 보면 된다.

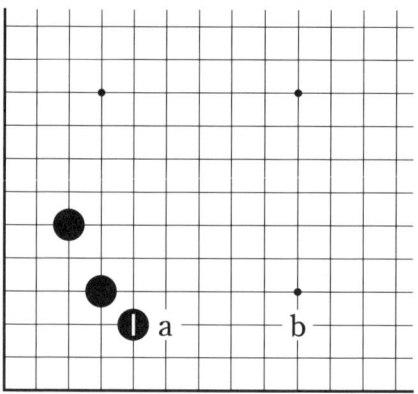

2도

2도(화점 날일자굳힘에서)

화점 날일자굳힘에서 부분적으로 흑이 귀를 더욱 튼튼히 지킨다면 1의 마늘모 행마가 제격이다.

　물론 상황에 따라 a의 날일자 지킴이 더 효율적인 경우도 있다. 또는 전체적인 관점이라면 b의 벌림도 좋을 것이다.

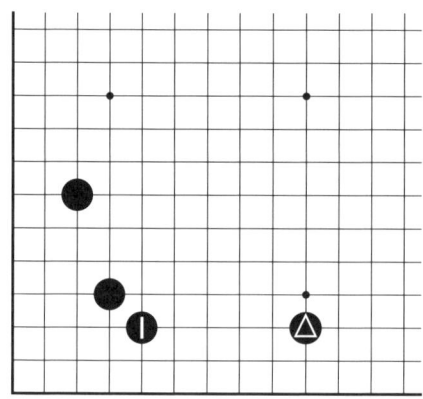

3도

3도(이상적인 구도)

그러면 전체적인 관점으로 넘어가보자.

　화점 눈목자굳힘에서 흑▲까지 벌려진 모양이라면 흑1의 마늘모 지킴은 가장 이상적인 구도일 것이다. 머릿속에 항상 이런 감각을 담아두자.

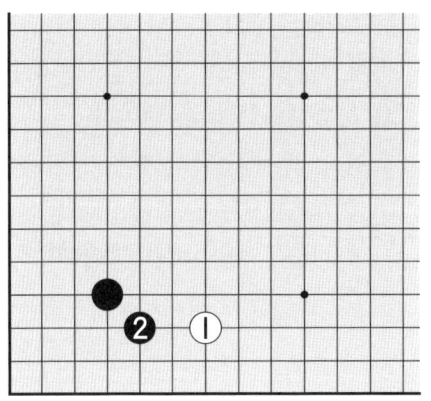

4도

4도(제격)

이번에는 상대를 등장시켜 보자. 화점에 백1의 눈목자로 걸치면 흑2의 마늘모 행마가 제격이다.

귀를 지킴과 동시에 백에 대한 공격을 노릴 수 있다.

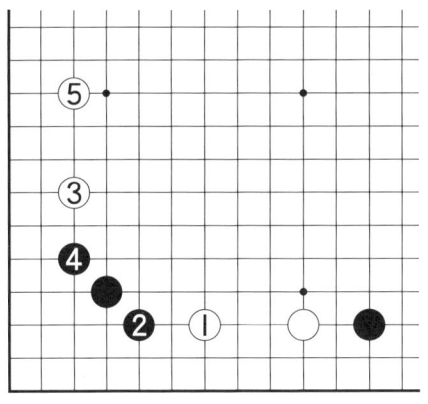

5도

5도(압박)

돌이 하변에 추가되어 있다. 백1로 벌리면 흑2의 마늘모로 방어하면서 백 두점을 압박하는 것이 힘차다. 이하 5까지 좌변에서도 비슷한 모양이지만, 이런 구도는 흑이 나쁘지 않다.

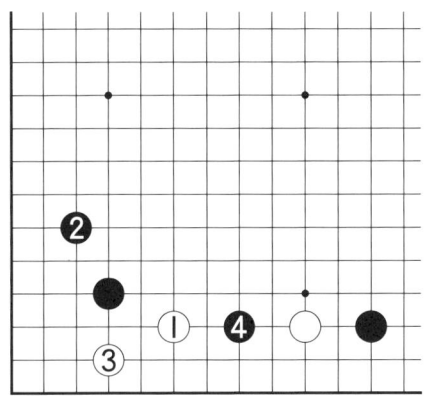

6도

6도(날일자걸침)

그래서 이런 형태에서는 백1의 날일자걸침이 보통이다.

다음 흑2로 받고 백3으로 달리면 흑4로 침입하는 진행을 많이 보았을 것이다.

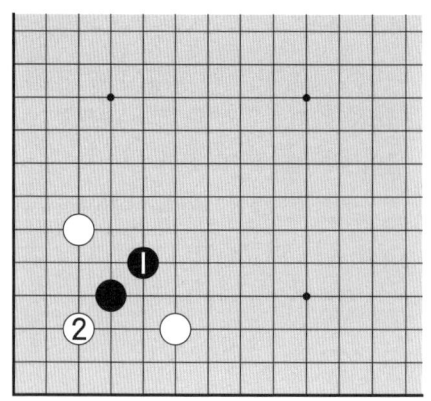

7도

7도(가벼운 행마)

흑의 화점에 백이 양걸침하면 흑1
의 마늘모가 가벼운 행마다.

　이때 백2의 삼삼침입은 거의 절
대점이다. 안 두면 흑이 그곳을 차
지해서 양쪽 백이 매우 약화된다.

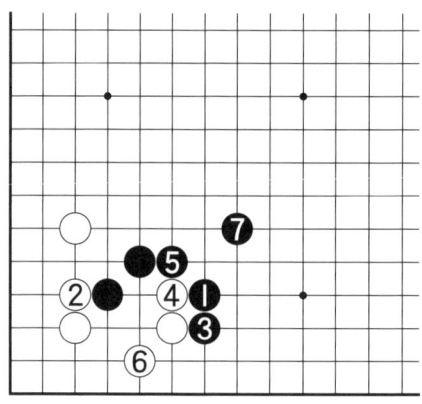

8도

8도(정석)

앞 그림에 이어 흑이 1로 오른쪽
으로 씌우면 백은 2로 왼쪽으로
넘는 것이 효율적이다. 흑3으로 막
은 후 7까지는 정석이다.

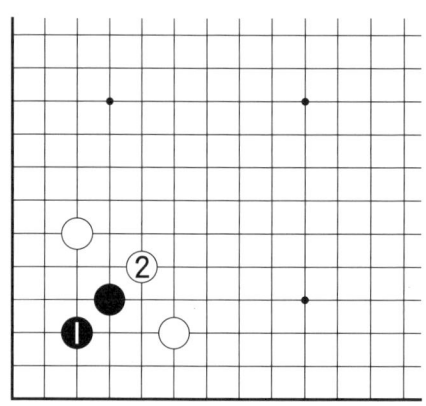

9도

9도(중앙 봉쇄)

백의 양걸침 때 같은 마늘모라도
흑1로 삼삼에 지키는 것은 백2로
봉쇄당해 곤란하다.

　부분적으로야 살 수 있지만 이
런 중앙 봉쇄는 절대 허용해서는
안 된다.

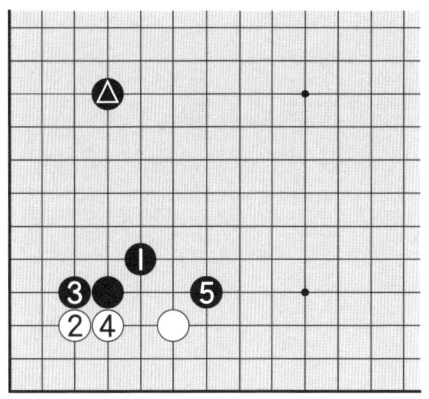

10도

10도(두터운 수법)

흑▲의 벌림이 있는 구도에서 백이 화점에 걸쳐오면 흑1의 마늘모 행마는 두터운 수법이다.

백2로 삼삼침입이 보통일 때 다음 흑3, 5는 알기 쉽게 두는 방법이다.

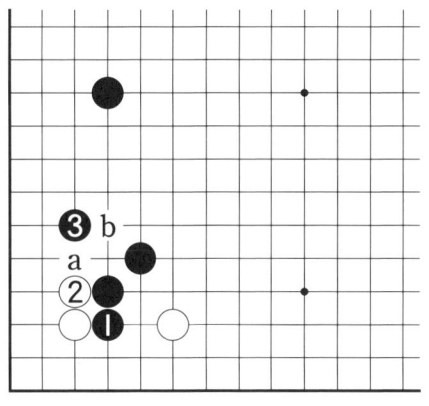

11도

11도(현대적 수법)

백의 삼삼침입 때 흑1쪽에서 양단하고 백2에 흑3으로 늦추어 막는 것이 현대적 수법이다. 다음 백a로 치받는 것은 흑b로 늘어 좋다.

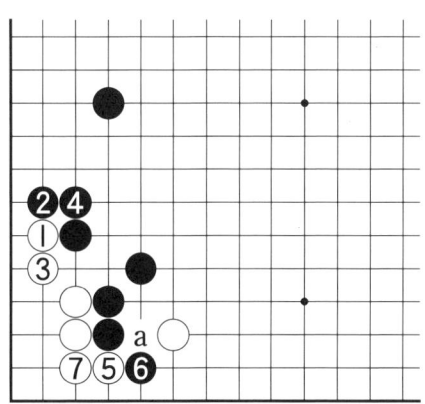

12도

12도(좌변부터)

백이 좌변부터 둔다면 1, 3으로 붙이고 느는 것이 보통이다. 흑4로 이을 때 백5, 7을 결정한다.

다음 흑은 a로 잇든지 선수를 활용할 것이다.

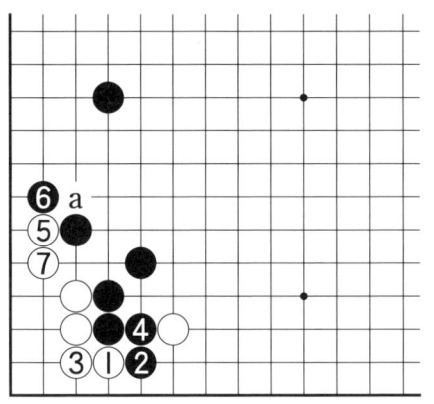

13도

13도(하변부터)

백이 하변부터 둔다면 1, 3을 선수한 후 좌변 5, 7로 둔다.

다음 흑은 a로 잇든지 더 큰 자리로 손을 돌리는 것이 요령이다.

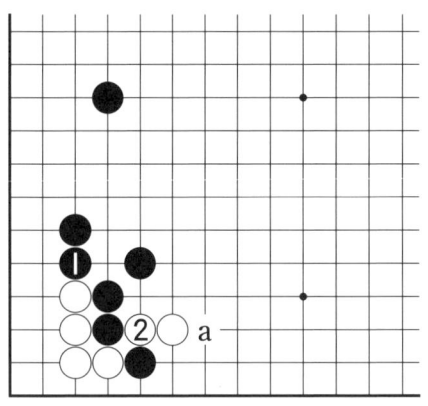

14도

14도(두터운 막음)

백이 하변을 젖혀이을 때 흑이 손따라 잇지 않고 1로 좌변을 막는 것도 두터운 수단이다.

백2로 한점을 잡게 되는데 흑은 이 자체로 선수를 잡겠다는 뜻이다. 하변은 흑이 차후 a의 붙임을 노릴 수 있다.

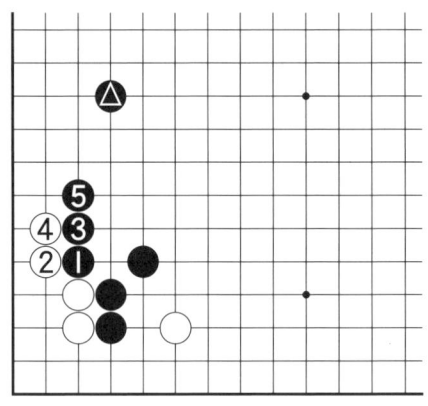

15도

15도(뒷문)

11도 백2 때 흑1로 그냥 막는 것은 이 구도에서는 잘못된 행마다.

백2, 4로 흑이 밀리면 ▲의 역할이 어정쩡하다. 좌변 뒷문이 열린 때문이다.

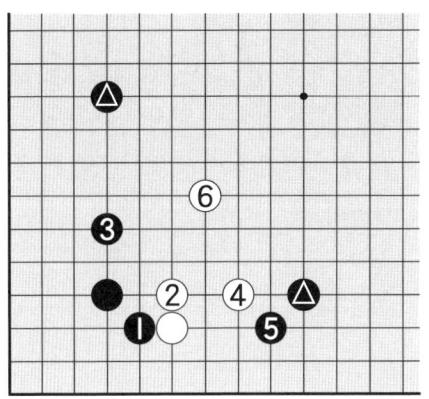

16도

16도(공격 행마)

흑의 화점에 ▲로 양날개가 펼쳐진 구도에서 백이 걸쳐오면 흑1의 마늘모붙임이 위력적인 공격 행마다. 백은 고작 2, 4가 정비 수단인데 흑5의 마늘모 행마가 이어지는 공격 제2탄이다.

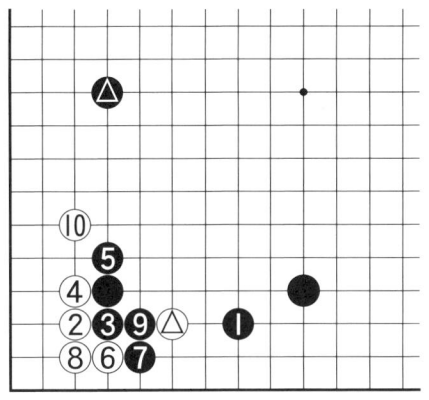

17도

17도(협공)

백▲의 걸침에 같은 공격이라도 흑1로 협공하는 것은 백2로 쉽게 삼삼에 들어갈 수 있다. 다음 흑은 어느 쪽을 막거나 좋은 결과를 기대할 수 없다.

가령 흑3으로 막은 후 10까지면 흑▲의 가치가 떨어져 재미없다.

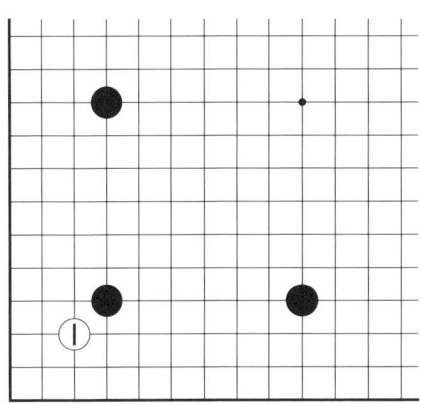

18도

18도(삼삼침입)

이 구도에서는 백도 화점에 걸쳐 쫓기는 것보다는 1의 삼삼침입이 좋은 경우가 많다.

상대에게 세력을 주더라도 귀의 실리를 확실히 챙긴 후 새로운 방향을 정하는 것이 무난하다는 뜻이다.

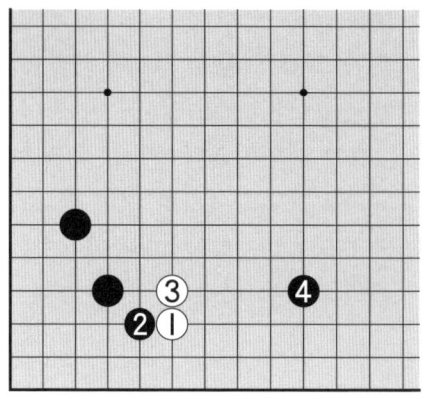

19도

19도(준엄한 공격)

흑의 화점 날일자굳힘에서 백1로 평범하게 걸치면 흑2의 마늘모붙임 후 4의 협공 패턴이 준엄한 공격이다.

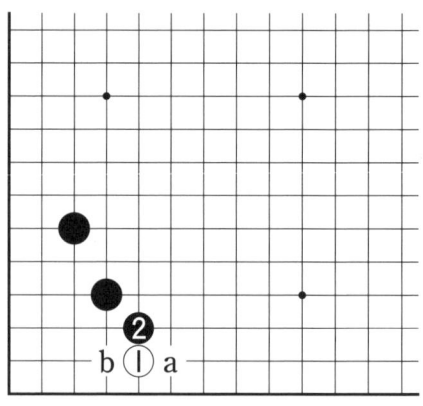

20도

20도(대응수단)

그래서 이런 굳힘 모양에서는 백도 머리를 써서 1의 낮은 포복으로 공략하는 것이 좋은 방법이다.

이때 흑2의 마늘모붙임이 하나의 대응수단이다. 다음 백a로 후퇴하면 흑b로 막아 흑이 원하는 그림이다.

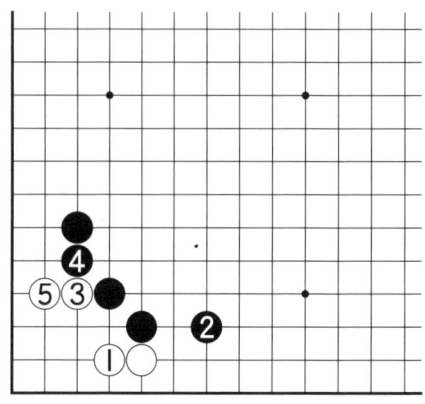

21도

21도(정수)

앞 그림에 이어 백은 1로 귀에 파고드는 것이 정수다.

흑2로 늦추면 백3, 5로 귀에서 사는 흐름이 될 것이다.

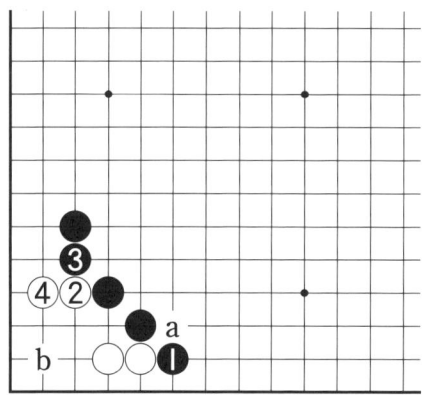

22도

22도(기세)

앞 그림은 흑이 약간 느슨한 면이 있다.

백이 귀로 들어갈 때 흑은 1로 뒤에서 막는 것이 기세다. 백2, 4로 살면 이번에는 흑a의 이음이 선수(백b의 보강이 필요)로 두텁다.

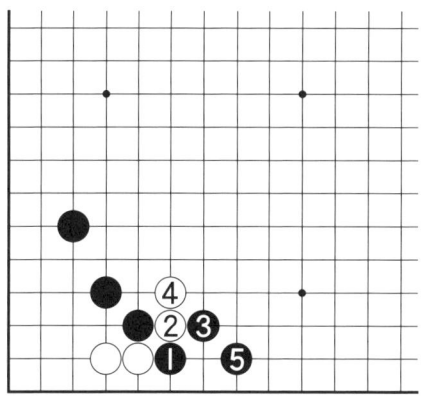

23도

23도(탄력 지킴)

그래서 흑1에는 백도 2로 끊어 응수를 물어보는 것이 적극적 발상이다.

그러면 일단 흑은 3, 5로 하변을 탄력 있게 지켜둔다.

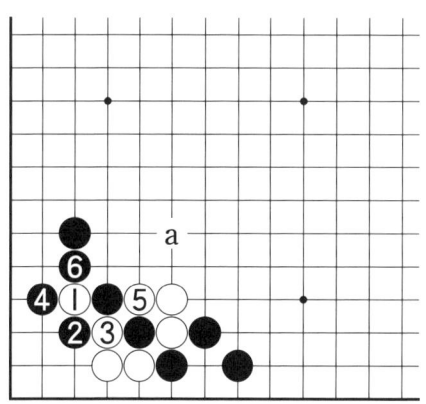

24도

24도(정석)

계속해서 백1의 붙임은 맥점. 이하 6까지 서로 한점을 잡으면서 정돈하는 것이 정석이다.

다음 백은 a 정도로 지키는 것이 보통일 것이다.

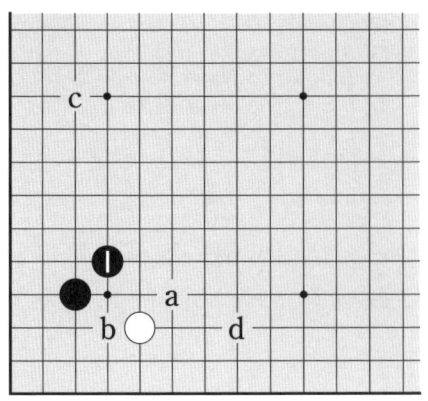

25도

25도(노림)
흑의 소목에 백이 걸친 모습이다. 이때 흑1의 마늘모 행마는 견실하면서도 다음을 노리는 두터운 수법이다.

다음의 노림이란 a의 씌움, b의 지킴, c의 벌림, d의 협공 등이다.

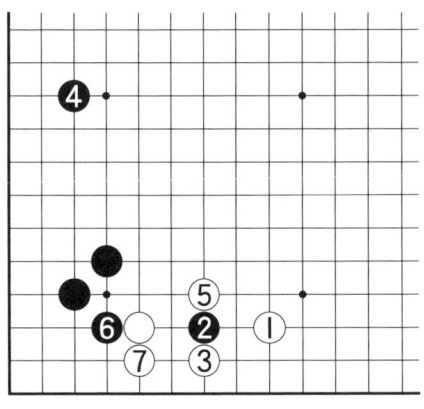

26도

26도(세칸벌림)
앞 그림에 이어 백1의 세칸벌림이 상식이다.

흑은 2로 침입해 이 돌을 활용하는 것이 일책이다. 이하 7까지 간명한 정석이다.

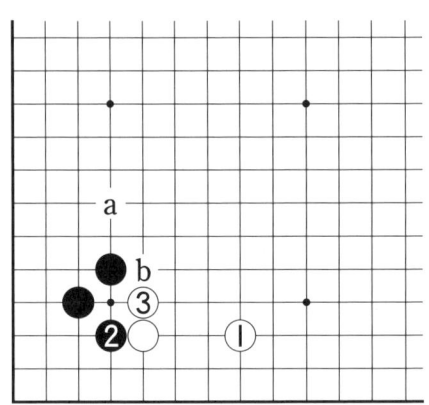

27도

27도(두칸벌림)
때에 따라 백1의 두칸벌림도 둘 수 있지만, 이번에는 흑2의 마늘모 지킴이 안성맞춤이다. 백은 3의 2립2전으로 발은 늦지만 견실을 추구한다.

계속해서 흑이 여기를 둔다면 a의 지킴이나 b로 눌러간다.

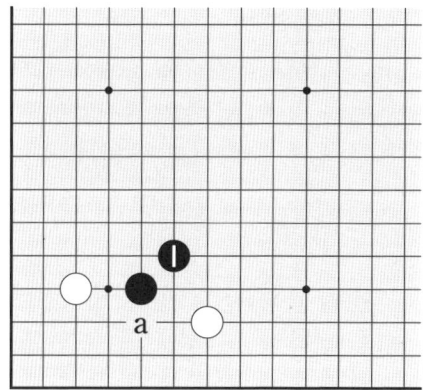

28도

28도(견실)

소목 걸침에 백이 협공한 모습이다. 흑1의 마늘모 행마는 백a의 연결을 차단하는 데 목적이 있지만, 그 자체로 견실하며 두텁다.

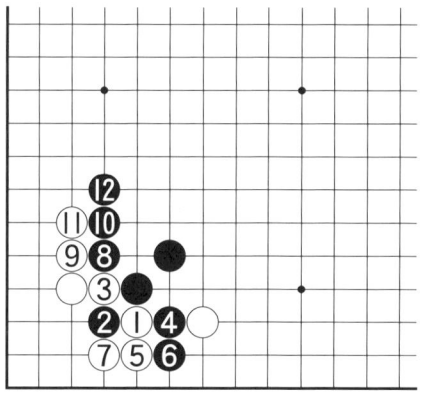

29도

29도(실리보다 세력이 월등)

그래도 백1로 붙이면 흑2로 젖힌 후 4, 6으로 뚫고 이하 12까지 진행이 예상된다.

귀의 실리보다 흑의 세력이 월등하다.

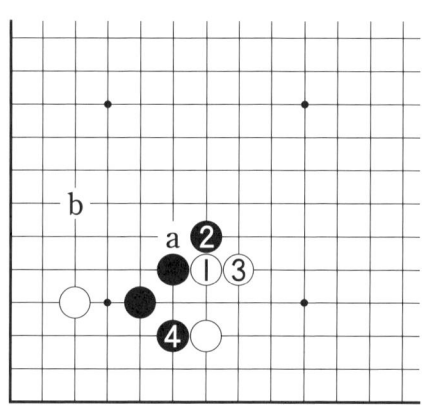

30도

30도(중앙으로 붙임)

백1로 붙여 중앙으로 향하는 것이 올바르다. 흑2, 4로 양쪽을 다 활용하려 한다면 백a로 끊고 싸우는 진행이 상식이다.

이런 싸움이 싫다면 백1로 a의 벌림도 괜찮다.

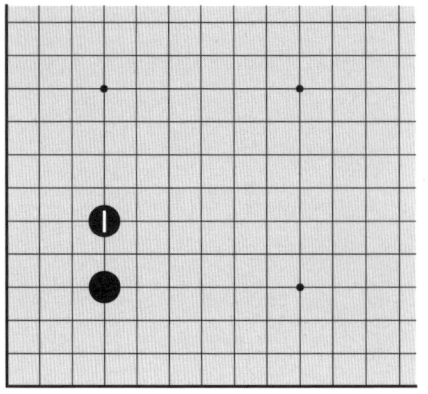

1도

1도(한칸 행마)

흑1로 한칸 건너 두는 형태를 한칸 행마라 부른다. 서로 연결을 유지하면서 쌍점 행마보다 더 속도감 있게, 날일자 행마보다 더 튼튼하게 둘 수 있다.

기능상 날일자에 비해 변화와 탄력은 덜하지만 맥점을 구사할 때도 사용한다.

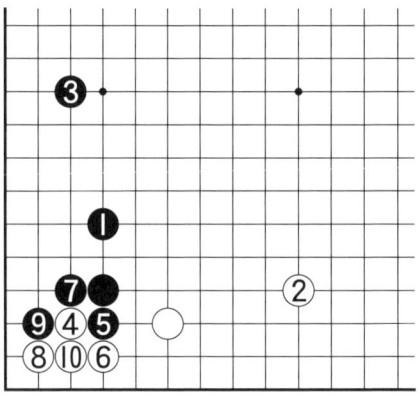

2도

2도(세력 중시)

흑의 화점에 백이 걸친 모습이다. 흑1의 한칸 행마는 세력을 중시한다. 백2로 벌리면 흑3의 벌림이 1의 가치를 높여준다. 백은 4의 삼삼침입이 노림이다.

이때 흑은 5, 7로 좌변을 지키는 것이 간명하다. 이하 10까지 결정하고 선수를 잡는 수법을 기억해두자.

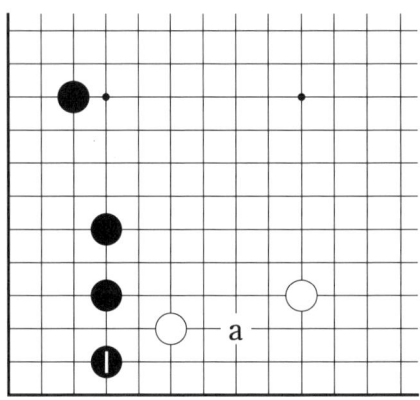

3도

3도(귀의 지킴)

흑이 여기를 먼저 둔다면 1의 한칸 행마가 귀를 지키는 큰 곳이다. 다음 a의 침입이 눈에 훤히 보인다.

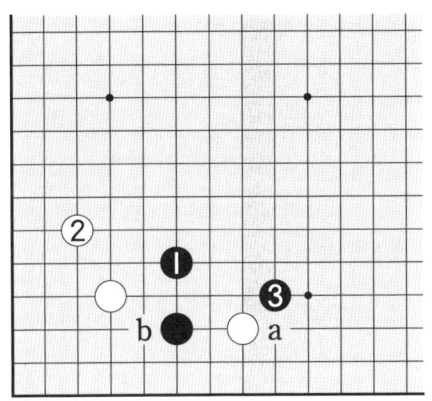

4도

4도(양쪽 노림)

화점에 흑이 걸치고 백이 협공한 모습이다.

이때 흑1의 한칸뜀은 양쪽 백을 노리는 대표적인 행마다. 백2로 받고 흑3의 씌움이 상식적인 진행이다. 다음 백은 a나 b로 대응하는 것이 보통이다.

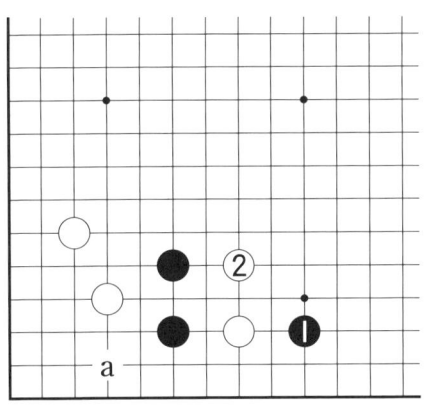

5도

5도(협공)

앞 그림 3으로 흑1의 협공은 부분적으로 무리한 행마다. 백2로 뛰면서 나가면 흑이 양쪽으로 갈라져 불리한 싸움이다.

백이 이런 싸움이 싫으면 2로 a에 귀를 지키기만 해도 괜찮다.

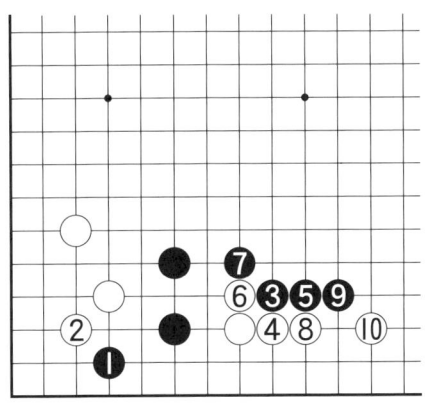

6도

6도(잘못된 교환)

흑3으로 씌우기 전에 1과 2의 교환은 실전에서 절대 두지 말아야 할 잘못된 행마다.

백4 이하 10까지는 정석이지만, 흑1 때문에 2의 삼삼침입을 놓치고 있다.

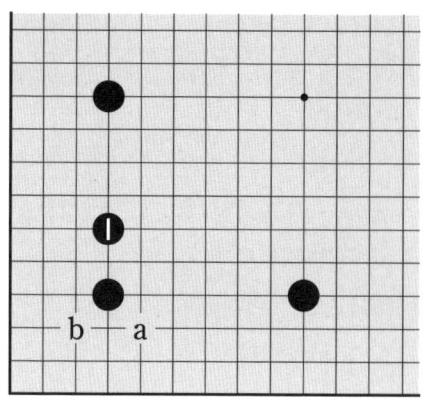

7도

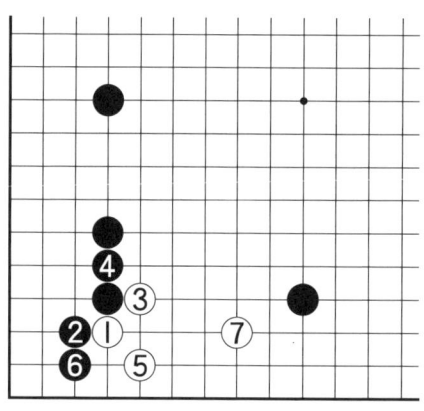

8도

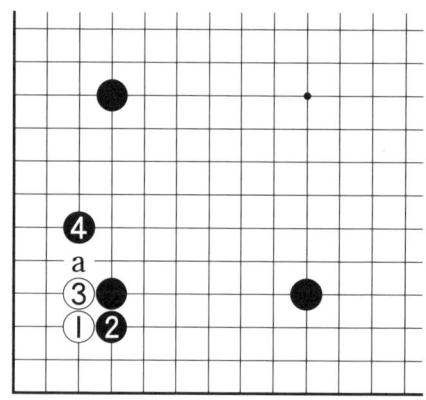

9도

7도(화점에서 양날개)

화점에서 양날개를 펼친 이와 같은 구도에서 흑1의 한칸 행마가 귀를 지키는 가장 적절한 수단이다. 나아가 한 수 더 지킨다면 흑a의 마늘모일 것이다. 흑1 다음 백은 b의 삼삼침입이 노림이다.

8도(귀와 변을 연계한 붙임)

귀와 변을 연계해 흑진을 파괴하고 싶다면 백1의 붙임이 적절하다.

흑2로 귀에서 받으면 백3 이하 7로 하변에 모양을 잡는다.

9도(삼삼침입)

애초 흑이 한칸으로 지키기 전에 백은 1의 삼삼침입이 급소 자리다. 가급적 이런 곳은 놓치지 않아야 대세를 주도할 수 있다.

백3 다음 흑a가 보통이지만 흑4는 현대적 수법이다.

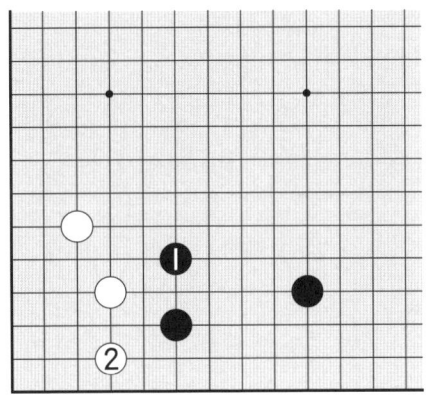

10도

10도(보강)

백의 화점에 흑이 걸친 후 높게 벌린 모습이다.

여기서 흑이 하변 진영을 보강한다면 1의 한칸뜀이 유력한 행마다. 이 경우 백도 2의 한칸 행마가 귀의 수비법이다.

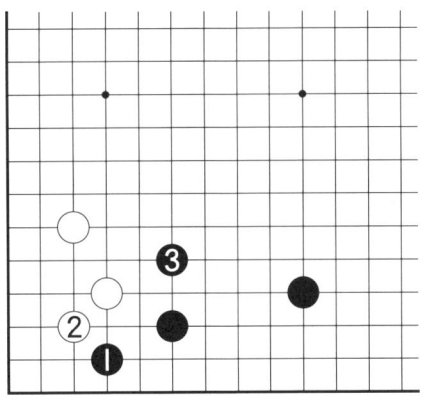

11도

11도(후수)

앞 그림 백2를 주지 않으려고 흑1로 먼저 달린 후 3으로 뛰는 것은 잘못된 행마다. 부분적으로는 이득일지 모르지만 후수라는 점이 불만이다.

1과 2의 교환이 없다면 흑은 직접 2의 삼삼침입을 강행할 것이다.

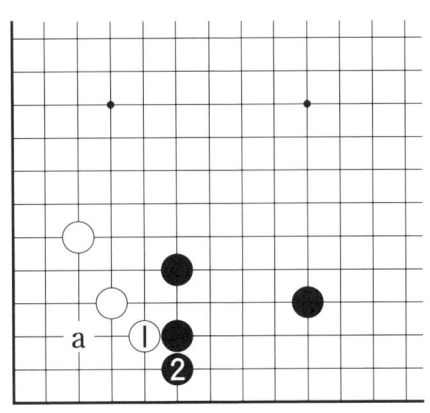

12도

12도(선수 붙임)

흑이 중앙 한칸으로 뛸 때 백1의 붙임도 가끔 쓰인다. 백이 귀를 적당껏 지키면서 꼭 선수를 잡고 싶다면 시도할 수 있다.

다만 자체로 엷고 a의 삼삼도 비어있어 그다지 메리트는 없다.

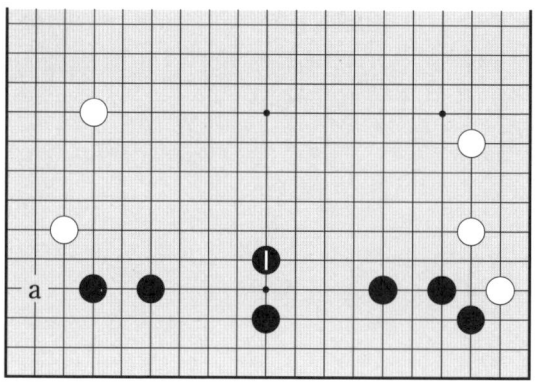

13도

13도(유력)

이런 하변의 흑 진영을 완벽히 지키자면 1의 한칸 행마가 유력하다.

물론 부분적으로 보자면 a의 지킴도 큰 자리라 선택의 여지는 있지만 바둑은 전체적 안목을 요한다.

14도

14도(모자 삭감)

반대로 백이 먼저 하변을 둔다면 1의 모자 삭감이 유력하다.

"모자는 날일자로 벗어라" 격언대로 흑2로 받으면 백3, 5가 상용수단으로 흑진이 파괴된다.

15도

15도(붙이는 맥)

백△로 붙일 때 흑1, 3으로 끊어 싸우려는 것은 기세 면에서 때로는 유력하다. 그러나 지금은 백4로 붙이는 맥이 작용해서 흑이 여기서 백을 몰아치기가 어렵다.

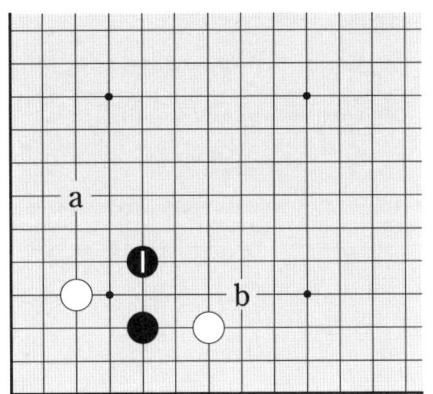

16도

16도(소목 걸침에 협공)

흑의 소목 걸침에 백이 협공한 모습이다.

이 경우 흑1의 한칸뜀이 가장 대표적인 행마다. 다음 백a로 벌리면 흑b의 씌움이 상용수단이다.

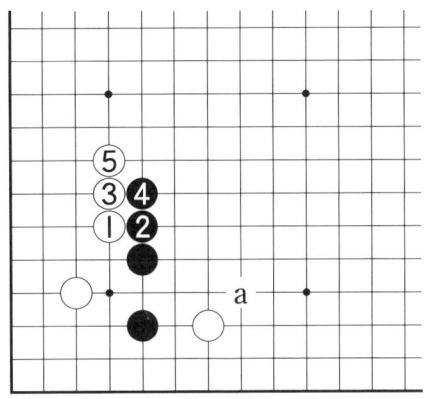

17도

17도(절대 금물)

백1의 날일자가 좀 더 활발한 행마다. 이때도 흑a의 씌움이 일반적이다. 흑2, 4로 밀어가는 것은 백의 좌변 집을 굳혀주므로 절대 금물이다.

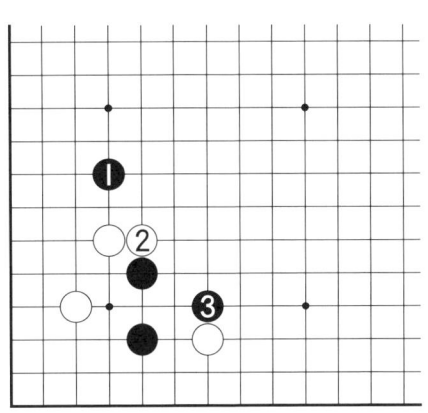

18도

18도(유력한 수법)

차라리 흑은 1로 좌변에서 백의 길을 가로막는 것도 유력한 수법이다. 백2면 흑3으로 자연스럽게 붙여 나온다.

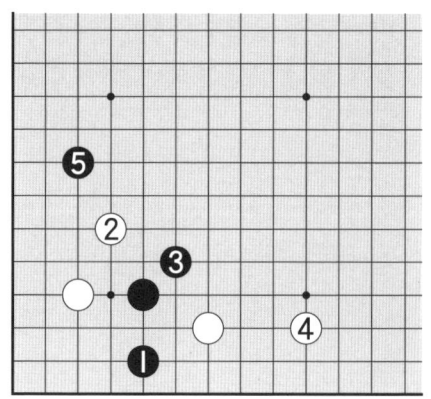

19도

19도(공격적 행마)

이번에는 흑의 소목 한칸걸침에 역시 백이 협공한 모습이다.

흑1의 아래 방향 한칸뜀은 양쪽 백을 완전히 차단시키려는 공격적인 행마다. 백이 2, 4면 양쪽을 둘 수 있지만 흑5로 압박하는 흐름을 견지할 수 있다.

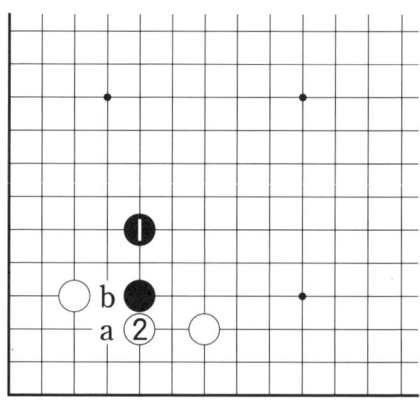

20도

20도(넘어감)

같은 한칸 행마라도 흑1로 위로 뛰면 백2로 넘어가버려 의미가 없다. 흑a로 젖히면 백b로 끊어 그만이다.

바둑에서의 행마는 가치와 효율 면에서 적절해야 의미를 갖는다.

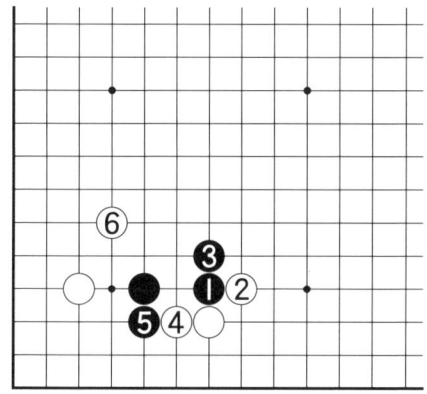

21도

21도(한칸 붙임)

거의 두지는 않지만 흑1의 한칸으로 붙이는 수는 차단도 겸해 생각할 수 있다.

그러면 백2, 4를 선수한 후 6으로 두는 흐름이 보통이다.

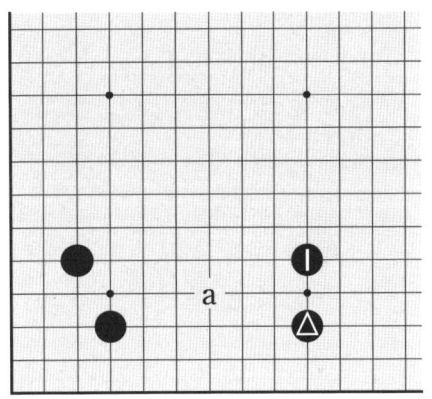

22도

22도(입체적 행마)

소목 굳힘에서 ▲로 날개를 펼친 구도에서는 흑1의 한칸뜀이 하변 진영을 키우는 입체적인 행마다.

바둑은 발전성이 중요하므로 이런 좋은 모양에서 흑1 대신에 a로 집을 지키는 수를 두지 말자.

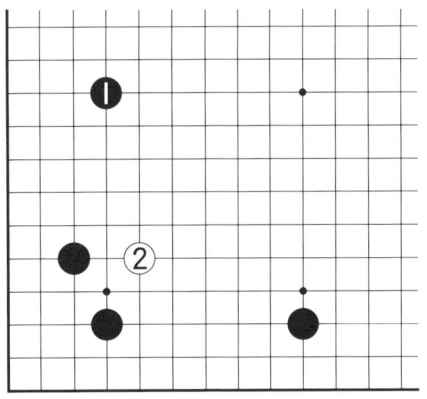

23도

23도(모자 삭감)

전체적인 폭을 넓히자면 흑1의 양 날개 작전도 나쁘지 않다.

다만 백2의 삭감에 항상 대비하고 있어야 한다.

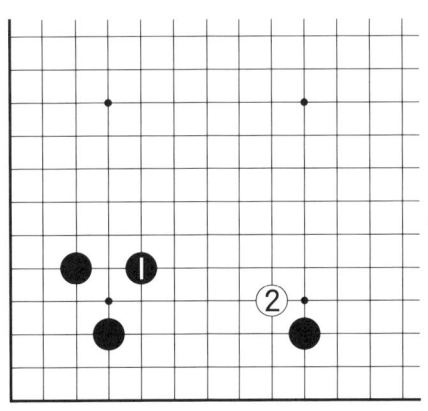

24도

24도(어깨짚음)

흑1의 토치카 형태도 귀의 삭감을 방어하는 튼튼한 수단이지만, 이번에는 변에서 백2로 어깨짚는 삭감이 주효하다.

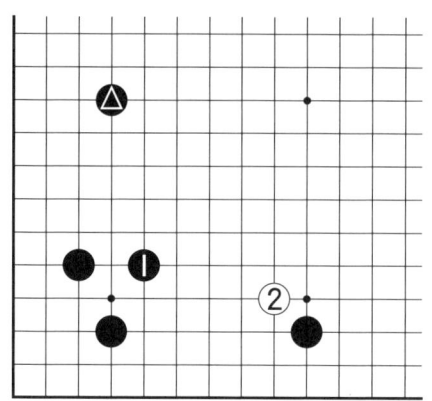

25도

25도(토치카)

소목 굳힘에서 양날개를 펼친 구도라면 흑1로 한칸 행마를 동반한 토치카 형태가 빛을 발한다.

이번에도 백2의 삭감은 유효하지만 ▲를 배경으로 흑의 공격력이 더 활발할 것이다.

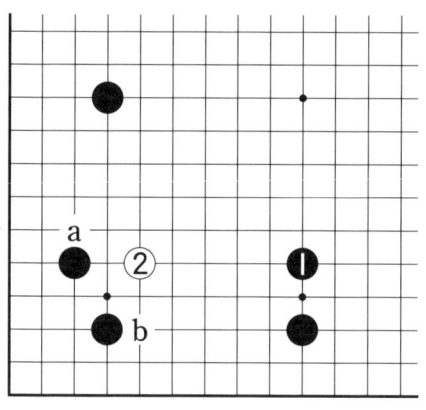

26도

26도(삭감의 여지)

이 구도에서도 22도처럼 흑1의 한칸뜀은 어떨까?

물론 입체적이지만 백2의 삭감으로 a와 b의 붙임을 노리는 활동 여지를 준다.

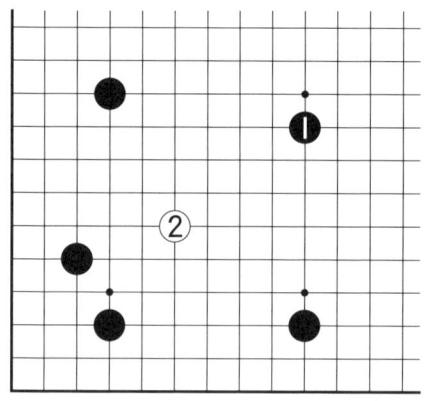

27도

27도(침투성 삭감)

흑1로 아예 폭넓게 진영을 둘러싸려는 작전도 생각할 수 있지만, 이번에는 백2 정도의 침투성 삭감으로 대응할 수 있다.

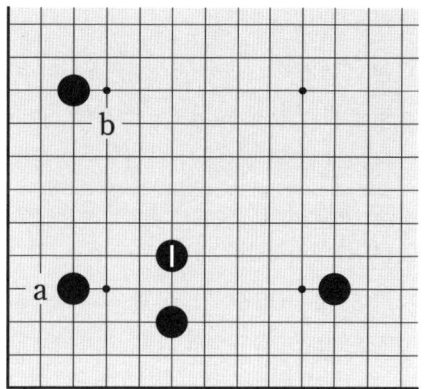

28도

28도(소목 눈목자굳힘 양날개에서)

소목 눈목자굳힘에서 양날개가 펼쳐진 구도에서도 흑1의 한칸뜀은 모양을 지키는 입체적인 행마다.

백은 귀에서 a로 붙여 응수타진해 보거나 변에서 b로 어깨짚는 정도가 삭감책일 것이다.

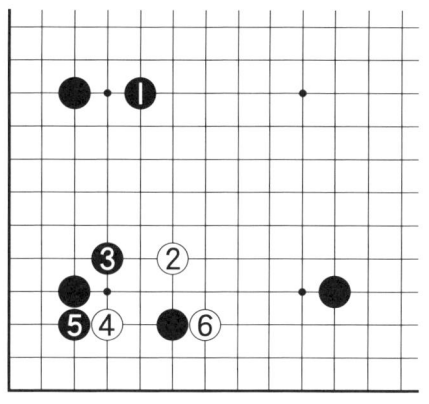

29도

29도(모양의 급소)

변에서 흑1로 뛰는 것은 백2의 삭감이 모양의 급소다.

이하 6까지는 이런 모양에서 공격과 타개의 상용수단이다.

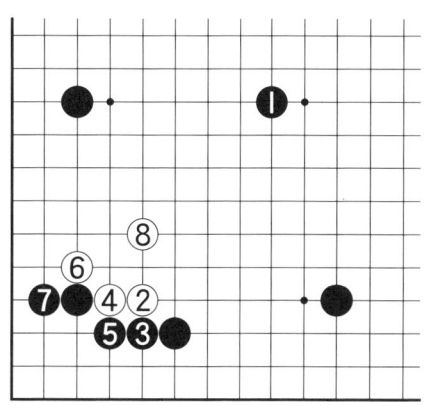

30도

30도(탄력적 정비)

흑1은 스케일이 너무 크다. 백은 눈목자굳힘에 대해 2 이하 8로 탄력적으로 정비하는 수단이 있다.

흑의 포위망도 엉성해서 어쩌면 안에서 살든가 진출할 수 있을 것이다.

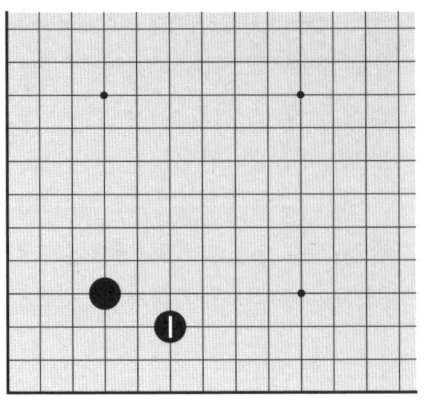

1도

1도(날일자 행마)

흑1로 한칸 건너 대각선 방향으로 두는 형태를 날일자 행마라 부른다. 서로 연결을 유지하면서 마늘모 행마보다 더 속도감 있게 둘 수 있다.

한칸 행마와 비교해, 모양은 엷지만 기능상 탄력적이며 다양한 맥점을 구사할 때도 사용한다.

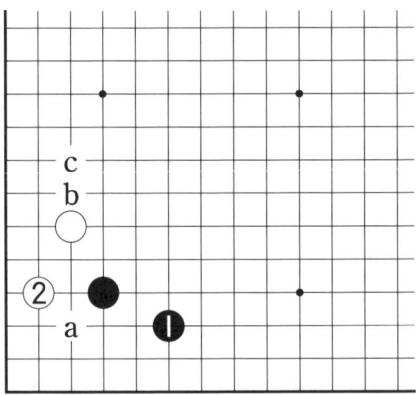

2도

2도(간명한 정석)

화점에 날일자걸침이면 흑1의 날일자 행마가 대표적인 수비 응수다. 그러면 백2의 날일자달림도 근거를 마련하기 위한 최적의 행마다. 다음 흑은 a로 귀를 지키거나 b나 c로 좌변에서 압박하는 수단을 선택하게 된다.

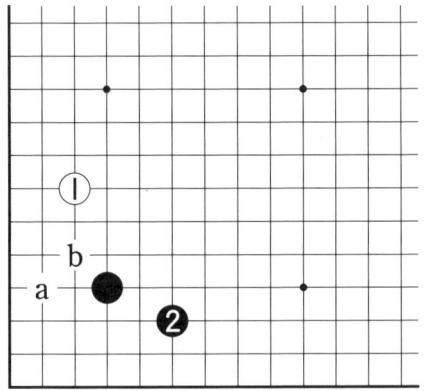

3도

3도(무난한 응수)

백1의 눈목자걸침도 유연한 목적으로 쓰일 때가 종종 있다.

이때도 흑2의 날일자 행마는 무난한 응수다. 다음 백은 a로 달리는 것이 상식이다. 흑이 먼저 둔다면 b의 지킴이 큰 자리다.

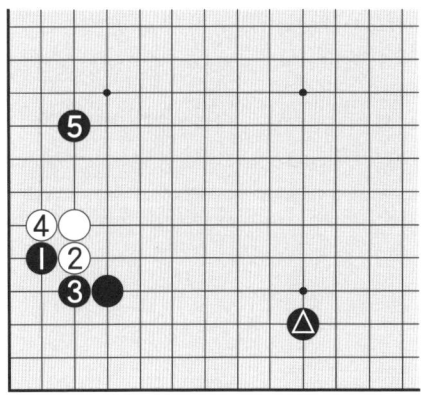

4도

4도(처진 날일자)

화점에 백이 걸칠 때 흑1의 날일자 행마는 일명 '처진 날일자'라고 한다.

특히 변에 ❹의 기착점이 있을 때 주로 쓰이지만, 백에 공격을 가하면서 귀를 지키려는 수단이다. 이때 백2, 4면 흑5로 협공해서 흑의 공격 자세가 좋다.

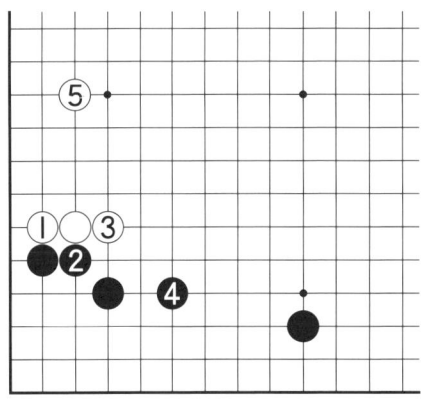

5도

5도(막음)

흑의 처진 날일자에 백은 그냥 1로 막는 것이 정수다.

다음 흑은 2, 4로 귀와 변을 연계해 지키고 그 동안에 백은 5까지 변에 자리해 일단락이다.

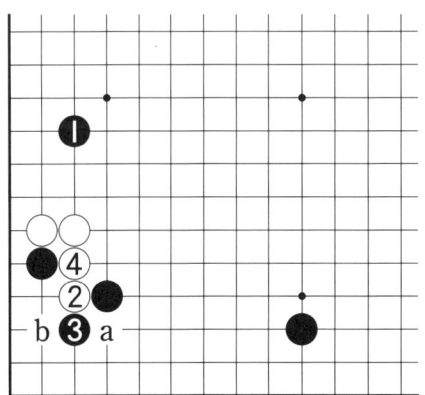

6도

6도(공격 행마)

백이 막은 다음 흑1의 협공은 처진 날일자와 연계된 공격 행마다. 백은 2의 건너붙임이 맥점이다.

흑3에 백4로 이은 후 흑은 a와 b를 선택하게 된다.

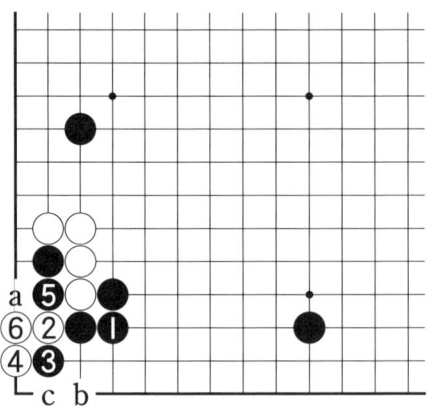

7도

7도(이단젖힘)

흑1로 이으면 백2, 4의 이단젖힘
이 귀의 특수성을 이용한 행마법이
다. 흑5에는 백6으로 이어 a가 자
충인 관계로 흑 두점이 잡혀있다.
여기까지 보여주지만 앞으로 흑이
더 둔다면 b나 c를 선택할 것이다.

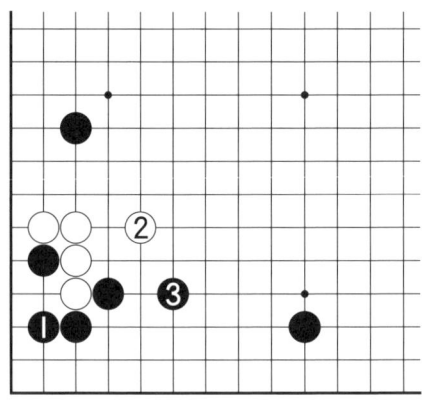

8도

8도(곤마)

6도 다음 흑1은 귀를 더 중시한
수단이다.

　이때 백2와 흑3으로 서로 뛰고
있지만, 하변을 굳힌 흑이 만족한
결과다. 백은 중앙으로 뛰기만 했
지 아직 곤마다.

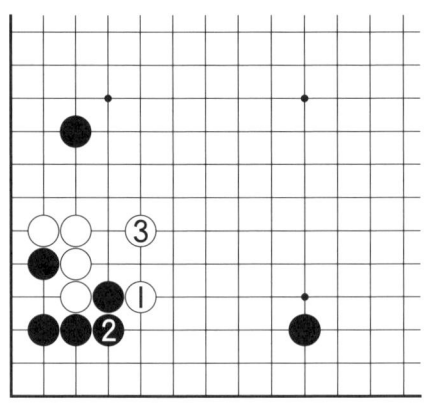

9도

9도(껴붙임)

흑이 귀에 늘 때 백1의 껴붙임이
교묘한 맥점이다.

　다음 흑2의 이음을 강요한 후
백3으로 뛰어 정비하는 것이 올바
른 수순이다.

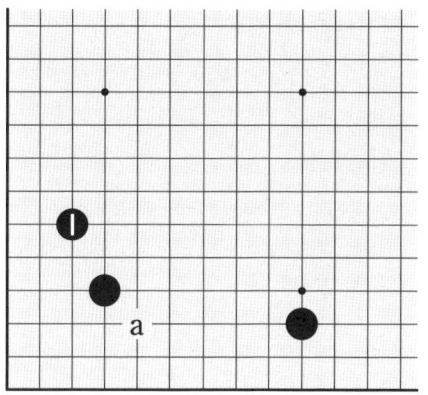

10도

10도(입체 행마)

화점에서 벌림이 있는 이런 구도에서 흑1의 날일자굳힘은 귀와 변을 폭넓게 지키는 입체 행마의 출발점이다. a의 지킴까지 가세한다면 물샐틈없는 진영일 것이다.

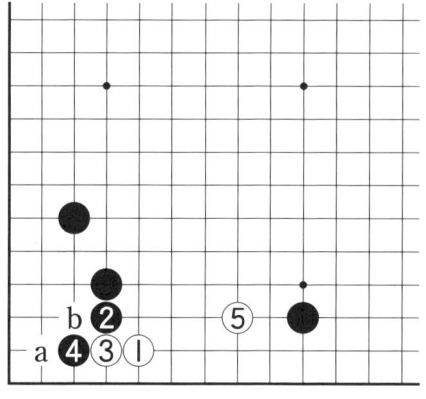

11도

11도(낮은 침투)

그 전에 백은 1의 낮은 침투가 대표적인 삭감 수단이다. 흑2로 받으면 백5까지 상식적인 진행이다.

　귀에서 백a로 껴붙이면 넘겨주더라도 흑b에 잇는 것이 안전하다.

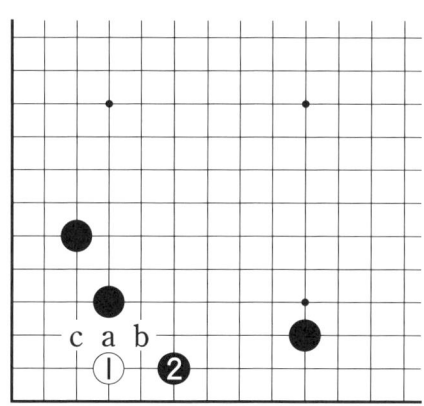

12도

12도(과감한 침투)

백1의 침투는 과감한 작전이다. 이때 흑a로 받으면 앞 그림으로 돌아간다. 흑2가 이에 질세라 공격적인 대응이다.

　다음 백b로 나가는 것은 흑c로 지켜 백이 일방적으로 몰릴 공산이 크다.

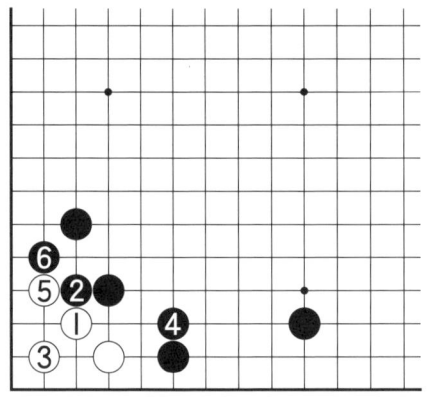

13도

13도(안전한 삶)

흑이 이렇게 강공으로 나올 때는 차라리 백은 귀에서 살아두는 것이 안전하다.

백1로 파고든 후 흑6까지의 수순을 기억해두라.

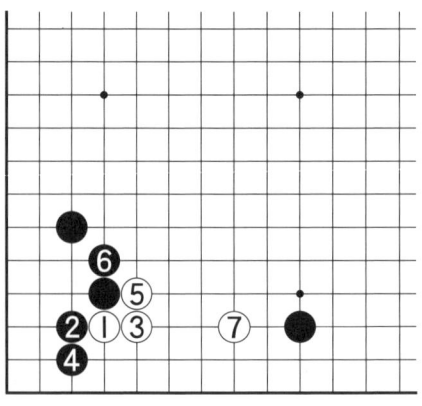

14도

14도(붙임)

백1로 붙여 몸으로 때우려는 수단도 있다.

흑2로 귀에서 받으면 이하 7까지 백은 변에서 모양을 잡을 수 있다.

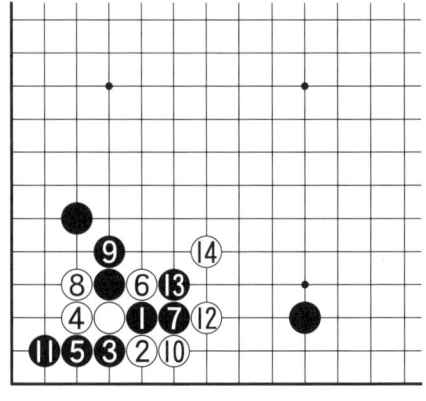

15도

15도(변의 젖힘)

그런데 흑1로 변에서 젖히는 수를 조심해야 한다. 백도 2의 젖힘이 대응책이지만 흑3 이하 11까지 귀는 포기해야 한다.

14까지 백은 외곽을 두텁게 하는 정도이므로 앞 그림의 붙임수는 주변 상황을 보고 선택해야 할 것이다.

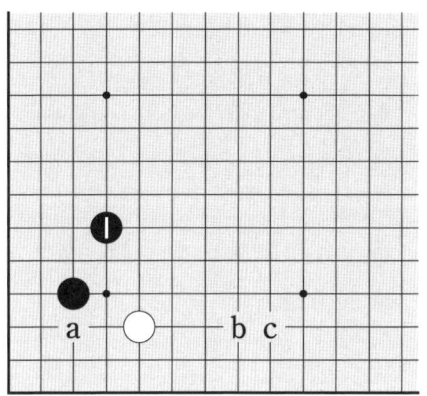

16도

16도(변으로의 발전)

소목 날일자걸침에 흑1의 날일자 행마는 마늘모보다 변으로의 발전이 더 강한 응수다.

　백은 a로 귀에 붙이거나 b와 c로 벌리는 것이 일반적이다.

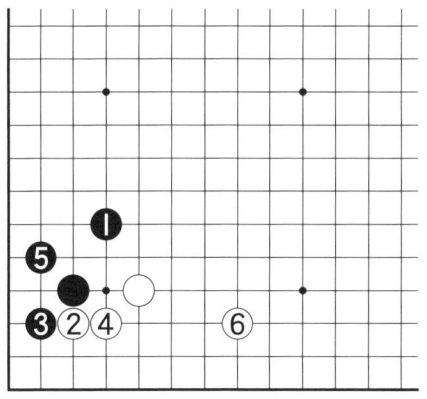

17도

17도(유연한 응수)

소목 한칸걸침에도 흑1의 날일자 행마는 싸움을 피하는 유연한 응수다.

　이하 6까지는 대표적인 정석이므로 알아두자.

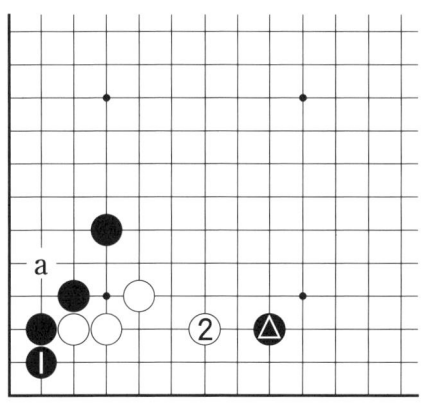

18도

18도(공격적 수단)

변에 ●의 기착점이 있다면 이 장면에서 흑은 a의 지킴이 아니라 1의 공격적 수단이 적절하다.

　백2로 벌리지만 아직 백은 집으로 완전하지 않다. 1의 작용도 한 몫 한다.

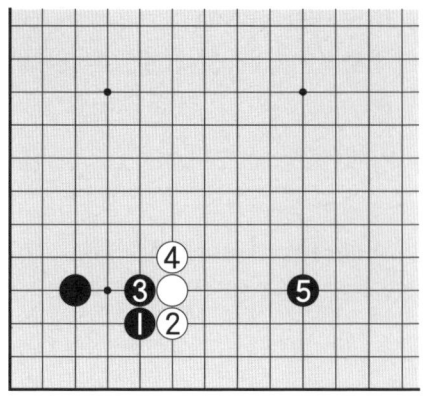

19도

19도(압박에 의한 공격)
소목 두칸걸침에서 흑1의 날일자 행마로 응수하는 것은 귀를 지키면서 상대를 압박하는 의미가 있다. 백2로 막으면 흑3으로 귀를 지키면서 5로 자연스럽게 공격으로 이어진다.

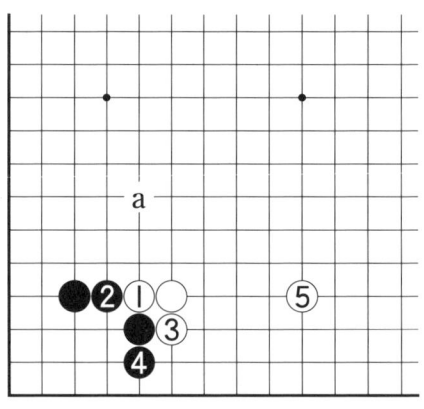

20도

20도(흑이 좋은 모양)
백1로 누른 후 5(또는 a의 뜀)로 벌리는 정석도 있지만 흑의 모양이 좋다는 평가다.
　현재는 백이 이런 식으로 잘 두지 않는다.

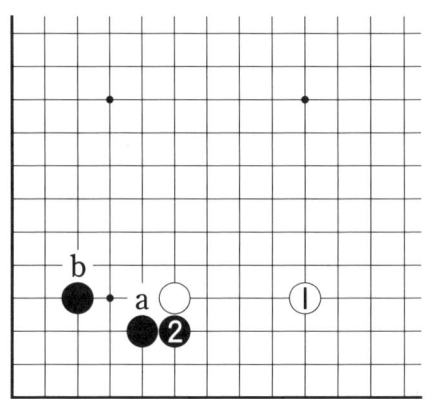

21도

21도(가벼운 벌림)
백이 두칸으로 걸쳤을 때는 가볍게 두려는 의미가 강하다. 그런 점에서 흑의 날일자 행마에 백1로 가볍게 벌려두는 경우가 많다.
　다음 흑은 2나 a로 밀게 된다. 백은 차후 b로 붙여 응수타진하는 맛을 보게 된다.

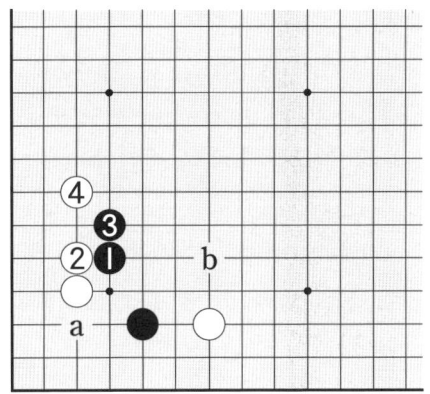

22도

22도(날일자씌움)

소목 날일자걸침 한칸협공에서 흑 1의 날일자씌움도 많이 쓰인다. 이 때 백2, 4로 받는 것은 실리 위주의 간명한 처리다.

다음 흑은 a로 귀에 붙이거나 b로 모자 씌워 중앙을 중시하는 흐름이 보통이다.

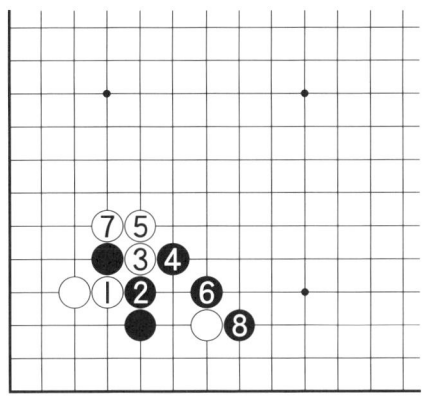

23도

23도(나와끊음)

흑의 날일자씌움에 백1, 3으로 나와끊는 것은 기세의 선택이다.

이하 8까지 대표적인 정석이므로 알아두자.

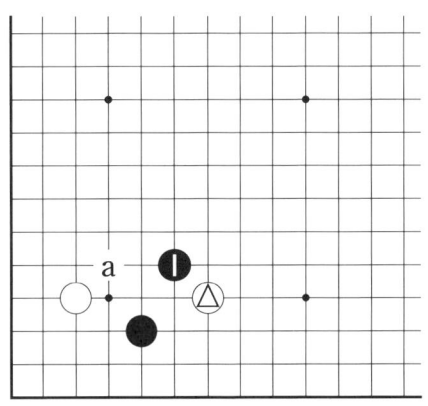

24도

24도(한칸높은협공에서)

백△의 한칸높은협공에서도 흑1의 날일자 행마는 많이 사용되는 응수다.

또는 많이 두지는 않지만 변쪽 a의 날일자씌움도 생각할 수 있는 변화다.

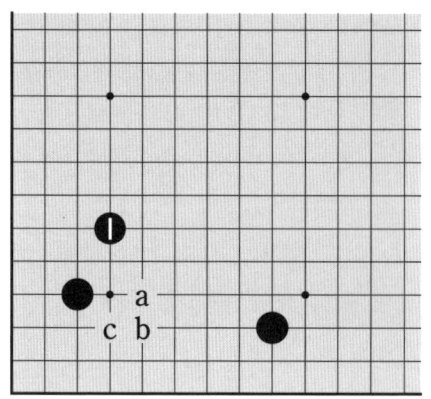

25도

25도(입체적 지킴)

소목에서 벌림이 있는 이런 구도에서 흑1의 날일자 행마는 귀와 변을 연계한 입체적 지킴이다.

귀만을 생각하면 a의 지킴이 견고하지만 평면적 행마다. 다음 백b의 침입은 흑c의 공격이 안성맞춤이다.

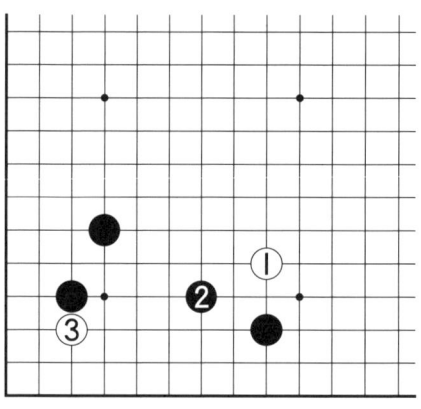

26도

26도(흑진 삭감)

백이 이 포진을 공략하려면 1의 모자로 삭감하여 흑진을 축소시킨 후 3으로 붙여 귀의 맛을 노리는 것이 효과적이다.

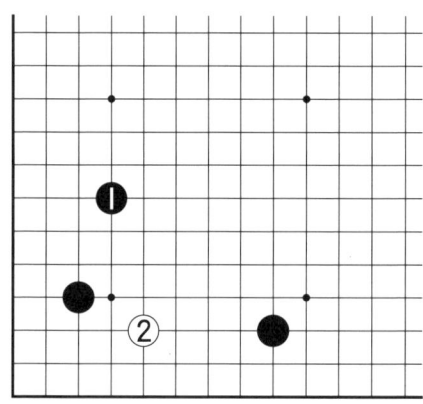

27도

27도(침입)

애초 흑이 1로 한발 더 넓히면 이번에는 백2의 침입이 유효하다.

그러면 흑의 공격이 마음대로는 되지 않을 것이다.

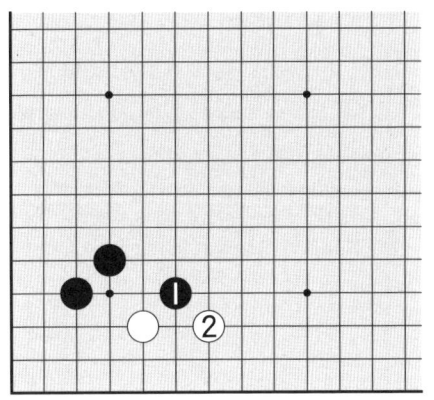

28도

28도(압박의 날일자씌움)

백의 소목 날일자걸침에 흑이 마늘모로 받은 후 1의 날일자씌움은 상대를 압박하며 모양을 키우려는 수단으로 많이 쓰인다.

백은 2로 가볍게 한칸 뛰어 받는 것이 보통이다.

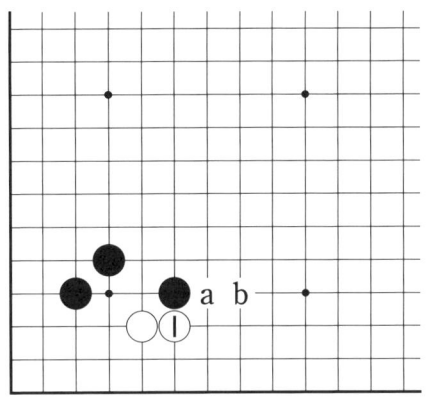

29도

29도(무거운 행마)

흑이 날일자로 씌울 때 백1로 받는 것은 무거운 행마다.

다음 흑은 a로 늘거나 b로 뛰게 되지만, 백이 계속 저위로 움직여야 하므로 불만이다.

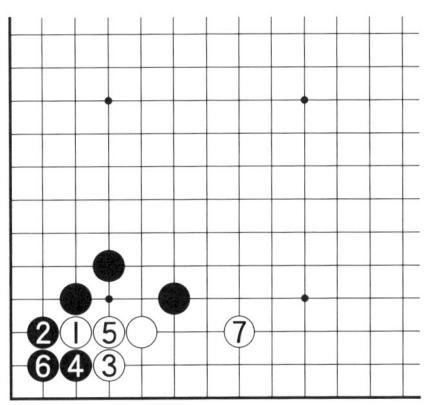

30도

30도(탄력적인 행마)

백1, 3이라면 탄력적인 행마로 때로는 시도해 볼 수 있다.

흑4, 6으로 귀를 정비하면 백7로 가볍게 모양을 잡을 수 있다.

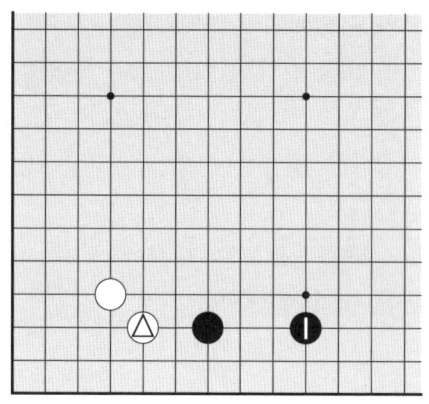

1도

1도(두칸 행마)

화점 눈목자걸침에 백△로 받으면 흑1의 두칸 행마가 가장 안정된 수비법이다.

벌림의 간격에 대한 격언에서 '1립2전'이란 바로 이런 모양을 말한다.

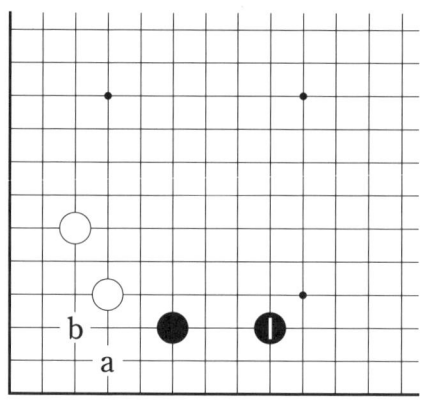

2도

2도(변의 작전)

화점 날일자걸침에서도 흑1의 두칸벌림은 변의 작전에 따라 유효하다.

보통은 흑a와 백b를 교환하고 나서 두는 것이 효율적이다.

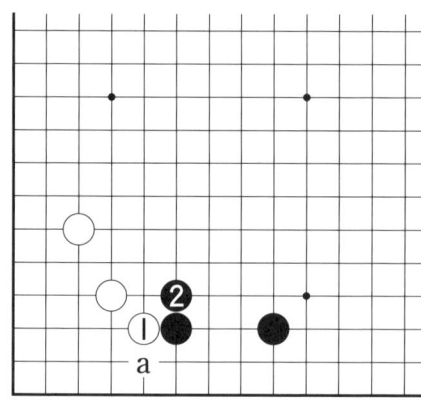

3도

3도(중복)

이 경우는 백이 1로 붙여 귀를 지키면서 흑을 부분적으로 중복(2립2전)시키는 맛이 있다.

다만 백1에 흑은 2로 중앙이 두터워진다는 의미가 있고, 때로는 a의 젖힘을 선수로 손을 빼는 발빠른 작전도 있으므로 선택에는 주의해야 한다.

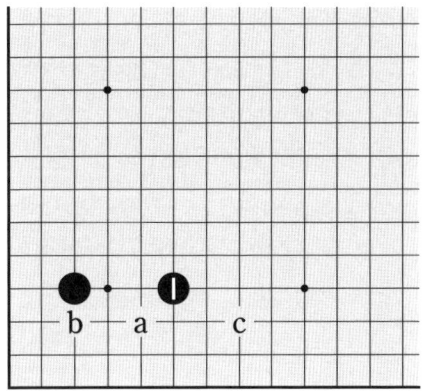

4도

4도(변과 중앙으로의 확장)

소목에서 흑1의 두칸 행마는 귀를 지키면서도 변과 중앙으로의 확장을 중시한 수단이다.

보통은 a의 날일자굳힘이 가장 이상적인데, 그 이유는 백이 b의 붙임으로 귀를 공략하는 맛이 있을뿐더러 c의 다가섬도 생각할 수 있을 것이다.

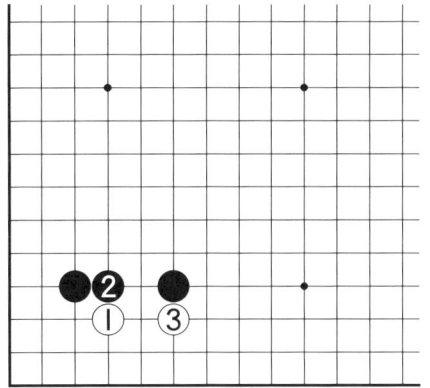

5도

5도(귀의 맛)

또 백은 귀에서의 다양한 맛도 노릴 수 있다.

가령 백1, 3의 침입 수단도 성립한다.

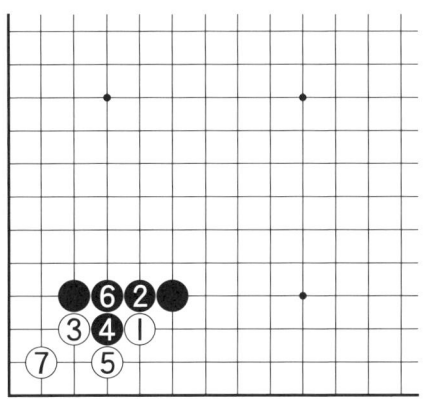

6도

6도(노림)

백1, 3의 노림도 가능하다. 비슷하면서도 다른 침입 수단이다.

이처럼 중앙에 비중을 두면 귀는 약해지는 법이다. 그러므로 주변 상황에 따라 잘 선택해야 한다.

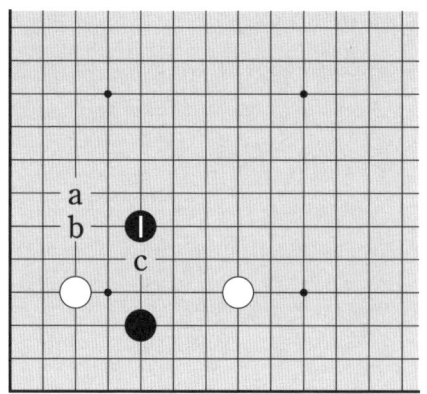

7도

7도(속도 중시)

소목 날일자걸침 두칸높은협공에 서 흑1의 두칸뜀은 속도를 중시하 는 행마다. 백은 a와 b를 선택하는 것이 보통이다.

a의 두칸은 상대와 같은 보폭의 균형감이 있고, b의 한칸은 좀 느 리지만 c의 절단을 노리는 두터운 수법이다.

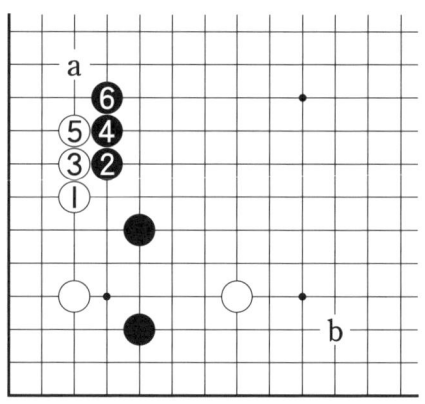

8도

8도(두칸 응수)

백1의 두칸으로 받으면 흑2의 씌 움이 변에서 압박하는 수단이다. 이하 6까지 무난한 진행이다.

다음 백은 주변 상황에 따라 a 나 b를 선택하게 된다.

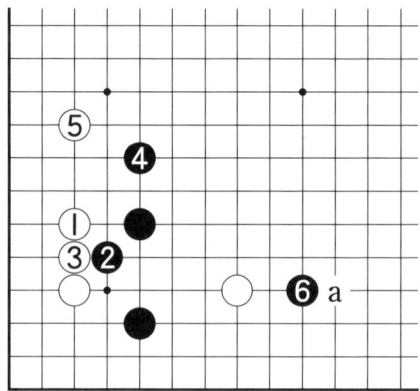

9도

9도(한칸 응수)

7도 다음 백1의 한칸으로 응수하 면 흑2로 약점을 지킨 후 4로 뛴 다. 백5로 벌릴 때 흑6(또는 a)으 로 협공하는 진행이 일반적이다.

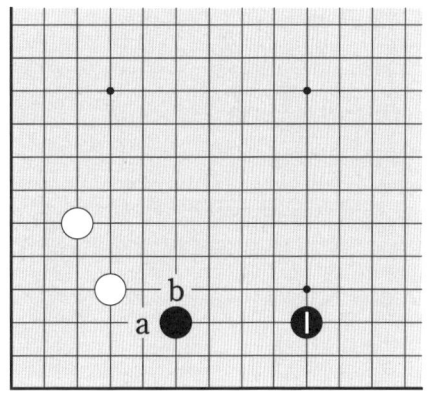

10도

10도(세칸 행마)

화점 날일자걸침에서 백이 날일자로 받은 후 흑1의 세칸 행마는 변의 발전을 중시한 벌림이다.

이때 백a로 붙여 귀를 지키는 것은 흑b로 세워 '2립3전'의 좋은 모양이 된다.

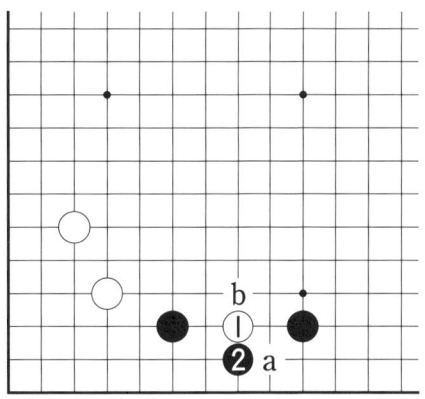

11도

11도(침입과 연결)

흑의 세칸벌림에는 백1의 침입이 가능하지만 흑2의 밑붙임이 연결의 맥점이다.

백은 a로 젖혀 싸울 수도 있지만 보류해두는 것이 보통이다. 흑도 차후 b의 붙임이 지키는 효율적 방법이다.

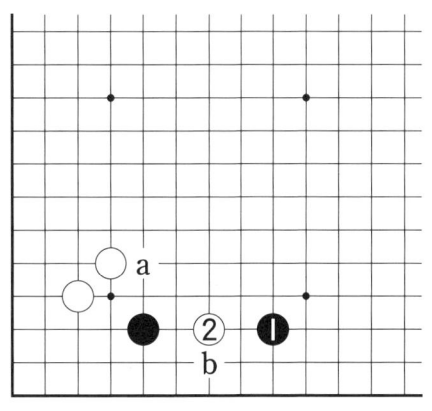

12도

12도(소목 걸침에서의 세칸 행마)

소목 날일자걸침에서도 백이 마늘모로 받은 후 흑1의 세칸 행마는 변의 발전을 고려한 벌림이다.

백2의 침입에는 흑a로 붙여 상대에 기대어 정리하거나, b에 붙여 자체 안정을 도모한다.

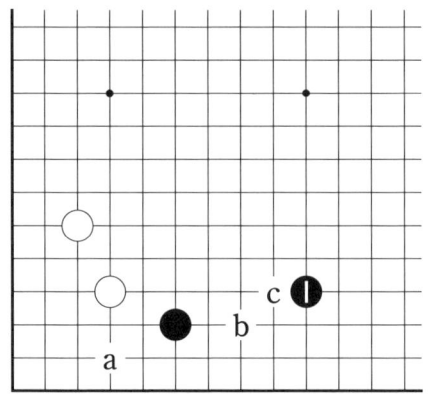

13도

13도(세칸높은 벌림)

화점 날일자걸침에서 흑1의 세칸 높은벌림은 중앙을 더 중시한 행마다.

백이 귀를 지킨다면 a가 보통이다. 백이 변을 공략한다면 b로 침입하거나 c의 옆구리붙임도 일책이다.

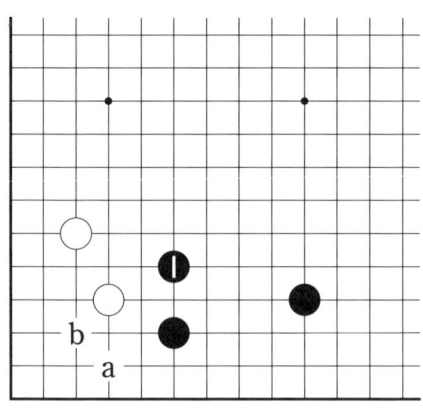

14도

14도(중앙 중시)

흑이 하변을 재차 둔다면 1의 한 칸 지킴이 보통이다.

그러면 백도 a로 귀를 지키는 것이 무난하다. 그렇지 않으면 흑b의 삼삼침입이 아픈 곳이다.

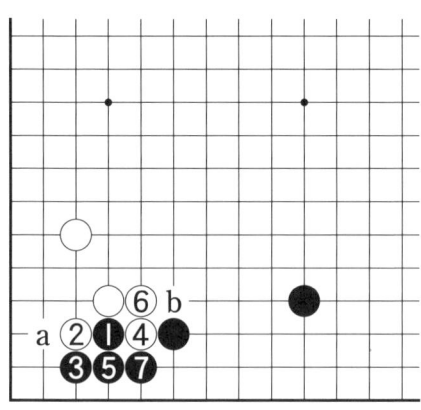

15도

15도(귀의 공략)

흑이 먼저 귀를 공략한다면 1, 3으로 붙여 파고드는 것이 요령이다. 백은 6까지 모양을 정리한 후 a로 귀를 지키기 전에 b로 먼저 밀어두는 것이 보통이다.

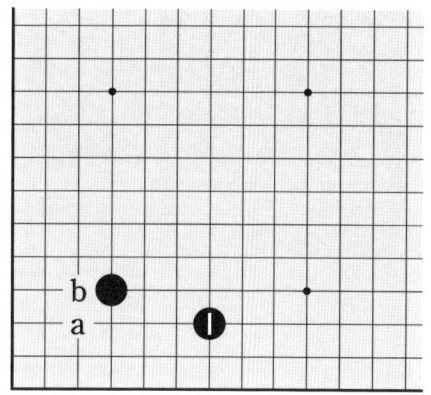

16도

16도(눈목자 행마)

화점에서 흑1의 눈목자굳힘은 귀를 확실히 지킨다기보다 변과 연관된 행마일 경우가 많다.

　백은 a의 삼삼침입이나 b의 붙임으로 이런 약점을 공략하는 것이 보통이다.

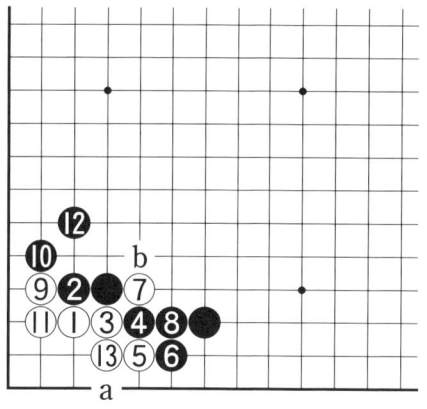

17도

17도(삼삼침입)

백1의 삼삼침입은 귀에서 확실히 살아두려는 뜻이다. 흑2로 막은 후 백13(또는 a)까지가 그 과정이다. 다음 흑b로 단수해서 부분적으로는 흑의 외세가 두텁다.

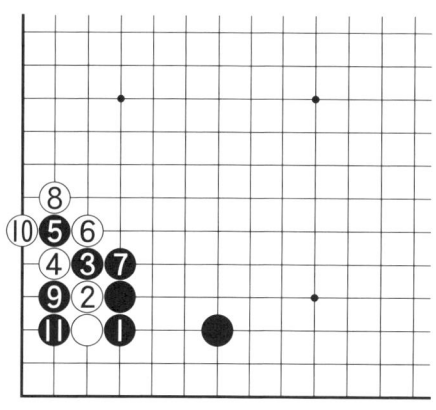

18도

18도(귀를 지키는 막음)

백이 삼삼침입할 때 흑1로 막는 것은 오히려 귀를 지키는 것이 나을 때 선택하는 특수한 경우가 많다. 백2에 흑3, 5로 이단젖히면 백은 귀를 포기하고 10까지 한점 빵따냄으로 만족한다.

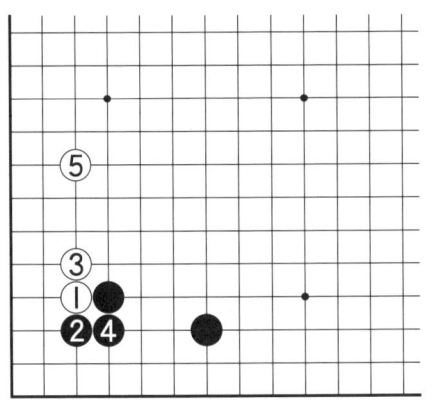

19도

19도(붙임에 안쪽 젖힘)

귀와 변을 연관해서 생각하면 백1의 붙임을 많이 사용한다.

흑2의 안쪽 젖힘은 귀를 중시한 선택이다. 백3에 흑4의 이음은 두텁지만 집으로는 작다.

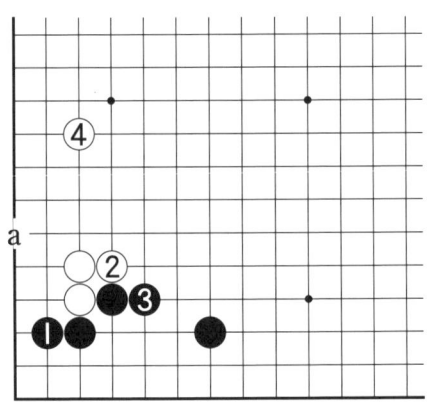

20도

20도(내려섬)

앞 그림 4로는 흑1로 내려서서 최대한 집을 키우는 것이 보통이다. a의 비마까지 생각해보면 그 가치를 알 수 있다. 그러면 백2, 4로 안정해서 일단락이다.

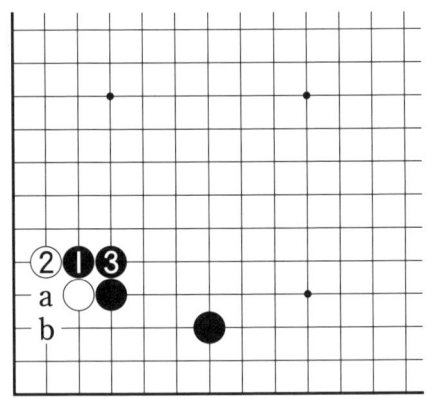

21도

21도(바깥 젖힘)

백이 귀에 붙일 때 흑1의 바깥 젖힘은 변과 중앙을 중시한 선택이다. 백2의 젖힘과 흑3의 이음은 이 경우의 행마법이다.

다음 백은 a의 이음이나 b의 호구를 선택하게 된다.

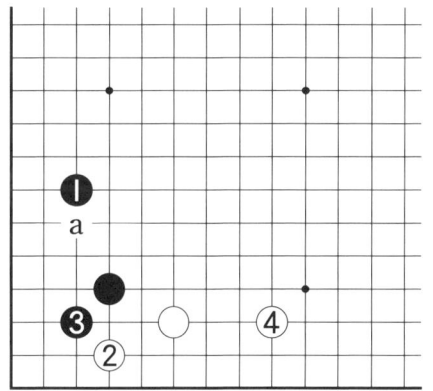

22도

22도(화점 걸침에 눈목자응수)

화점 걸침에 흑1의 눈목자응수는 변의 속도를 중시한 행마다.

백이 정석대로 2, 4로 두면 a의 날일자보다 한칸 더 넓은 만큼 흑이 활발한 모습이다.

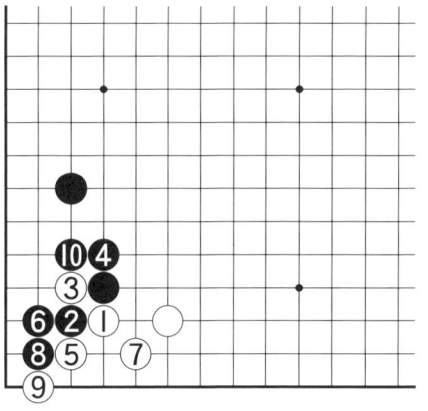

23도

23도(정석)

귀를 은근히 노린다면 백1, 3의 맞끊음이 귀의 공간을 활용한 행마법이다.

이하 10까지는 이 모양의 대표적인 정석이므로 수순을 익혀두자.

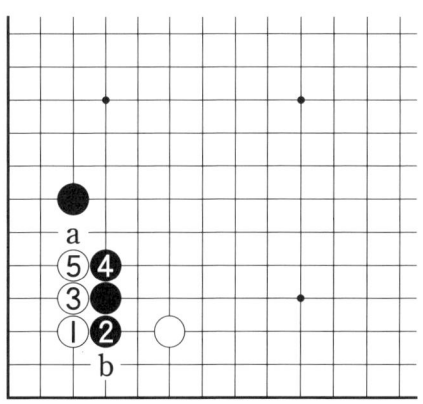

24도

24도(삼삼침입)

백1의 삼삼침입은 가장 많이 두는 귀의 공략법이다. 흑2로 막을 때 백 3, 5로 귀를 자연스럽게 점령한다.

다음 흑은 a로 막거나 b로 젖힘을 차단해 백을 좌변으로 몰아가는 식으로 진행된다.

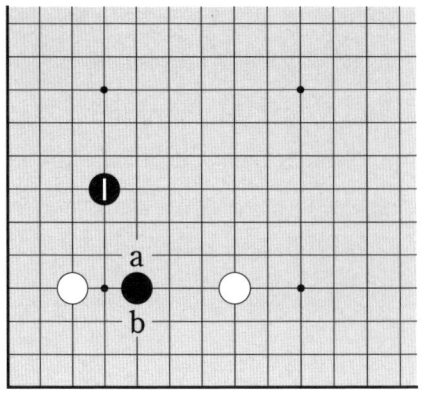

25도

25도(유연한 눈목자 행마)

소목 한칸걸침 두칸높은협공에서 흑1의 눈목자 행마는 귀와 변을 연계하는 유연한 응수다. 백은 a로 붙여 차단하며 싸워나가는 것이 보통이다.

　백이 겁부터 먹고 b에 붙여 귀에서 안정하려는 생각은 절대 금물이다.

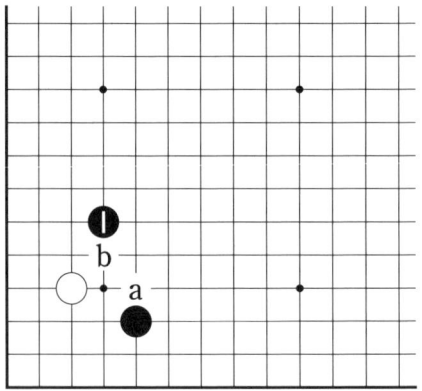

26도

26도(외목 걸침에 눈목자씌움)

외목 걸침에서 흑1의 눈목자씌움은 백을 강하게 압박하며 때에 따라 복잡한 변화를 유도하는 행마다. 백이 a로 붙일 때는 복잡한 변화도 염두에 두어야 한다.

　백이 간명한 흐름을 원한다면 b의 붙임을 선택하는 것이 일반적이다.

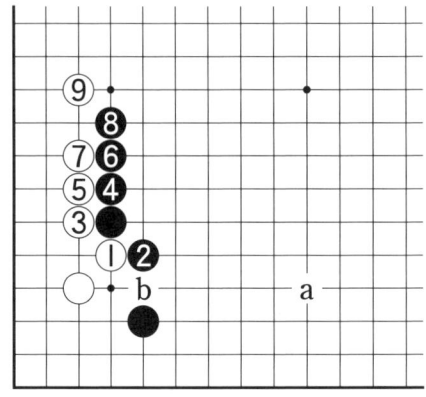

27도

27도(정석)

백1에 흑2로 막으면 백3 이하 9까지 실전에 잘 나오는 정석이다. 흑 세력과 백 실리의 극명한 갈림이다.

　a의 벌림이 있으면 흑은 세력의 위력이 더해질 것이다. 백은 b로 끼워 실리를 벌어들이는 노림이 있다.

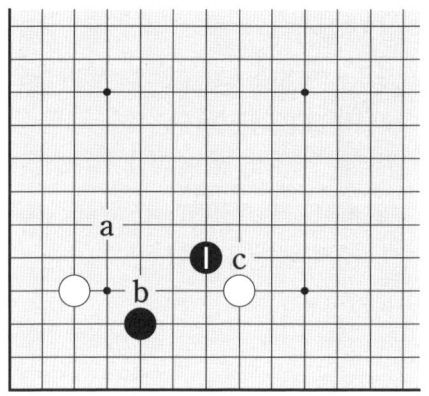

28도

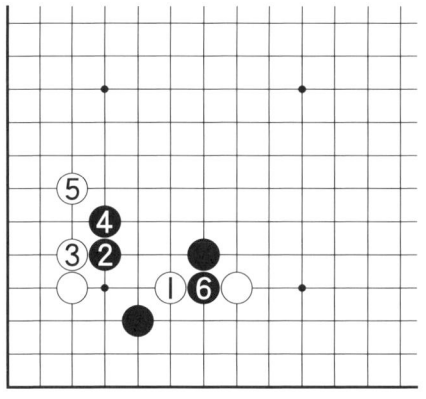

29도

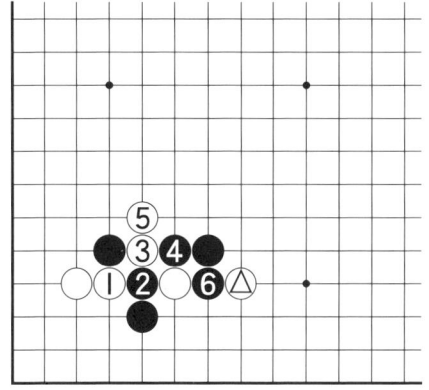

30도

28도(밭전자 행마)

소목 날일자걸침 두칸높은협공에서 흑1의 밭전자 행마는 중앙을 중시하는 수단이다. 백은 약점을 공략하고 싶지만 오히려 위험해진다.

차라리 이런 경우는 a로 자기 길을 가든지, b로 기대어 모양을 결정하든지, c로 자연스럽게 밀어가든지 선택하는 것이 안전하다.

29도(행마법)

만일 백1로 밭전자의 약점을 공략하면 흑2의 날일자씌움이 이어지는 행마법이다.

백3, 5로 받으면 흑6으로 뚫어 한점이 고스란히 잡힌다.

30도(흑, 만족)

흑이 씌울 때 백1, 3으로 끊어와도 흑4, 6이면 백△의 가치가 추락한 만큼 흑의 만족이다.

이처럼 밭전자 행마는 공간 효율성을 최대한 높이려는 입체적 행마이지만 다른 행마와 연계할 때 그 가치가 나온다. 단독으로는 허술한 면이 있으므로 상황에 따라 구사해야 한다.

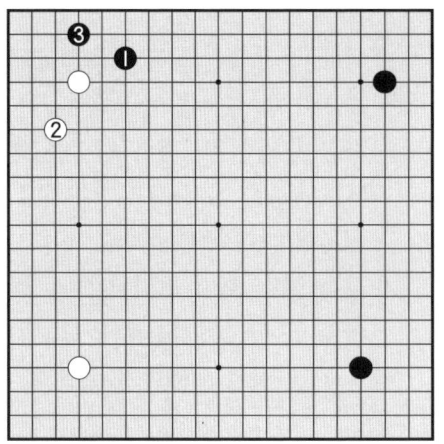

1도(실전 1)

흑은 화점과 소목, 백은 양화점으로 출발한 포석이다.

　흑1의 날일자걸침에 백2의 날일자응수와 흑3의 날일자달림은 날일자 행마의 모범과도 같다. 이 다음…·

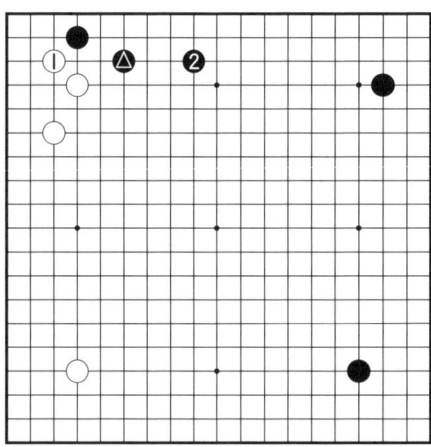

2도(기본 행마법)

백1로 3三의 곳을 지킨다면 흑도 2로 두어서 널리 알려진 기본정석의 하나이다.

　1은 수비의 마늘모, 2는 ▲로부터 두칸을 벌린(1립2전의 원칙) 기본 행마법이다.

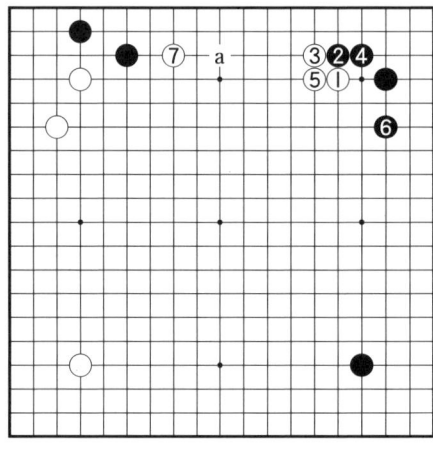

3도(실전의 진행 1)

1도 다음 백은 1로 걸쳐갔다. 흑 2, 4는 견실한 응수인데 6의 한칸 뜀(정수!)에 주목할 것.

　백7로 흑 두점을 압박한 것이 적극적인 구상이다. a면 평범한 기본정석.

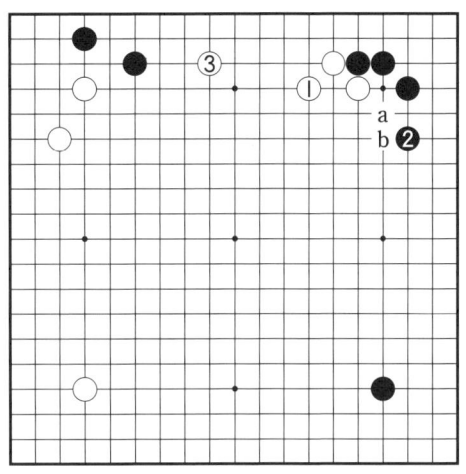

4도(또 다른 정석)

앞 그림 5로 이 그림처럼 백1로 호구치는 수도 있다.

그러면 백3까지 벌리면서 협공을 겸할 수 있다. 흑2는 이 수 말고도 a의 마늘모나 b의 날일자도 있다.

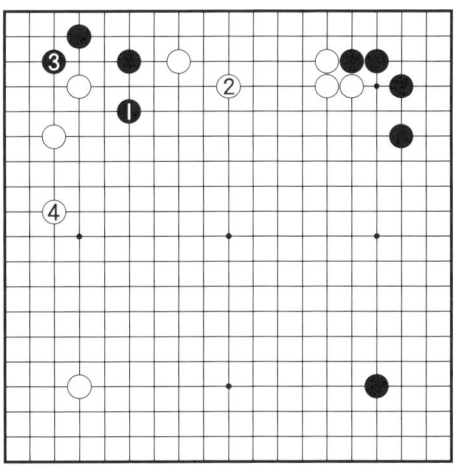

5도(실전의 진행 2)

흑1의 한칸으로 뛰어나간 것은 당연하다. 백2의 날일자로 지킨 것은 행마의 틀이다.

흑3의 마늘모도 실리와 근거의 요소이며, 백4의 두칸도 자연스런 행마이다.

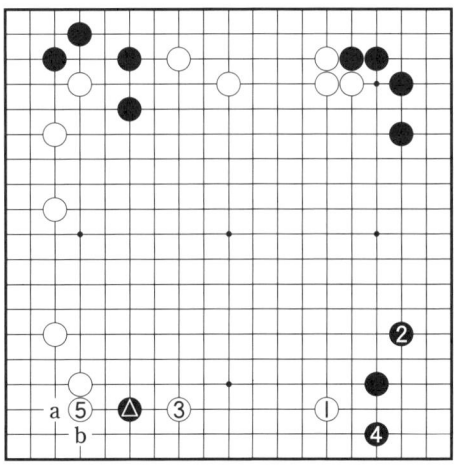

6도(모범 행마들)

백1로 하나 걸쳐 흑2와 문답해 놓고 백3으로 ▲를 공격한 것이 고등수법이다.

흑4의 한칸은 귀를 지키는 요령이며 백5의 쌍점도 상황에 맞는 좋은 수이다. 안 두면 흑a나 b로 움직인다.

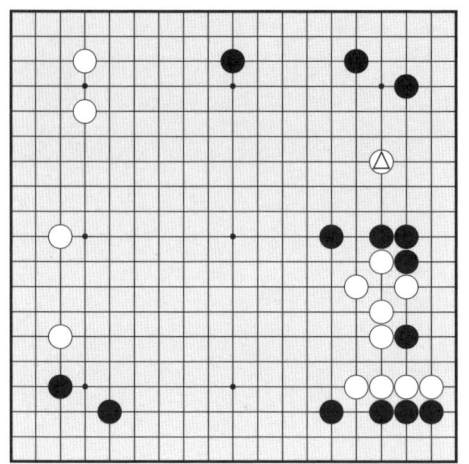

7도(실전 2)

실전에서 취재한 장면이다. 우 상변의 백△ 한점의 처리를 묻 는다.

백은 어떤 식으로 행마해야 흑의 공격을 완화시킬 수 있을 까?

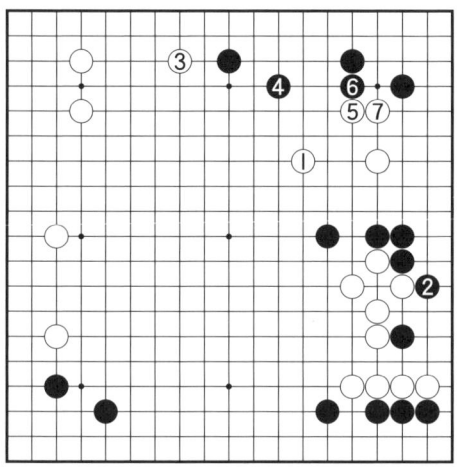

8도(포인트/ 경묘한 두칸뜀)

백1의 두칸뜀이 경묘한 행마. 이 렇게 사뿐하게 달아나야만 흑에 게 심한 공격을 받지 않는다.

흑2가 큰 수이지만 백3도 좋 은 곳. 백5, 7로 정비해서 이제 는 걱정이 없다.

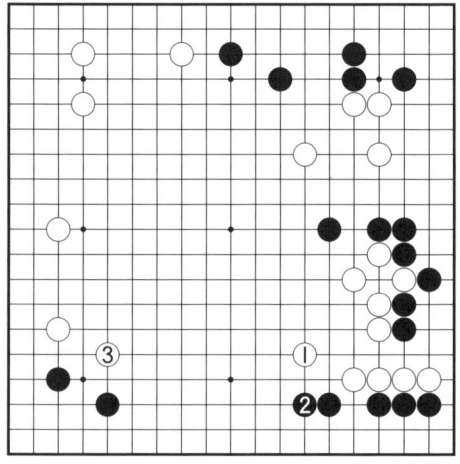

9도(백3, 절호점)

앞 그림에서 몇 수 더 진행된 상 황이다. 백1의 날일자가 요소.

흑2의 쌍점은 이렇게 응수하 는 것이 요령이며, 백3의 날일 자는 좌상 일대의 세력을 확장 하는 절호점이다.

2
활용형
행마의
기본 감각

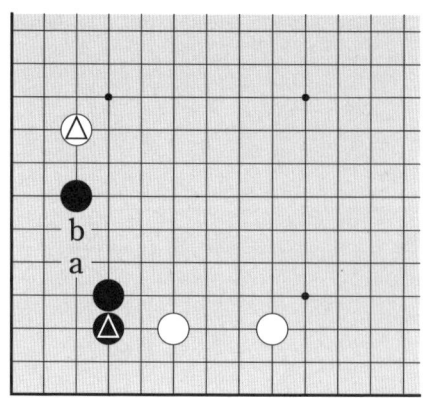

1도

1도(귀의 공략법)

화점 눈목자굳힘에서 흑▲의 쌍점으로 형성된 이런 수비 형태에서도 △로 다가서면 백이 귀를 공략하는 노림이 있다. 백a의 침입과 b의 붙임이 대표적이다.

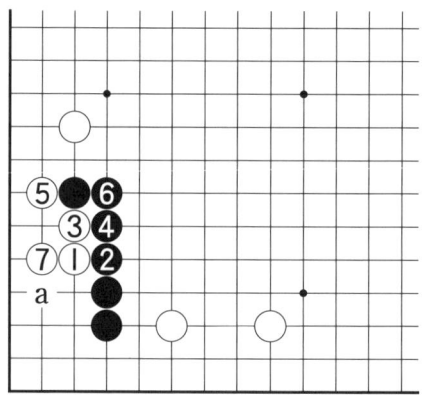

2도

2도(상식적인 노림)

백1의 침입이 상식적인 노림이다. 흑이 싸움을 피해 간명하게 정리하자면 2, 4로 눌러 7까지 백을 넘겨주는 것이다.

다음 흑이 귀를 방어한다면 a의 붙임이 최선이다.

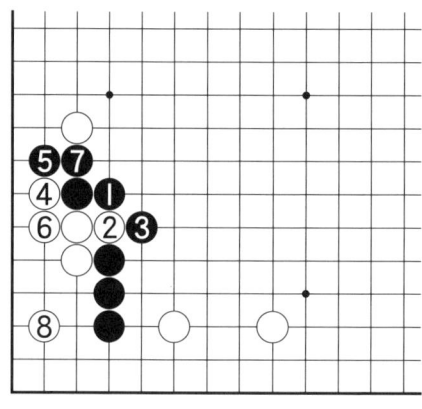

3도

3도(연결을 차단하는 강수)

앞 그림 백3 때 흑1은 연결을 차단하려는 강수다.

백은 2 이하 8까지 흑의 약점을 부각시키며 자세를 잡아두는 것이 수순이다.

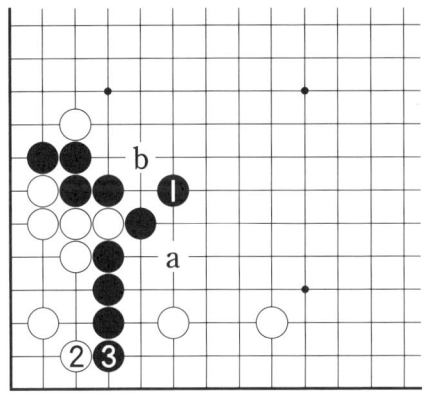

4도

4도(서로의 권리)

그러면 흑은 1의 지킴이 필요하다. 다음 백은 2로 귀를 살아두어야 한다.

　이 결과는 귀에도 맛이 있고 언뜻 흑의 세력이 좋아 보이지만, a 와 b의 활용은 백의 권리다. 주변 상황에 따른 전체적 평가가 중요할 것이다.

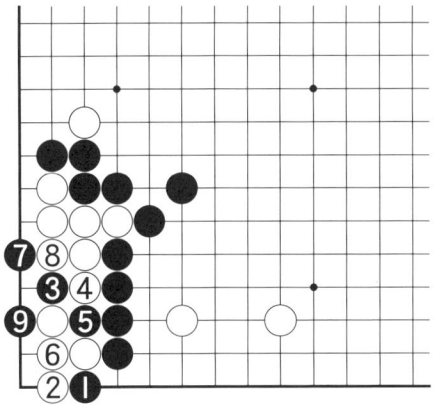

5도

5도(귀의 맛)

귀의 맛이란 뭘까?

　흑1의 1선 젖힘에 묘수가 많이 숨어있다. 백2로 받으면 그 다음부터는 알기 쉽다.

　다만 흑9의 마늘모를 읽어야 한다. 사활이 걸린 패이다.

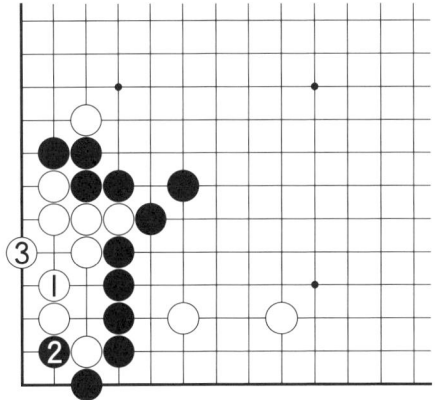

6도

6도(선수활용)

따라서 흑의 1선 젖힘에는 백1로 물러서야 한다.

　그러면 흑2의 단수가 맛좋은 선수활용이다.

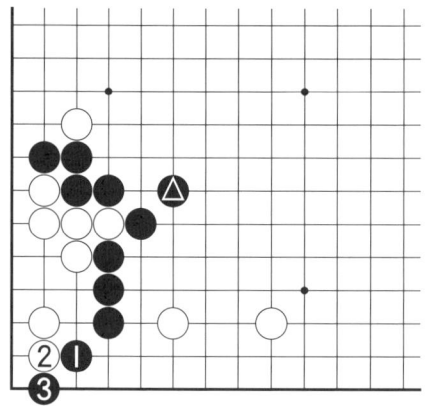

7도

7도(귀의 공격법)

흑이 외곽을 ●로 지켰는데도 백이 귀를 살아두지 않고 있다. 흑은 귀를 어떻게 공격할까?

어렵게 생각할 일 없다. 흑1의 마늘모 행마가 정답이다. 백2에는 흑3으로 집을 줄이면 전체를 잡을 수 있다.

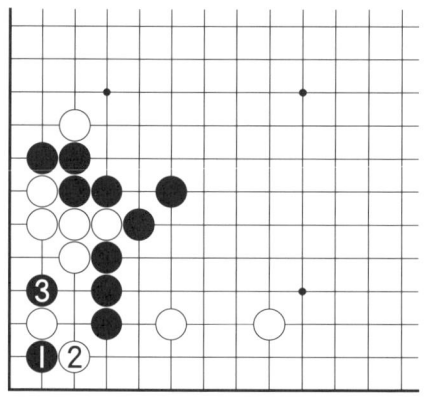

8도

8도(폼 나는 붙임?)

생각이 깊으면 폼 나는 수를 구사할지도 모른다.

가령 흑1의 붙임이면 더 멋져 보이지만 정답은 아니다. 백2로 젖히면 흑3으로 건너붙여 한쪽이라도 잡을 수 있지만 ….

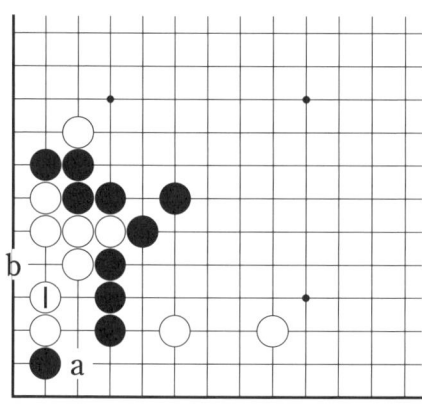

9도

9도(교묘한 삶)

백1의 쌍점으로 전체를 교묘히 살릴 수 있게 된다. 다음 흑a면 백b로 산다.

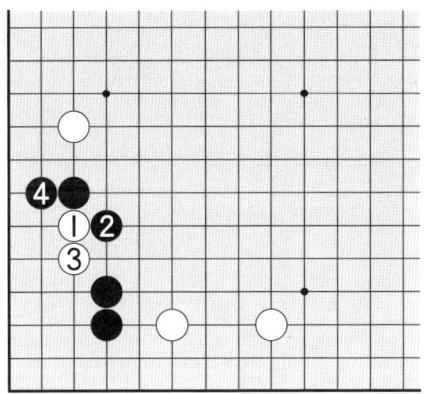

10도

10도(귀를 공략하는 붙임)

앞으로 돌아가서 백1의 붙임도 귀를 공략하는 노림의 수단이다. 흑2로 젖힐 때가 문제다.

백3으로 늘면 흑4로 차단해 백이 흑진에 갇혀 좋은 결과를 얻을 수 없다.

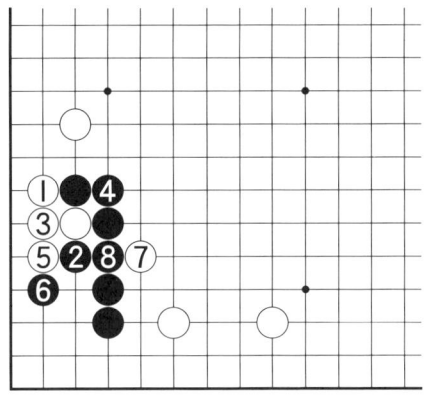

11도

11도(되젖힘)

백1로 아래로 되젖히는 것이 맥점이다. 다음 흑이 간명한 진행을 원하면 2, 4로 단수하고 잇는다. 이하 8까지 일단락이다.

백은 어느 정도 귀를 잠식한 것에 만족하고, 흑은 큰 상처 없이 두텁게 방어한 것에 의미를 둔다.

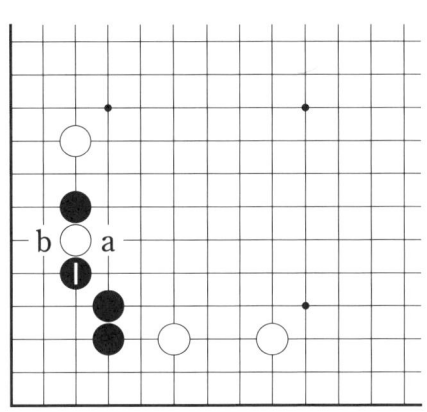

12도

12도(껴붙임)

백의 붙임에 흑1의 껴붙임도 재미있는 방어법이다.

다음 백은 a와 b를 상황에 맞게 활용할 수 있다.

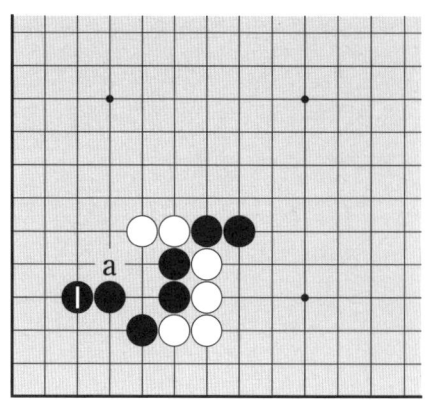

1도

1도(귀의 절대 수비법)

서로 모양이 절단된 형태에서 흑1의 쌍점 행마는 귀의 절대 수비법이다. a가 급소라는 점에서 착안해야 한다.

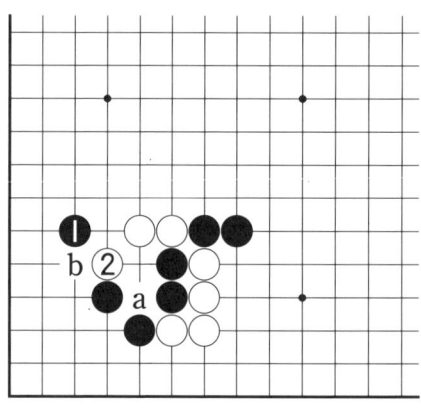

2도

2도(날일자)

흑1의 날일자는 모양에 대한 감각이 없어서 지킴을 잘못 이해한 수이다.

백2로 붙이는 순간 흑 모양이 무너진다. a와 b가 맞보기!

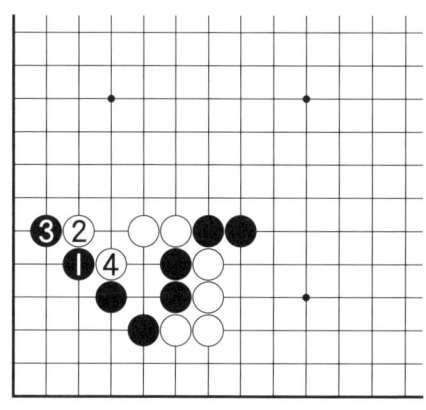

3도

3도(마늘모)

흑1의 마늘모는 모양에 대해 대충은 이해한 듯하다. 그러나 완전하지 못한 지킴이다.

백2에 흑3으로 젖히면 백4로 약점을 찔러 역시 모양이 무너진다.

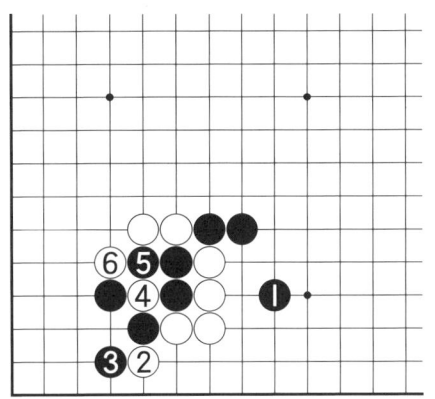

4도

4도(먼저 공격)

흑1로 먼저 공격하는 것은 기세가 좋지만 귀의 치명적 약점을 모르는 탓이다.

　백은 귀를 공략하는 방법이 몇 가지 있지만 2의 젖힘이 알기 쉽다. 흑3으로 막으면 백4, 6으로 먹여치고 조인다.

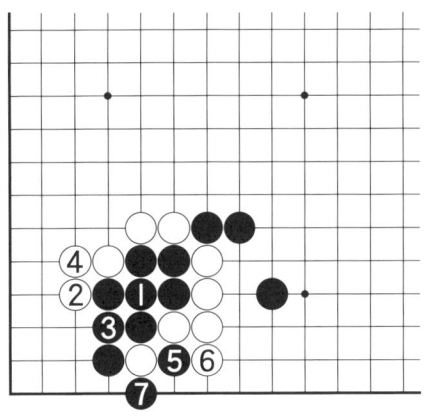

5도

5도(긴요)

흑1로 이을 때 백2, 4로 일단 정비하며 한 템포 늦추는 것이 긴요하다. 그러면 흑은 5, 7로 한점을 잡을 수밖에 없다.

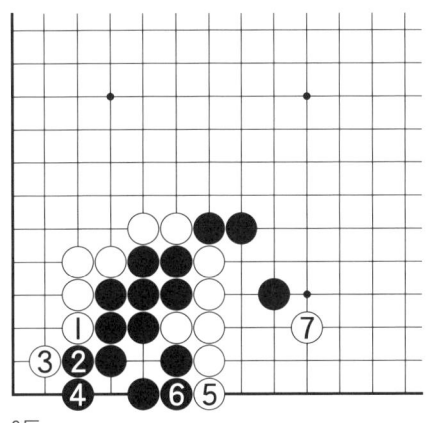

6도

6도(흑, 망함)

계속해서 백은 1 이하 5로 귀의 흑을 추궁해서 2집만 내고 살게 한 후 7로 진출한다.

　이 결과는 보다시피 흑이 쌈지 뜨고 망한 모습이다.

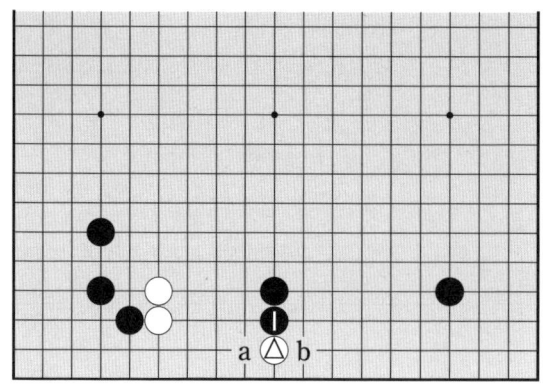

7도

7도(공수의 강력한 수단)

접바둑에서 나올 법한 이런 형태에서 백△로 변의 2선에 달리면 흑1의 쌍점 압박이 공격과 수비를 겸한 강력한 수단이다.

다음 백은 a와 b를 선택하게 되는데….

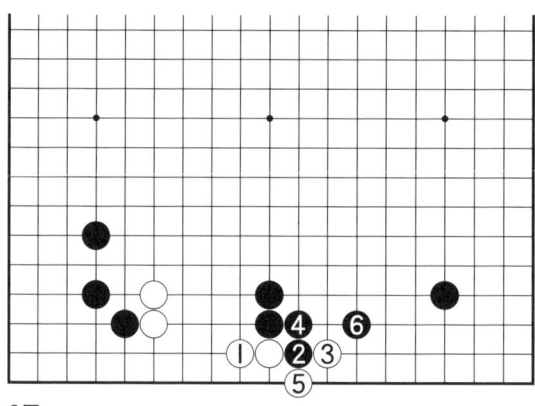

8도

8도(본진에 늘기)

백1로 본진에 늘면 흑2로 막는다. 백3의 껴붙임이 교란책인데 흑4의 이음이 긴요하다.

백5로 넘어가더라도 흑6으로 씌우면 백진이 무겁기만 하고 집이 없다.

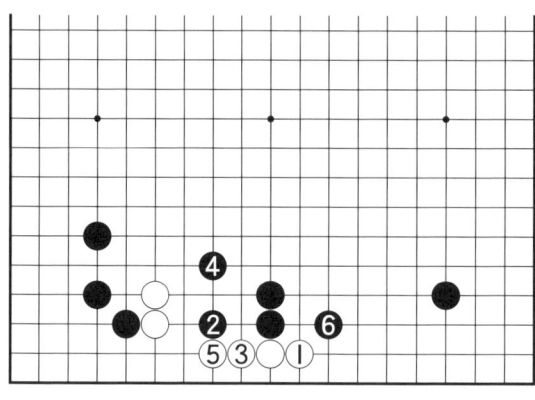

9도

9도(바깥 변으로 늘기)

백1로 바깥 변으로 늘면 흑2의 뜀이 침착하다.

백3에는 흑4로 백5의 연결을 주더라도 흑6으로 씌우면 백은 아직 미생이다. 흑이 두터운 진행이다.

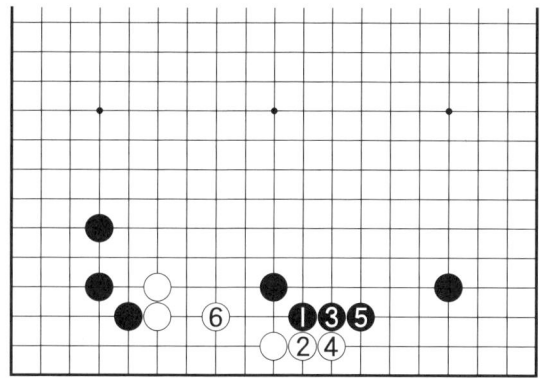

10도

10도(흑, 나약)

백이 2선에 달릴 때 기세에 눌려서 흑1로 물러서면 나약한 바둑이 된다.

백이 2, 4로 계속 밀어간 후 6에 지키면 백이 기분 좋은 모양이 된다.

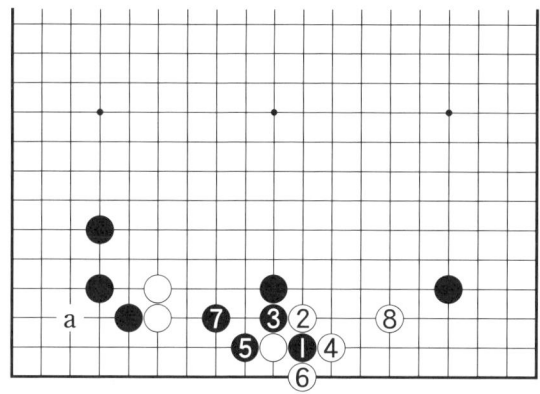

11도

11도(강수 헛짚음)

흑1로 붙여 막는 것은 강수이지만 헛짚었다.

백2, 4로 한점을 잡은 후 흑5, 7로 지키면 백8로 새터를 잡으며 변환할 수 있다. 좌하귀에는 아직 a의 맛이 남아있다.

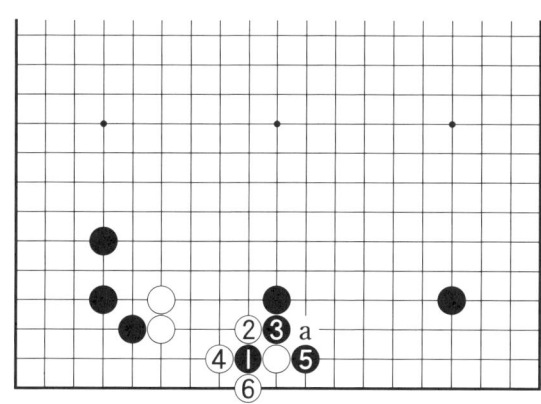

12도

12도(흑, 경솔)

흑1의 안쪽 붙임은 너무 허술하다. 백2 이하 6까지 빵따냄이 너무 기분 좋다. a의 맛도 있으니 흑이 경솔한 진행이다.

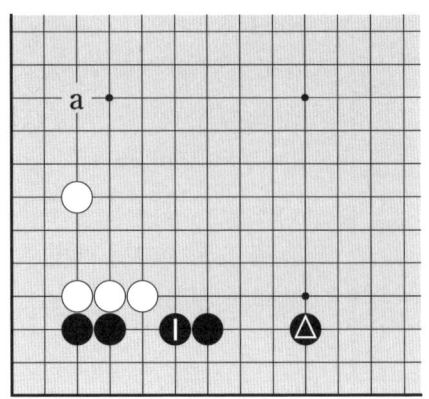

13도

13도(귀와 변의 고려)

귀와 변이 연계된 이런 형태에서 흑1의 쌍점은 △의 벌림까지도 고려한 수비법이다.

　다음 백이 지킨다면 a로 벌리는 진행이 될 것이다.

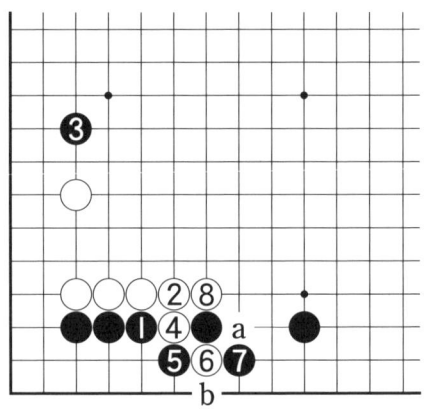

14도

14도(두터운 활용)

흑1을 선수한 후 3으로 공격하고 싶은가?

　그러면 백이 4 이하 8의 활용으로 두터워진다. 다음 흑이 a로 잇든 b로 잡든 귀나 변에서 재차 활용당해 재미없다. 오히려 3이 공격 대상이 될지도 모른다.

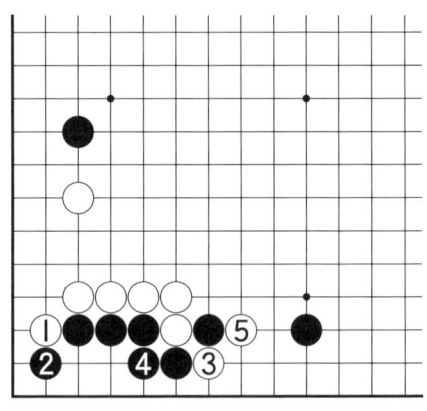

15도

15도(귀부터의 젖힘)

앞 그림 흑5 때 백1로 귀부터의 젖힘도 생각할 수 있다.

　이때 흑2로 막으면 백3, 5로 변이 다친다.

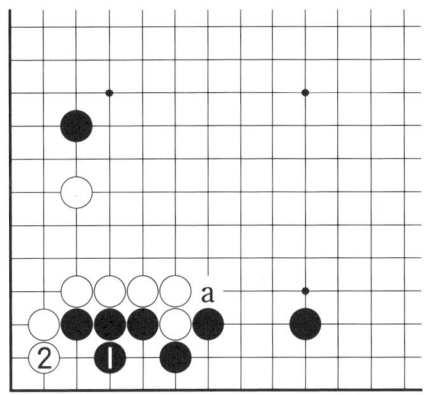

16도

16도(귀의 잠식)

그러므로 백이 귀를 젖히면 흑1로 방어하는 것이 보통이다. 그러면 백2로 늘어 귀를 잠식한다. 백은 a 까지 선수로 누를 수 있어 귀와 변에서 많이 활용한 셈이다.

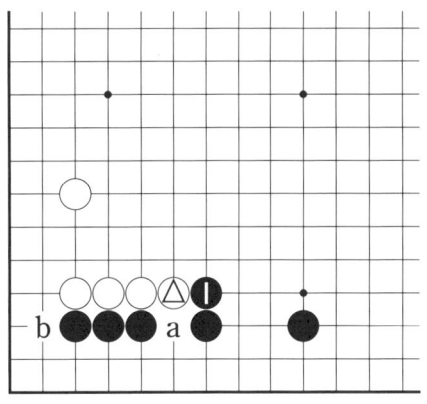

17도

17도(흑, 올라섬)

공격은 언감생심이라는 것을 알았다. 그렇다고 백△에 흑a나 b로 받는 것은 돌이 기차처럼 늘어서서 이런 비효율이 없다.

그래서 흑1로 올라서서 조금이라도 모양에 활력을 가해 본다.

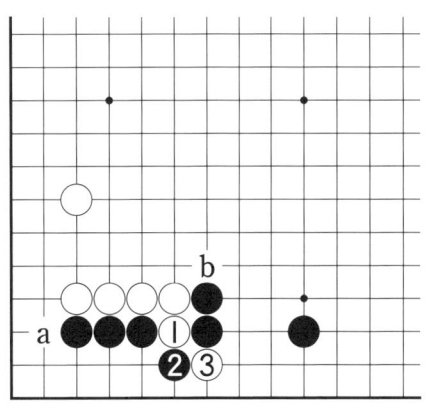

18도

18도(끊는 맛)

그러나 이 모양도 백1, 3의 끊는 맛은 그대로다.

다음 흑의 응수에 따라 백은 a와 b를 활용할 수 있고, 이는 곧 백 모양의 확대로 이어질 것이다.

73

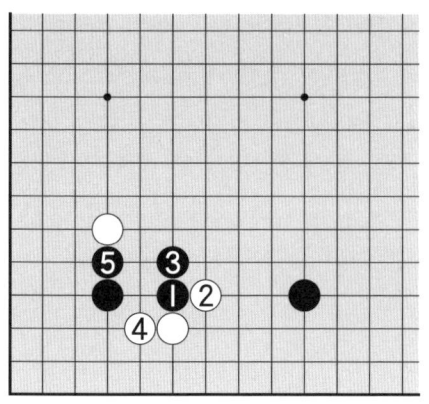

1도

1도(모양을 정비하는 쌍립)

화점 걸침 세칸높은협공에 한칸 양 걸침 형태에서 흑1로 붙일 때 백2, 4로 귀에 들어오면 흑5의 쌍립이 모양을 정비하는 행마다.

　쌍립이란 2개의 쌍점으로 연결 된 견고한 수단임을 알 수 있다.

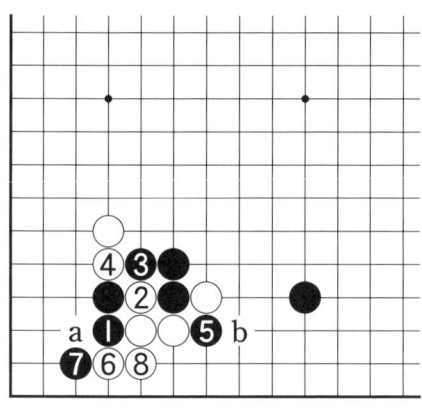

2도

2도(절단)

앞 그림 백4 때 흑1로 막고 싶지 만 백2, 4로 절단되면 흑이 불리 한 모양이다.

　흑5로 끊어 서로 절단된 모양이 지만 백6, 8로 먼저 젖혀이으면 a 와 b가 맞보기로 흑의 낭패다.

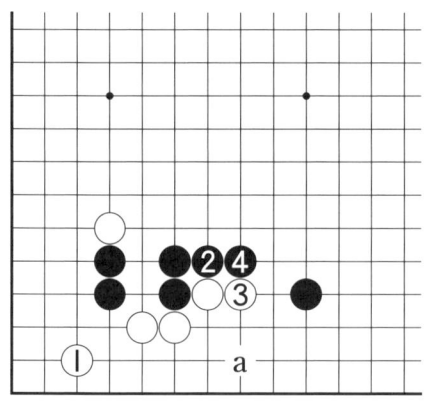

3도

3도(정석)

1도에 이어 백1의 날일자가 귀의 요소이며 흑2, 4로 중앙을 막아 정 석이 일단락된다.

　이 정석은 흑이 약간 두텁다는 견해가 있으며, 차후 a가 급소임도 기억해두자.

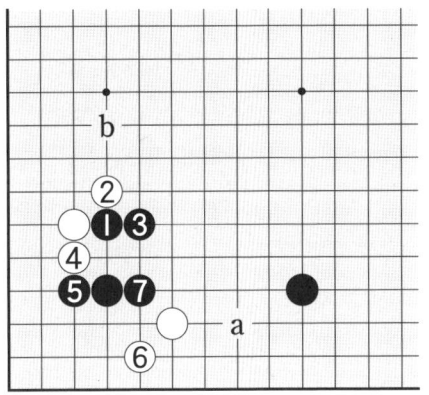

4도

4도(견고한 수비 행마)

이번에는 화점 날일자 양걸침 형태에서 흑1로 붙이고 백2, 4에 흑5로 막을 때 백6의 묘한 마늘모 행마로 귀를 노리면 흑7의 쌍립이 견고한 수비 행마다.

그리고 a나 b로 양쪽 백을 노리는 것이 훌륭한 전략이다.

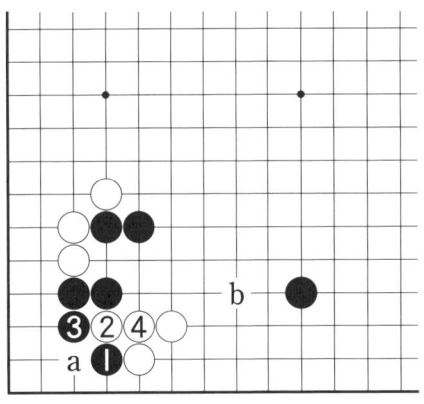

5도

5도(백의 노림)

백이 마늘모했을 때 흑1로 귀를 막는 것은 백의 노림에 걸려든다.

백은 즉각 2, 4로 끼워이은 후 a나 b로 근거를 확보할 수 있다. 반면 흑은 연결고리가 허술해 아직 미생이다.

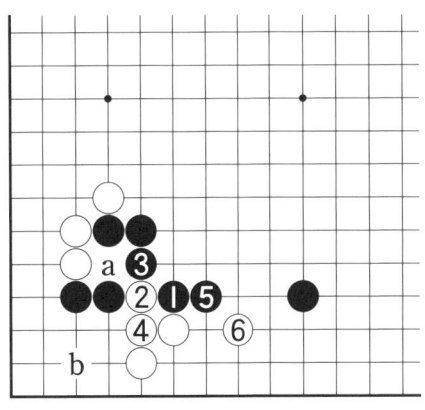

6도

6도(백, 편함)

흑1로 위에서 막는 것도 자세가 그리 좋지 않다.

역시 백2, 4로 끼워이으면 6까지는 필연인데 a의 약점이 노출되어 있고 b의 근거 확보도 가능해 백이 편한 흐름이다.

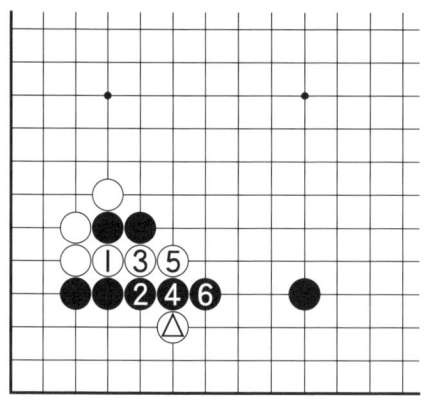

7도

7도(늦춤)

참고로 4도 흑5 때 백1로 뚫으면 어떻게 대응할까? 이때 그냥 막으면 백2로 끊겨 흑의 낭패다.

정답은 흑2로 늦추는 것. 이하 6까지면 백이 중앙 두점을 제압하지만 별게 없다. 반면 백△를 품에 안은 하변 흑의 실리가 크다.

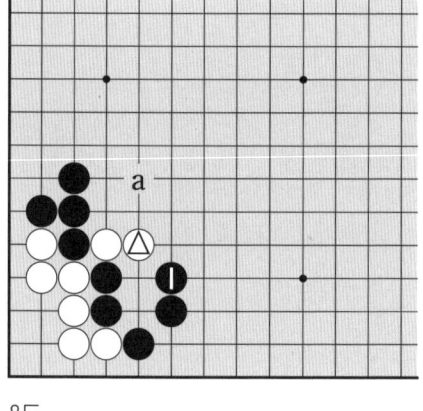

8도

8도(절대 수비법)

화점 눈목자굳힘 삼삼침입으로 파생된 이런 형태에서 백△로 늘면 흑1의 쌍립이 절대 수비법이다.

그러면 백은 a로 움직여 양쪽 흑을 갈라놓는 진행이 될 것이다.

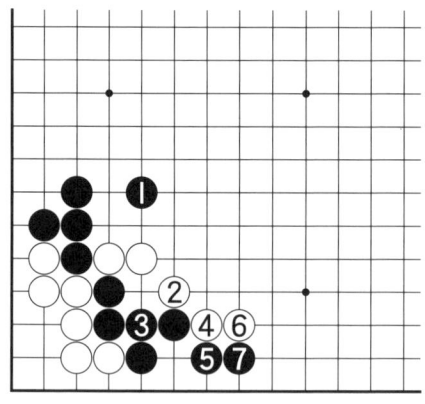

9도

9도(급소)

그렇다고 수비를 무시하고 흑1로 역공하면 백2가 급소다.

그런데 흑3에 이을 때 백4로 그냥 젖히면 흑5, 7로 밀고나가 사는 데 지장 없다.

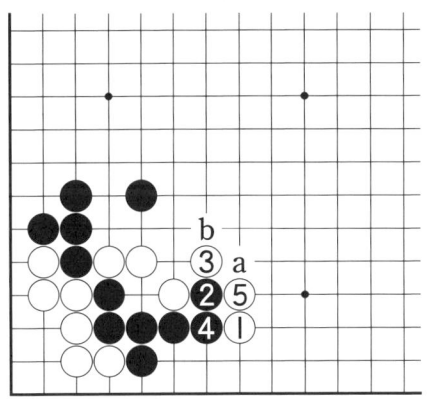

10도

10도(포위의 묘)

백은 급소를 짚은 후 1로 늦춰 포위하는 것이 행마의 묘이다.

이하 5까지 흑이 외부로 빠져나가기 어렵다. 흑a로 끊어봤자 백b로 늘면 그만이다.

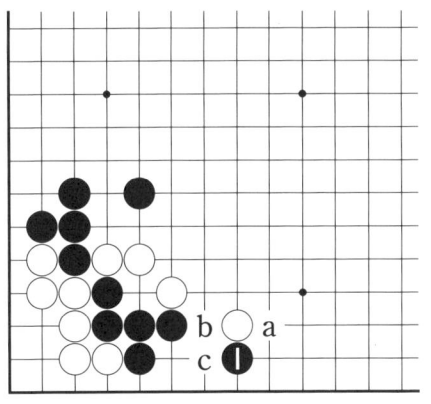

11도

11도(붙임에 대응법)

흑1로 먼저 붙여보는 것이 노림을 품은 수인데 백은 어떻게 받아야 할까?

이때 백이 a로 늦추거나 b나 c로 안에서 공격하면 흑이 자체로 살거나 외부로 탈출한다.

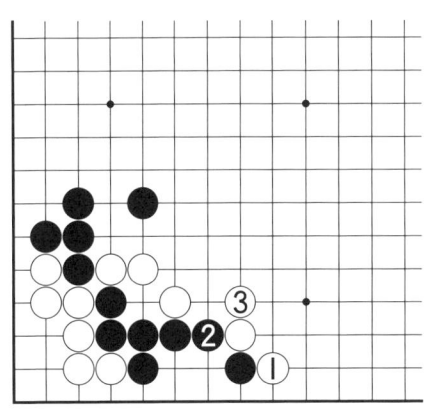

12도

12도(유일한 해결책)

흑이 붙이면 백1로 바깥에서 젖히는 것이 유일한 해결책이다.

흑2에는 백3으로 늘어 흑은 더 이상 해볼 수가 없다.

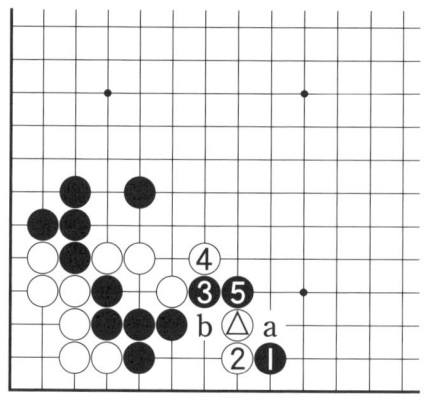

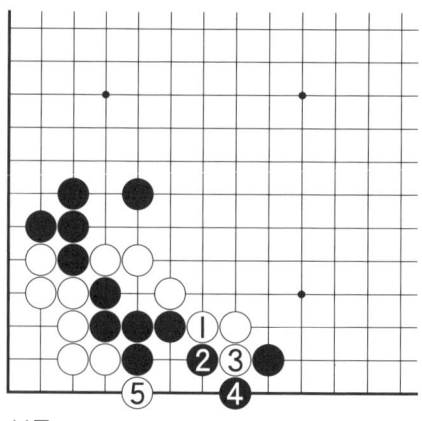

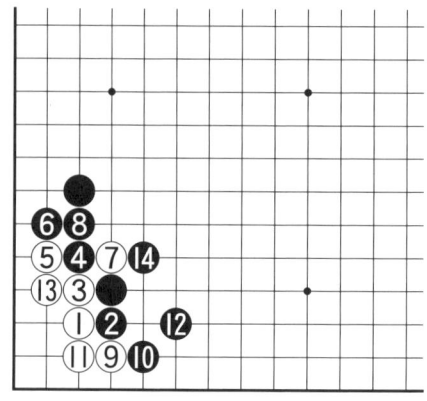

13도(함정수)

백이 △로 포위할 때 흑1은 약간 머리를 굴린 수이지만 함정수에 가깝다.

만일 백2로 막으면 그 함정에 빠진다. 흑3, 5로 진행한 다음 a와 b의 맞보기로 흑이 사지에서 벗어나게 된다.

13도

14도(조이며 압박)

백1로 조이며 압박하는 것이 해결책이다.

흑2, 4로 넘어갈 수는 있지만 백5로 급소를 타격하면 흑의 모양이 무너져서 버텨내기 어렵다.

14도

15도(과정)

원래 이 형태는 화점 눈목자굳힘에서 백1의 삼삼침입으로 파생된 것이다. 흑2로 막은 후 13까지가 그 진행이다.

다음 흑은 14로 한점을 제압하는 것이 두텁고 분란도 일어나지 않는다.

15도

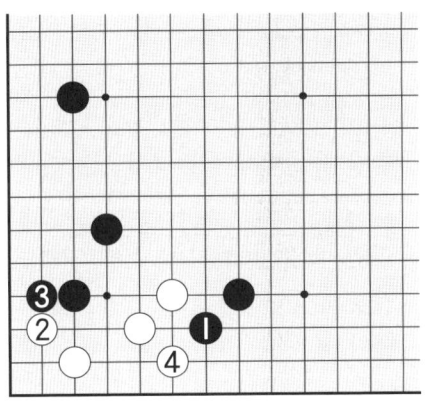

1도

1도(근거를 공격하는 마늘모)

예전에 많이 등장했던 소목 정석에서 나온 형태다.

여기서 흑1의 마늘모는 백의 근거를 공격하는 행마다. 그러면 백은 2, 4의 마늘모로 수비해두는 것이 안전하다.

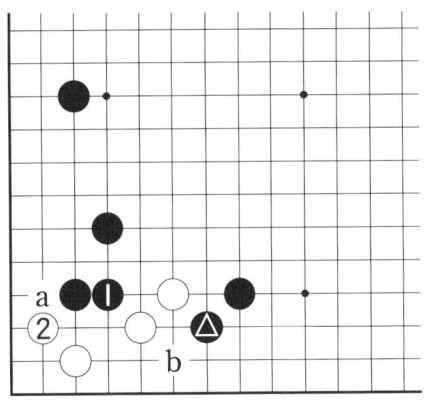

2도

2도(강력한 쌍점 행마)

흑▲의 공격에도 백이 자신을 돌보지 않으면 흑1의 쌍점이 상대의 숨통을 조이는 강력한 공격 행마다. 이때 백2로 근거를 마련하려 하면 흑은 어떻게 공략할까?

만일 흑a면 백b로 백은 한숨 돌릴 것이다.

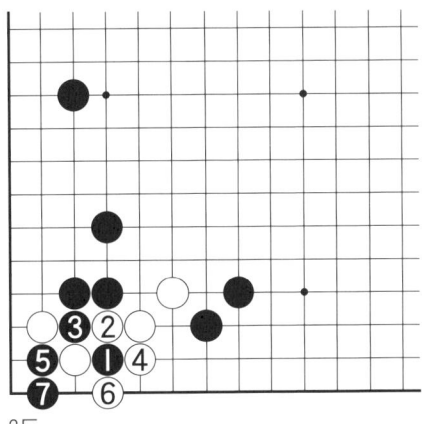

3도

3도(건너붙임)

흑1의 건너붙임이 행마의 급소다. 백2면 흑3 이하 7까지 한점을 잡으며 큰 이득을 볼 수 있다.

만일 흑1에 백4면 연결은 가능하지만 백 전체가 미생이 되어 위험하다.

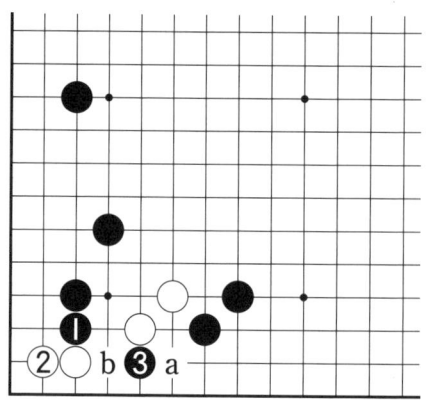

4도

4도(공격의 급소)

위치는 다르지만 흑1의 쌍점 공격
도 유력하다. 백2로 빠지면 흑3의
붙임이 이어지는 공격의 급소다.

　백이 안에서 살자면 a의 젖힘이
지만 중앙이 끊기고, b면 연결은
가능하지만 백 전체가 공격 대상
이다.

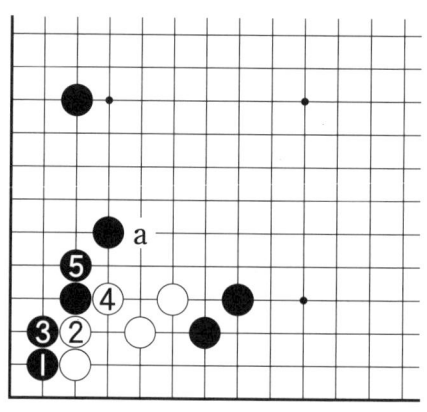

5도

5도(붙임)

흑1의 붙임으로 공격하는 것은 보
기에는 그럴 듯하지만 백은 2, 4
로 탄력적인 수비가 가능하다. 다
음 백a로 붙여가는 자세가 좋다.

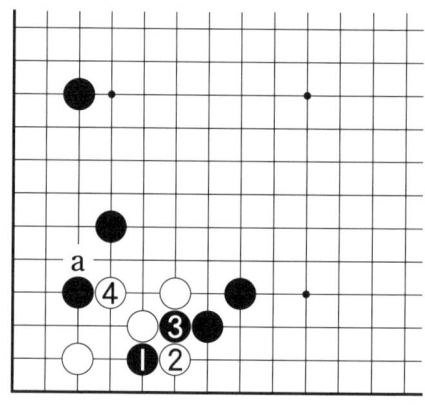

6도

6도(수비의 맥점)

흑1의 붙임도 성급한 공격이다. 백
은 2로 젖힌 후 4의 붙임이 수비의
맥점이다.

　다음 좌변 백a로 한점을 잡는
맛과 하변에 한점 잡는 맛이 걸려
있어 흑이 재미없다.

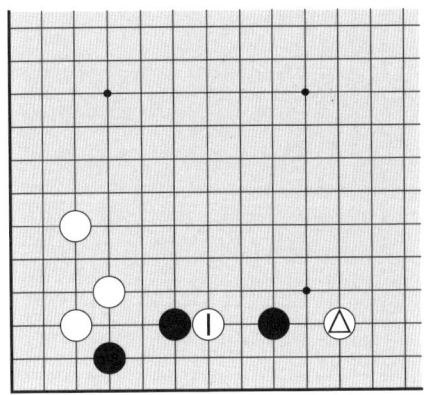

7도

7도(화점 기본정석에서)

이 형태는 화점에서의 기본정석이다. 백△로 다가오게 되면 튼튼한 흑 진영이라도 백1로 공격하는 노림이 있다.

흑이 절단되지 않으려면 어떻게 방어해야 할까?

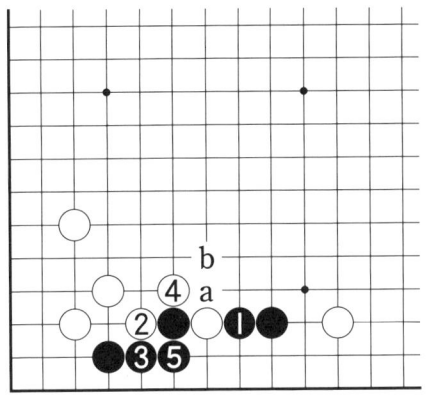

8도

8도(완벽 수비법)

흑1의 쌍점 행마가 백의 의도에 말리지 않는 완벽 수비법이다. 그러면 백은 2, 4를 선수한 후 a나 b를 상황에 따라 활용하게 된다.

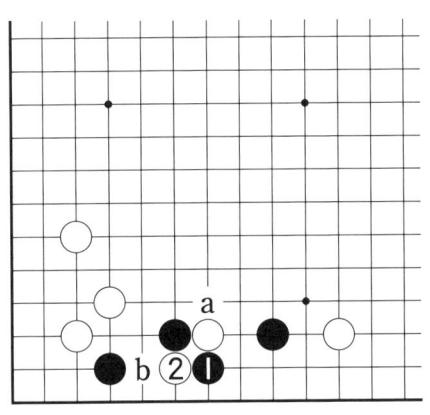

9도

9도(맞끊음)

백의 공격에 흑1로 젖히면 백2의 맞끊음이 행마의 급소다.

다음 흑이 a와 b, 어느 쪽을 선택하든 절단은 피할 수 없다.

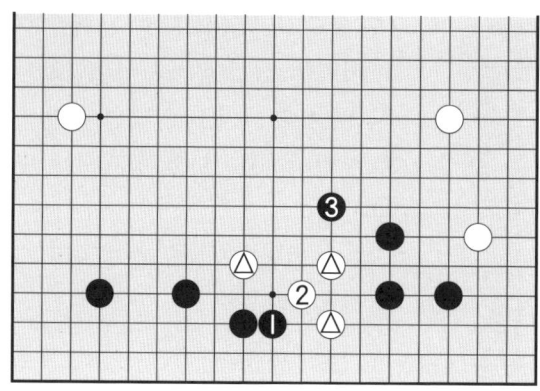

10도

10도(모양의 급소)

이 형태에서 흑이 하변 백 △ 일단을 공격하자면 1의 쌍점이 모양의 급소다.

백2로 연결에 급급할 때 흑3으로 공격을 이어가면 이미 집모양이 무너진 백이 심하게 쫓길게 뻔하다.

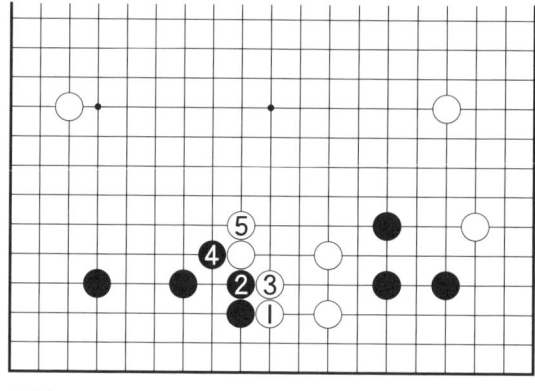

11도

11도(수비의 맥점)

이 형태에서 백이 먼저 두게 된다면 공격의 급소였던 그 자리, 1의 붙임이 수비의 맥점이다.

다음 흑이 2, 4로 알기 쉽게 진행한다면 5까지 뼈대만 있던 백 모양에 살이 붙는다.

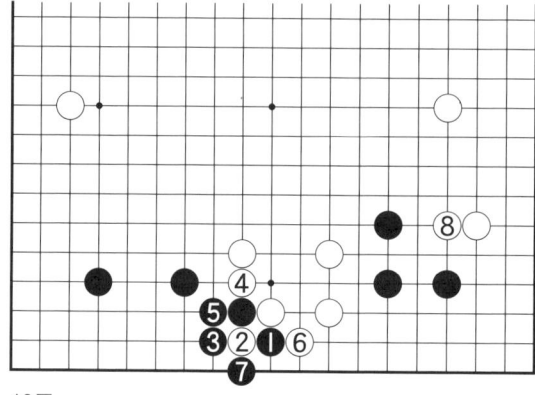

12도

12도(타개의 맥점)

백의 붙임에 흑1로 젖혀 추궁하는 것이 보통이지만 백2의 맞끊음이 이어지는 타개의 맥점이다.

흑3으로 잡으면 백4, 6으로 정비할 수 있다. 이번에는 백8의 쌍점 역공도 가능할 것이다.

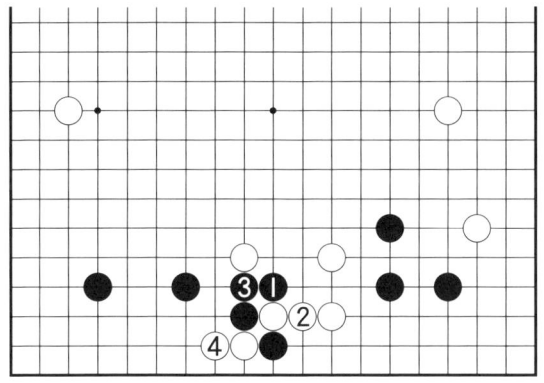

13도

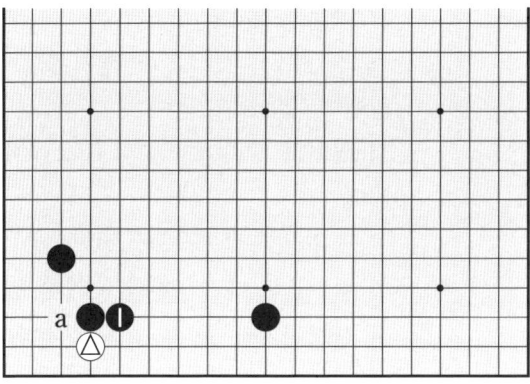

14도

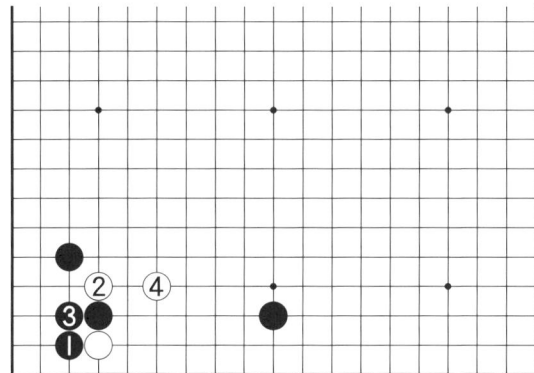

15도

13도(금기사항)

백이 맞끊을 때 흑이 1, 3으로 중앙을 공격하면 백4로 늘어 하변의 손실이 너무 크다. 흑의 금기사항이다.

14도(2선 붙임)

소목 굳힘에서 벌림이 있는 이런 포석 구도에서 백△의 2선 붙임은 흑진을 뿌리부터 공략하며 응수를 물어보는 수단이다.

이에 흑1의 쌍점 행마는 귀와 변을 연계한 가장 보편적인 수비법이다. a로 백이 사는 맛은 있지만 그 정도는 감내해야 한다.

15도(경쾌한 수단)

백이 2선에 붙일 때 흑1로 귀를 최대한 막는 것은 백2, 4가 경쾌한 수단으로 흑진을 삭감한다.

이 백은 의외로 가볍고 탄력이 있어 흑이 공격하기란 그리 쉽지 않다.

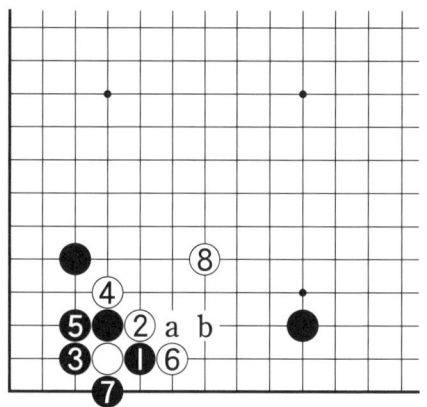

16도

16도(흑, 바깥 젖힘)

흑1로 바깥에서 기세 좋게 차단하면 어떨까? 그러면 백2로 맞끊는 것이 상대를 교란하는 수단이다. 흑3으로 잡으면 백4, 6을 선수한 후 8이 역시 탄력적인 경쾌한 수비다. 흑a면 백b로 되단수해 정비한다. 상대의 진영에서 이런 식으로 뼈대를 세우면 성공일 것이다.

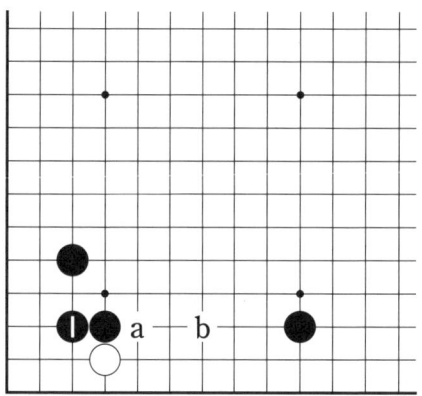

17도

17도(흑, 물러섬)

흑1로 물러서는 것은 귀의 맛을 없애며 활용도 차단해 좋게 얘기해서 침착한 수비이지만 다소 소극적이다.

백은 a로 알기 쉽게 변에 진출할 수 있다. 다만 흑b의 공격이 좋은 환경이라면 둘 수 있을 것이다.

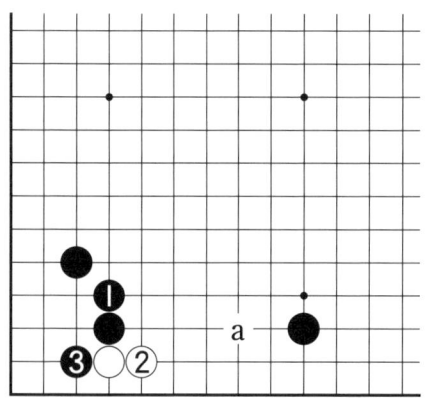

18도

18도(색다른 쌍점 수비)

흑1의 쌍점, 이런 행마도 있음을 기억해두자.

이 수의 의미는 백2면 흑3으로 귀를 한껏 지킬 수 있다는 점이다. 백은 a로 변에 진출해 일단 소기의 목적은 달성하고 있다.

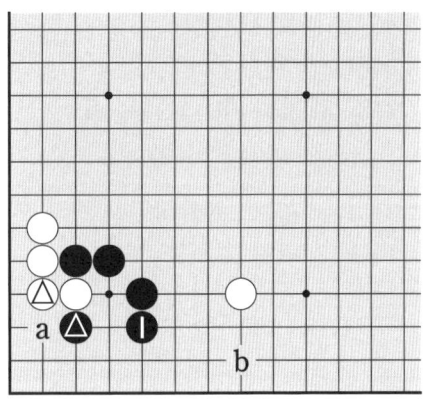

1도

1도(능률적 수비 행마)

소목 한칸걸침 두칸높은협공 정석에서 파생된 형태다. 흑▲로 붙일 때 백△로 이으면 흑1의 쌍점이 능률적 수비 행마다.

다음 흑은 a로 귀에서 근거를 마련하는 수와 b로 변에 달리는 수를 맞볼 수 있다.

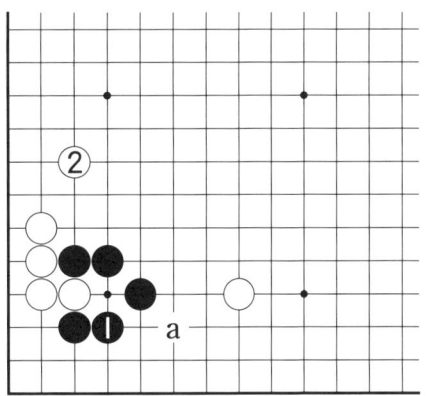

2도

2도(잘못된 행마)

그렇지 않고 흑1로 늘게 되면 같은 쌍점이라도 잘못된 행마다. 백이 2로 좌변을 지킨 후 a로 공격하는 맛이 남아 흑의 불만이다.

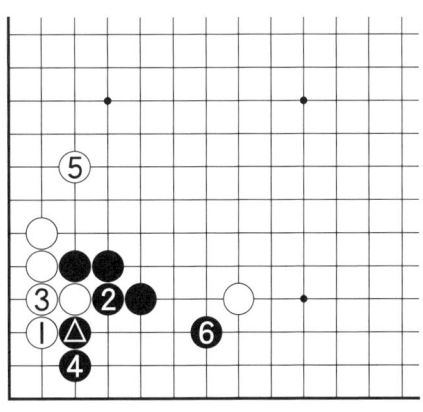

3도

3도(타이트한 젖힘)

흑▲로 붙일 때 최근에는 백1로 젖혀 타이트하게 귀를 압박하는 경우가 많다. 그러면 흑은 2를 선수한 후 4, 6으로 자체 도생하는 것이 보통이다.

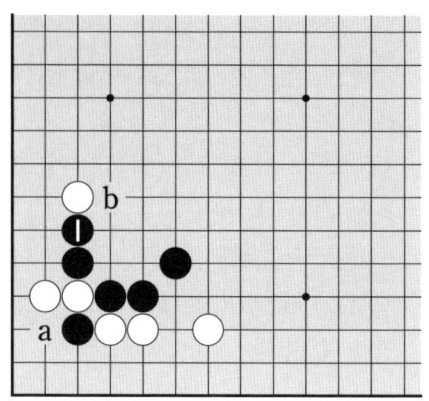

4도

4도(능률적 치받음)

이번에는 소목 한칸걸침 한칸낮은 협공 정석에서 파생된 형태다.

흑1의 쌍점으로 치받은 것은 a와 b를 맞보는 능률적인 수비의 행마다.

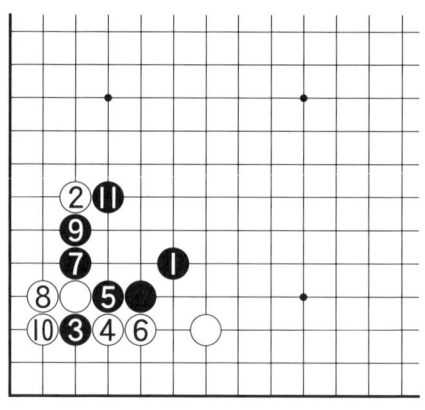

5도

5도(정석의 수순)

이 정석의 수순은 백이 협공한 이후 흑1의 마늘모 행마로부터 출발한다.

이하 흑9로 치받을 때 백10으로 귀의 한점을 잡고, 흑11로 기분 좋게 젖혀 일단락된다.

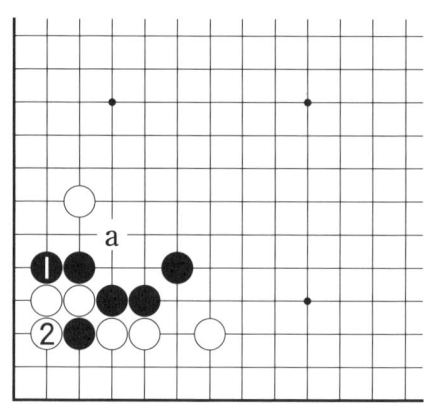

6도

6도(잘못된 막음)

정석의 수순과 행마의 길을 이해하지 못하면 이 장면에서 흑1로 막는 우를 범한다.

백은 2로 잡은 후 a의 공격이 남아 흑 전체가 시달릴 모양이다.

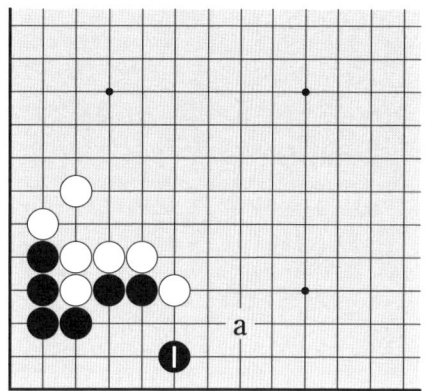

7도

7도(능률적 날일자 행마)

이런 형태에서는 흑1의 날일자 행마가 능률적인 수비다.

다음 또 둔다면 a의 진출로 걸음이 가볍다.

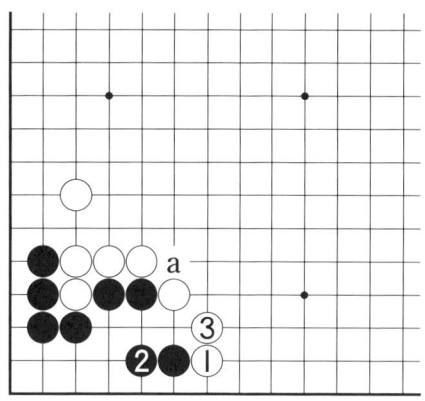

8도

8도(요령)

앞 그림에 이어 백1로 차단하면 흑2의 쌍점으로 늘어두는 것이 요령이다. 백3 다음 흑은 a의 끊는 맛을 노릴 수 있다.

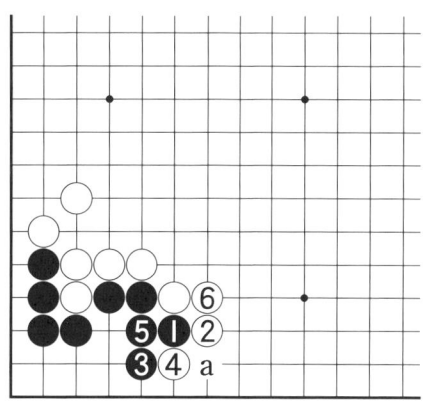

9도

9도(안일)

흑이 안일하게 1, 3으로 수비하면 이하 백6의 이음까지 두터워져 흑의 불만이다. 흑a로 잡는 맛은 있지만 새 발의 피다.

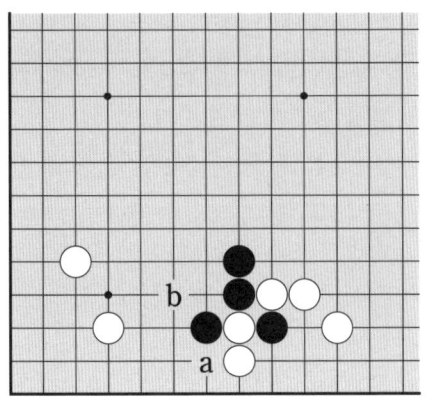

10도

10도(귀와 변의 연계)

변에서 접전이 일어나고 있지만 귀와도 연관된 형태다. 흑은 어떻게 정비해야 할까?

보기에 꽤 약해 보이지만 그만큼 능률적인 수단을 강구해야 한다. 참고로 흑a나 b로는 성에 차지 않는다.

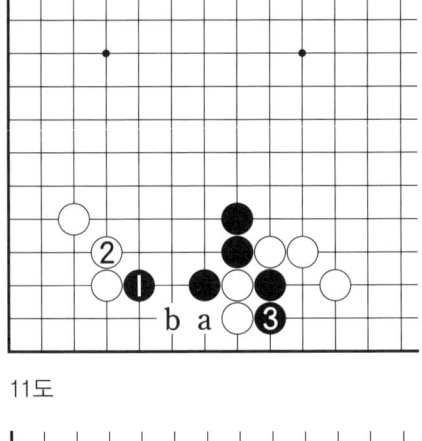

11도

11도(교묘한 한칸 붙임)

흑1의 한칸 붙임이 귀와 변에 영향을 주는 능률적인 교묘한 수단이다. 백2로 귀를 지키면 흑3으로 변의 두점을 잡을 수 있다.

백a면 흑b. 이 결과는 백의 손실이 막심하다.

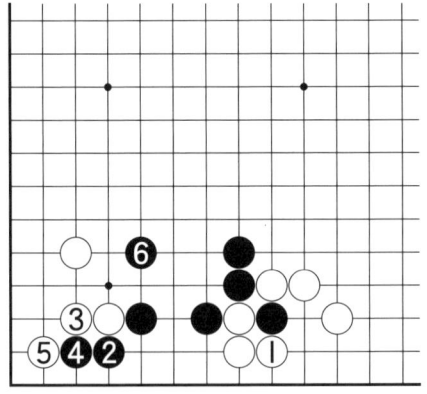

12도

12도(귀의 연타로 정비)

흑이 붙이면 백은 1로 한점을 잡을 것이다. 그러면 흑은 2로 귀를 연타해 이하 6까지 보기 좋게 정비할 수 있다.

아까 약하게 보였던 것과는 사뭇 다른 모습이다. 이것이 적절한 행마의 효과다.

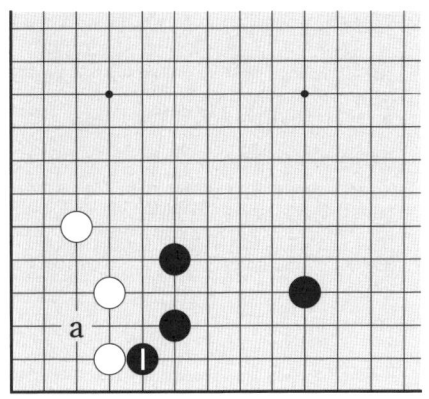

1도

1도(마늘모붙임)

흑은 변에서 모양을 펼치고, 백은 화점에서 귀를 지키고 있는 모습으로 많이 나오는 형태다.

이때 흑1의 마늘모붙임은 귀를 노리며 끝내기로도 매우 큰 수단이다. 보통 백은 a로 지켜두는 것이 안전하다.

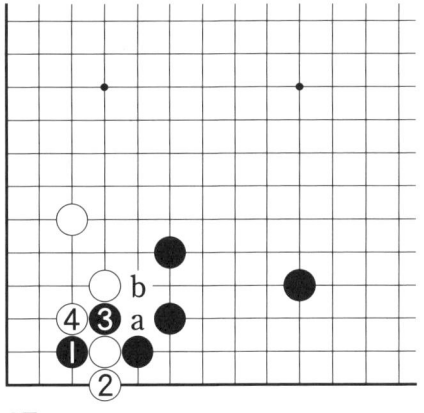

2도

2도(껴붙임)

백이 여기를 지키지 않으면 흑1의 껴붙임이 귀를 공략하는 급소다. 백2로 차단하면 흑3의 끼움으로 귀가 무사하지 못하다.

백4 다음 흑이 a로 잇든 상황에 따라 b로 패를 활용하든 백의 손실이 발생한다.

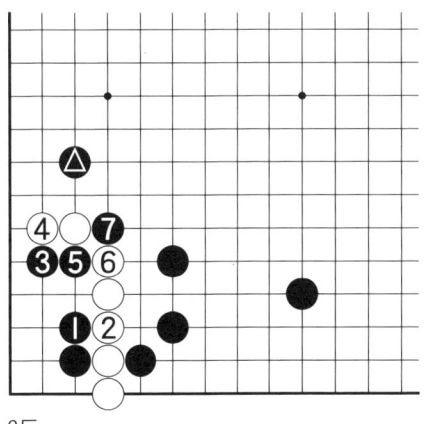

3도

3도(전체 공격)

흑❹로 다가와 있는 경우라면 백이 더욱 조심해야 한다.

귀에서 백이 빠질 때 흑1, 3으로 전체를 공격하는 무서운 수단이 있다. 백4로 막으면 흑5, 7로 끊겨 백이 큰 코 다친다.

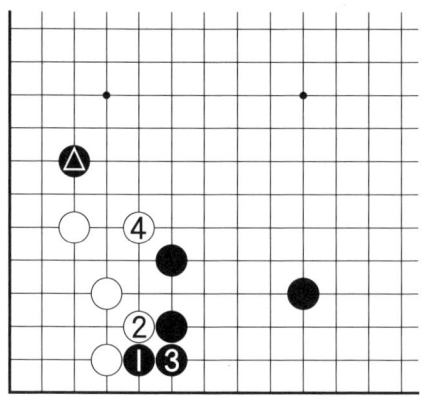

4도

4도(백의 정수)

그러므로 흑▲로 다가와 있을 경우 흑1의 붙임이면 백2, 4로 지키는 것이 정수다.

이것이 귀의 껴붙임과 중앙 끊김을 동시에 방지하는 수비법이다.

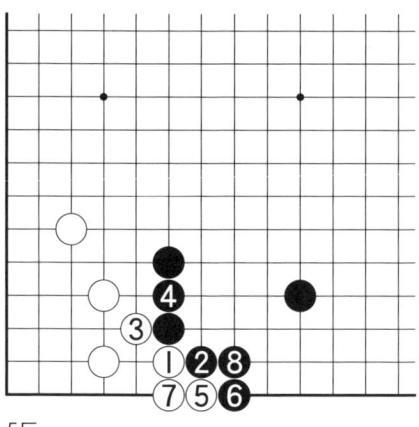

5도

5도(부분적 이득)

애초에 백은 흑이 마늘모로 붙여오기 전에 백1 이하 7로 귀를 넓히면 부분적으로 상당한 이득이다.

다만 이런 수순은 흑도 두터워지므로 끝내기 시기라야 가능할 것이다. 그래서 바둑은 전체와 부분의 조화가 중요하다.

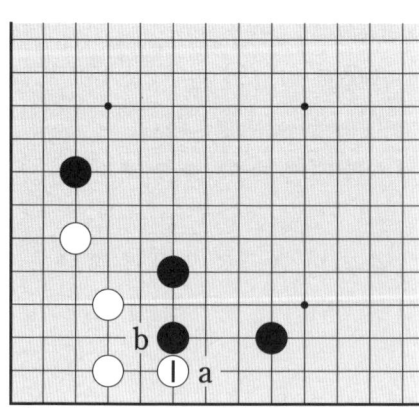

6도

6도(달라진 변의 상황)

이번에는 귀의 지킴은 같으나 변에 흑의 벌림이 두칸 형태다. 그러면 생각도 달라져야 한다.

백1은 귀의 지킴을 더욱 강화하려는 뜻이다. 흑a면 백b. 흑의 벌림이 좁아 굳혀줘도 좋다는 생각이다.

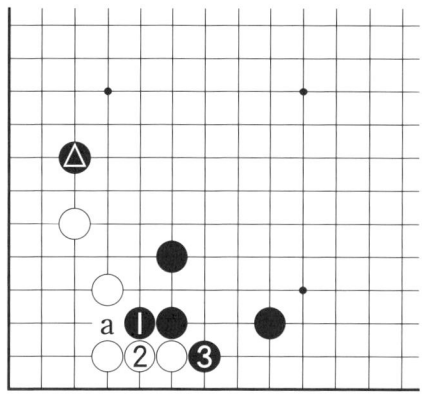

7도

7도(찌른 후 막음)

그런데 흑은 1로 찌른 후 3으로 막는다. ◉와 연계해서 뭔가 귀에 노림을 품고 있지 않을까 의심해야 한다.

　보기에는 견고하지만 a가 터져 있는 것이 치명적 약점이 될 줄이야 ….

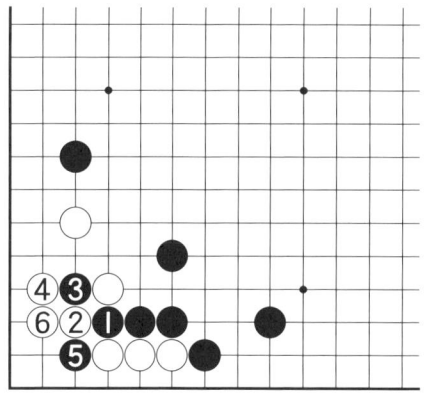

8도

8도(찌르고 들어감)

사실 흑1로 찌르고 들어가기만 해도 수가 남을 알아야 한다. 백2에 흑3, 5가 알기 쉬운 수순이다.

　이 정도에서 눈치 채야 한다. 수가 날까? 그래도 기본감각이 필요한 시점이다.

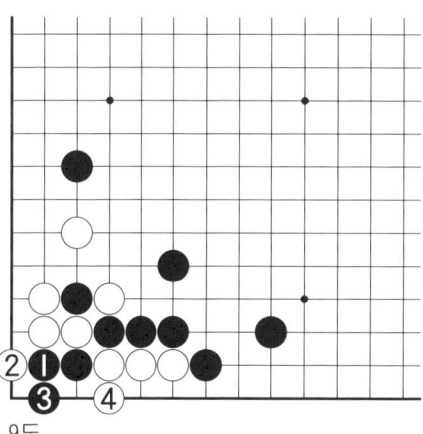

9도

9도(허망)

그렇지 않으면 여기까지 잘 왔는데 그 다음 허망한 수를 두게 된다. 흑1이 허망한 수의 대표 사례다. 백2, 4면 흑이 잡혀버린다.

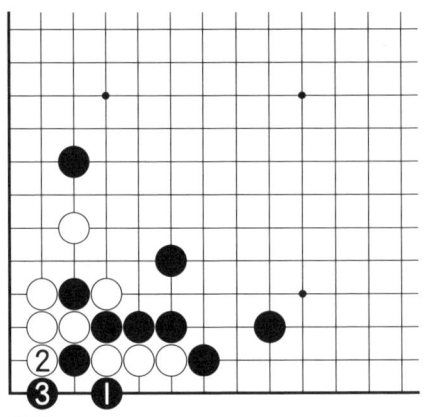

10도

10도(패)

흑1의 1선 마늘모가 귀의 특수성을 활용한 맥점이다. 그러면 백2에 흑3으로 버텨 패가 난다.

그런데 이 그림이 끝일까? 흑이 귀를 공략하는 더 무서운 수가 숨어있다.

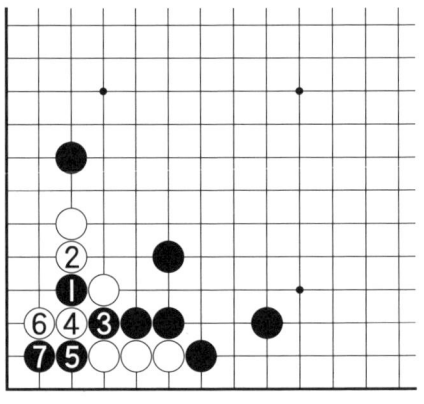

11도

11도(절묘한 붙임)

7도 다음 백진에 들어가서 흑1의 붙임이 절묘한 맥점이다. 백2로 차단하면 흑3 이하 7로 밀고들어가 백진이 쑥대밭이 된다.

이번에는 백 석점이 고스란히 잡혀 흑의 대성공이다.

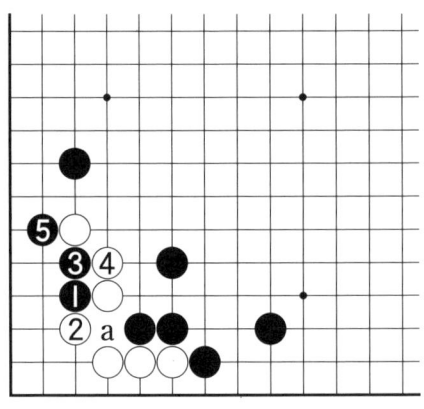

12도

12도(가볍게 넘어감)

그렇다면 흑1에 백2로 물러서야 할 텐데 흑3, 5로 가볍게 넘어간다. a의 끊는 맛도 남으니 흑이 기분 좋은 결과다.

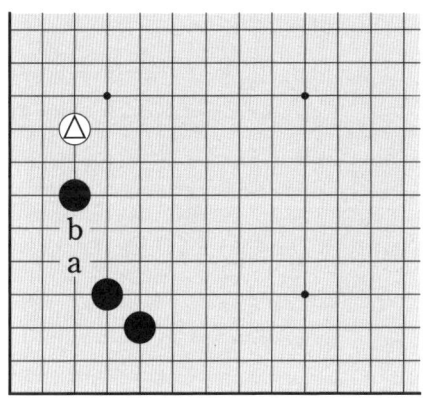

1도

1도(약점 노출)

화점에서 눈목자굳힘 후 마늘모로 지킨 튼튼한 형태다.

이런 견고한 진영이라도 백△로 다가오면 약점이 노출된다. 대표적으로 백a의 침입이나 상황에 따라 b의 붙임도 가능하다.

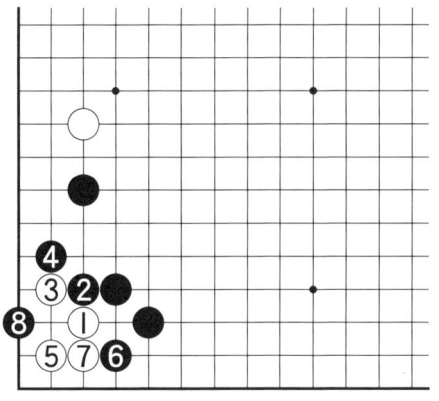

2도

2도(삼삼침입)

참고로 백1의 삼삼침입이 파괴력 면에서는 가장 강하지만 이 구도에서는 우군의 지원을 받지 못해 효력이 없다.

이하 8까지면 고스란히 잡힌 모습이다.

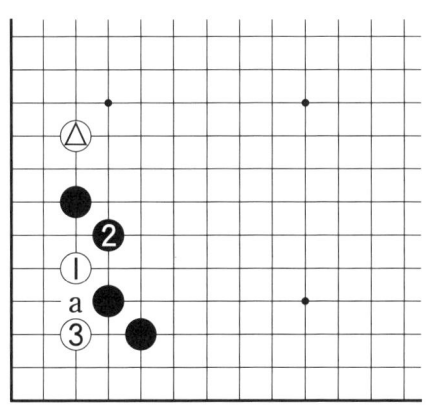

3도

3도(대표적인 침입)

이런 구도의 경우 백1의 침입이 △의 지원을 받고 있어 대표적인 공략법이다. 이때 흑2의 마늘모로 어설프게 포위하는 것은 백3의 활기찬 침입으로 이어진다.

다음 흑a로 뚫고 어느 한쪽을 끊는 것은 백이 끊은 쪽을 잡아 흑진의 손실이 크다.

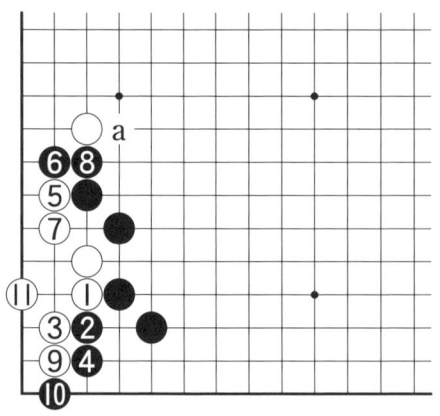

4도

4도(답답한 삶)

백도 주의할 점은 흑이 포위할 때 1로 밀어 안에서 살자고 하면 살아도 재미없다.

　이하 11까지 사는 데는 지장 없지만 답답하다. 흑a로 좌변을 제압하면 흑이 상당한 두터움을 구축해 만족이다.

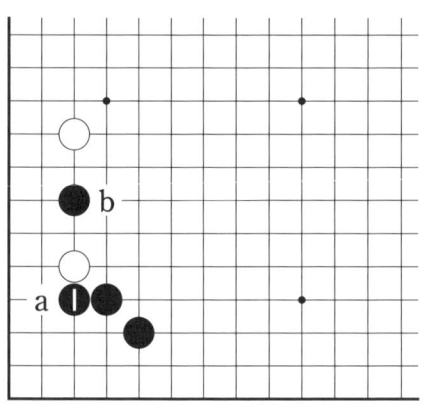

5도

5도(올바른 막음)

그러므로 백의 침입에는 흑1로 막는 것이 올바르다.

　그러면 백은 여기서 한건 해야겠다는 생각보다 차후 a와 b로 활용하는 편이 나은 경우가 많다.

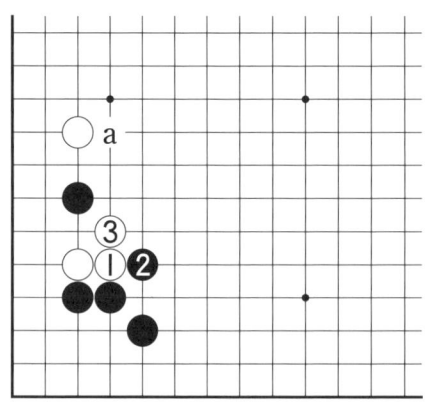

6도

6도(백의 판단 오류)

흑이 귀에 막을 때 백1, 3으로 움직이는 것이 한건 하겠다는 생각이다.

　그러나 백의 판단 오류다. 흑이 a로 붙여 상대에 기대 싸우더라도 불리하지 않지만 ….

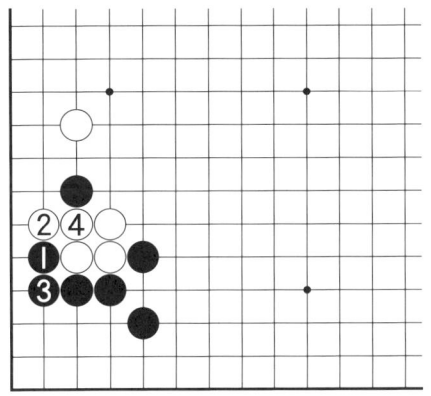

7도

7도(부실)

흑1, 3으로 젖혀잇기만 해도 백 모양이 상당히 부실하다.

이런 모양은 감각적으로 이해할 수 있어야 한다.

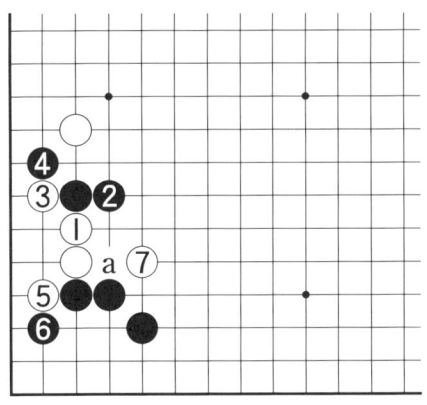

8도

8도(교란책)

백이 여기를 교란한다면 1의 쌍점으로 부딪쳐 준비해 놓고 3, 5로 젖힌 후 7로 뛰는 수단이 있다.

이때 흑은 a로 나가 끊을 수 없다. 그러면 좌변 흑이 잡힘을 확인하기 바란다.

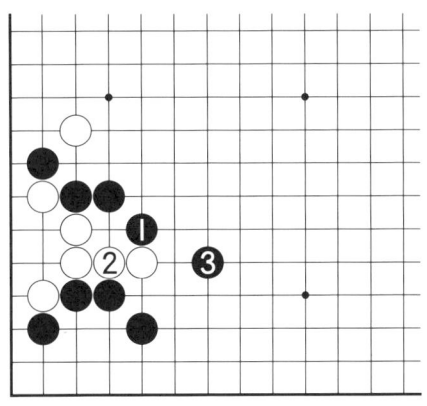

9도

9도(공격의 맥)

다만 흑도 1, 3이 상대의 맥을 짚으며 공격하는 그림 같은 행마법이다. 따라서 백이 여기를 함부로 움직이는 것이 꼭 좋다고 볼 수 없다.

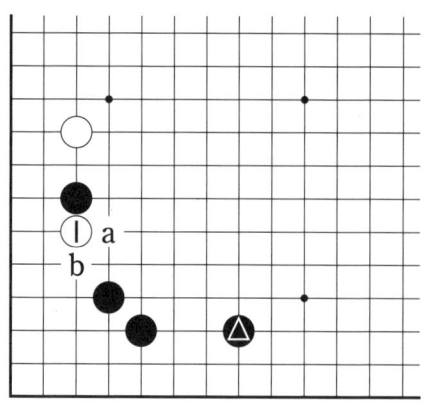

10도

10도(붙이는 공략법)

이번에는 백1로 붙이는 공략법이다. 상황에 따른 선택이지만 특히 흑▲의 벌림으로 보강된 경우 백1은 가볍게라도 활용하겠다는 생각이다. 흑은 a와 b의 대응이 있지만 결과는 비슷하다.

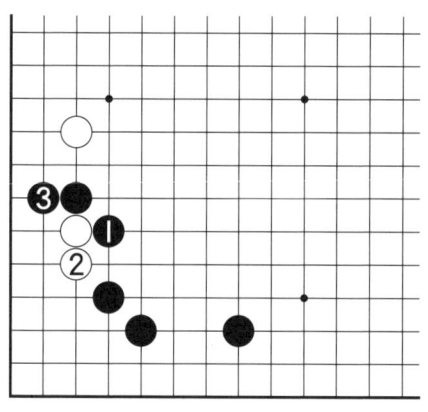

11도

11도(젖힘)

흑1로 젖히면 백은 다음 행마를 고민해야 한다.

백2로 쉽게 늘어버리면 흑3으로 차단해 백이 어디에 두든 안에서 사는 길이 없다.

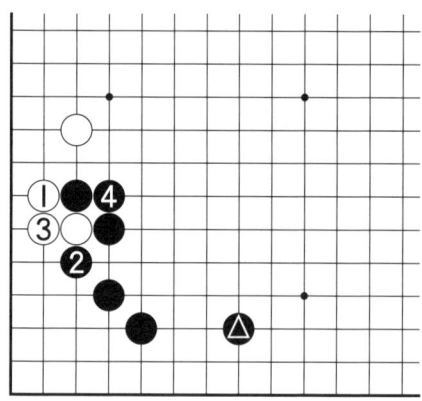

12도

12도(되젖힘)

흑이 젖히면 백1의 되젖힘이 문제를 푸는 맥점이다.

다음 알기 쉽게 흑2, 4로 단수하고 이어 일단락이다. 흑진이 약간 침식된 반면 외곽의 흑이 두터워졌지만 ▲의 벌림이 좁은 만큼 백도 위안을 삼는다.

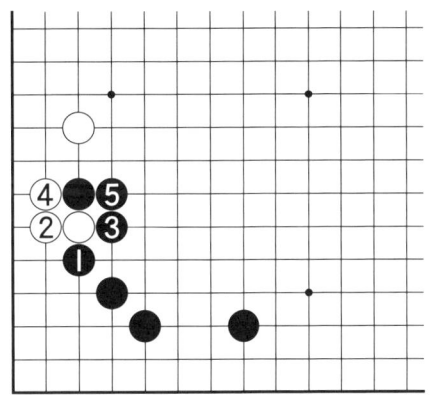

13도

13도(껴붙임)
백의 붙임에 흑1의 껴붙임도 견실한 수비다.

그러면 이하 5까지 앞 그림과 같은 결과다.

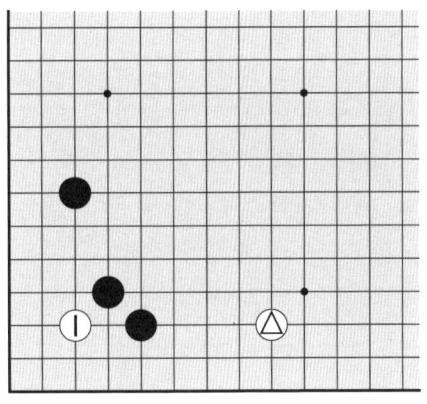

14도

14도(하변 포진의 경우)
이번에는 백이 △처럼 하변에 포진이 있을 경우, 귀의 흑진에 대한 공략법을 알아본다.

이제는 백1의 삼삼침입이 효과를 발휘한다.

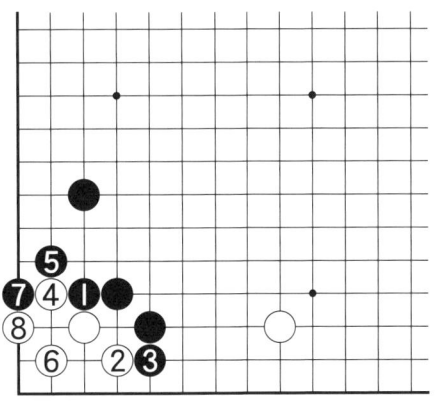

15도

15도(패)
흑1로 막는 정도일 때 백2를 선수한 후 4에 젖힌다. 흑5로 막으면 백6, 8로 패가 난다.

흑진이 견실했던 만큼 패만 나도 성공일 것이다.

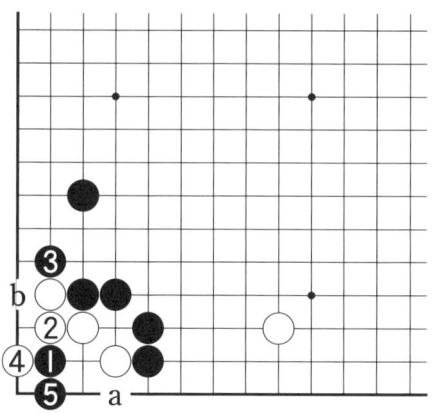

16도

16도(사활의 급소?)

흑의 다른 대응이 없을까?

앞 그림 백4 때 흑1의 치중이 보통 사활의 급소다. 이하 5까지 된 다음 부분적으로는 a와 b를 맞봐 백의 죽음이지만 ….

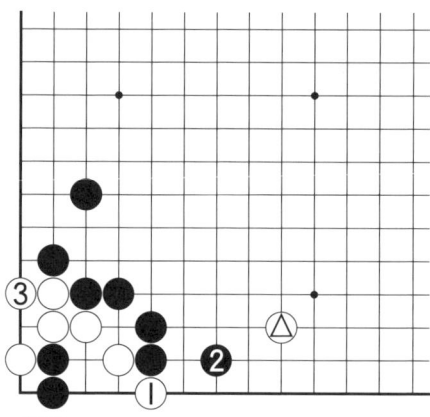

17도

17도(젖히는 맛)

이 경우는 백1의 젖히는 맛이 있다. 백△의 지원군이 있어 흑2로 연결을 차단하면 백3으로 산다.

다만 엄밀히 말해 완생이라고는 볼 수 없다. 왜 그럴까?

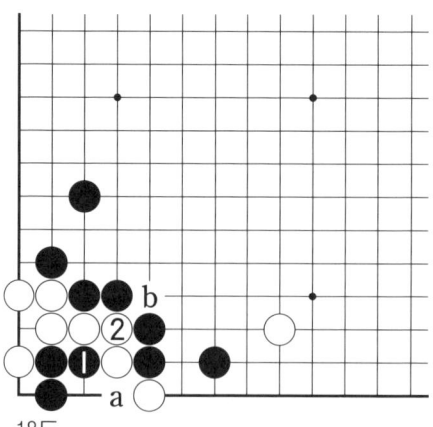

18도

18도(빈삼각의 묘수)

흑1의 빈삼각 모양이 묘수다. 그러면 백2 다음 흑a로 먹여쳐 패가 난다. 다만 흑이 패를 지게 되는 날에는 b의 절단이 준엄하다. 따라서 패를 함부로 강행할 수 없다.

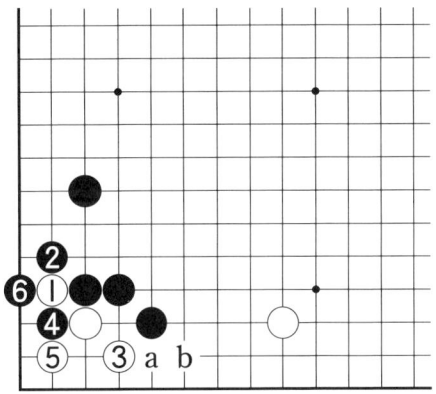

19도

19도(수순 오류)

참고로 백이 삼삼침입하고 흑이 막을 때 백1로 먼저 젖힌 후 3의 마늘모로 두는 것은 수순 오류다.

흑a로 막으면 15도로 환원되지만 흑은 두텁게 4, 6으로 한점을 잡는다. 다음 백이 a로 밀어 살든 b로 뛰어 변과 연결하든 궁색하다.

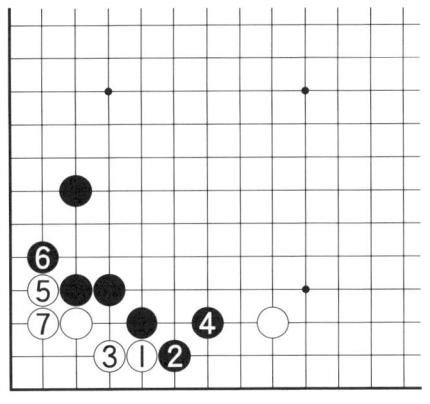

20도

20도(유력한 붙임)

백이 삼삼침입한 후 1의 붙임도 유력한 수단이다.

흑2, 4로 바깥에서 차단하면 백5, 7로 젖혀이어 가뿐하게 살 수 있다.

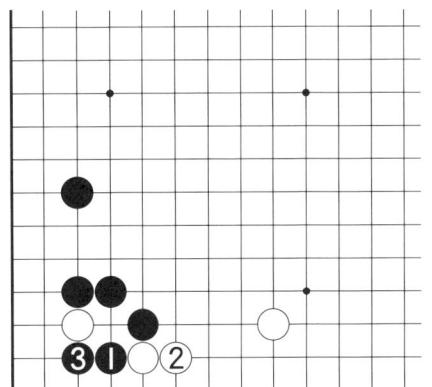

21도

21도(활용)

흑1로 안쪽에서 젖혀 귀를 지키면 백은 2로 늘어 이 정도의 활용으로 만족해야 한다.

아무튼 정답은 하나가 아니다. 주변 상황과 상대의 대응에 따라 유연하게 대처해야 한다.

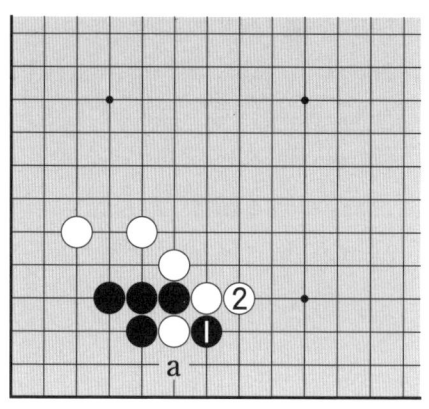

1도

1도(백의 처리법)

화점 양걸침에서 파생된 형태다. 흑1로 한점을 끊으면 백2로 늘게 되는데, 다음 흑은 a로 빵따내는 것이 정수다. 그래야 모양에 탄력이 생기고 변의 진출도 손쉽다.

만일 흑이 손빼면 백이 여기를 어떻게 처리하는 것이 좋을까?

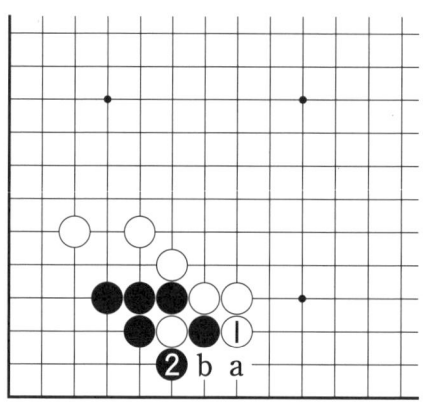

2도

2도(젖힘의 뒷맛)

그냥 백1로 단수해 흑2로 빵따내면 a의 젖힘이 남아 백이 기분 나쁘다.

그렇다고 흑2에 백이 계속 a나 b로 추궁하면 그 자체로 후수다.

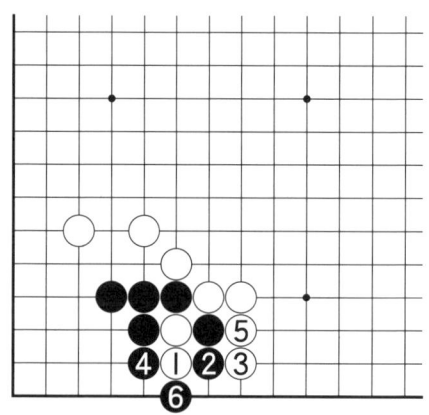

3도

3도(두점으로 키움)

백1의 두점으로 키워서 버린다는 착상이 좋은 감각이다.

이때 흑2로 막아 잡는 것은 성급한 행동이다. 백은 3, 5로 완전 봉쇄해 가장 잘된 그림이다.

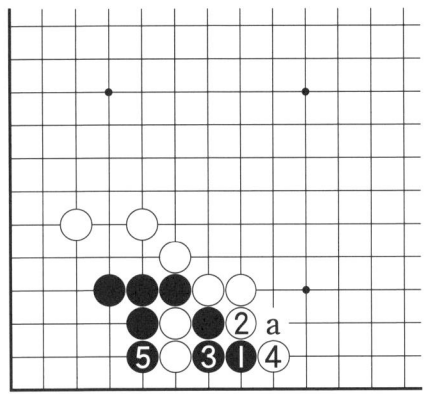

4도

4도(봉쇄를 피하는 마늘모)
백이 두점으로 키울 때 흑1의 마늘모가 완전 봉쇄를 피하는 행마법이다.

흑이 두점을 잡은 것은 같지만 a의 단점이 남은 것이 앞 그림과 큰 차이다.

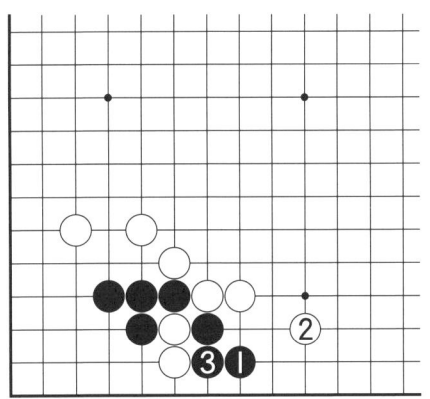

5도

5도(진화된 날일자씌움)
흑1의 마늘모 때 백2의 날일자씌움은 좀 더 진화된 고급 행마다.

흑3으로 수비하는 정도인데, 백이 선수로 흑의 진로를 대략 차단하고 있다.

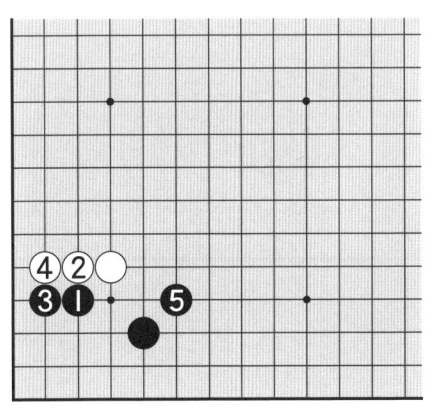

6도

6도(긴요한 수순)
백의 외목 걸침에 대해 흑1, 3으로 귀를 지킬 때 백4로 눌러 막으면 흑5의 마늘모 수비까지 잊지 말아야 한다.

만일 흑5를 생략하면 어떤 일이 벌어질까?

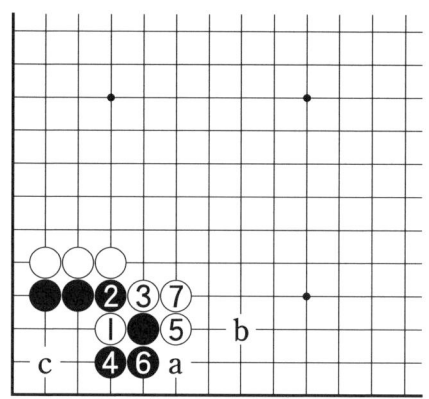

7도

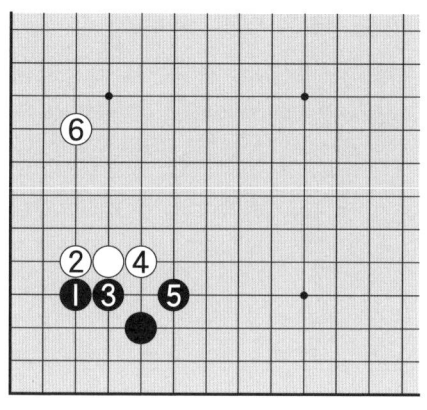

8도

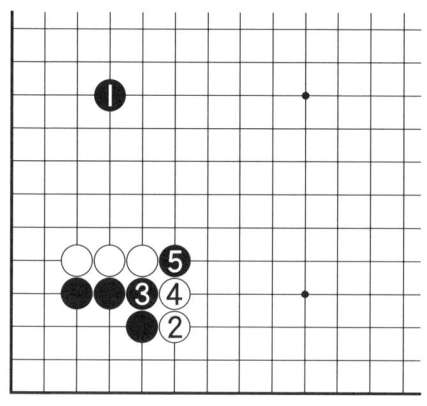

9도

7도(건너붙임)

백1의 건너붙임이 흑진을 공략하는 맥점이다. 백은 이 돌을 활용해 7까지 중앙을 봉쇄할 수 있다.

다음 흑a와 백b의 교환은 필수다. 그렇지 않고 백a로 막히면 c의 치중으로 귀가 위험하다.

8도(절대 행마)

백의 외목 걸침에 대한 비슷하지만 다른 정석 진행이다.

귀에서 흑1, 3을 선수한 후 5의 마늘모 수비도 절대 행마다.

9도(좌변 선점의 의도)

앞 그림 백4 때 흑1로 좌변을 선점한 것은 무슨 뜻일까?

백2로 붙여 압박하면 흑3, 5로 끊어 싸우겠다는 뜻이다. 이때 흑1이 협공의 의미도 있을 것이다.

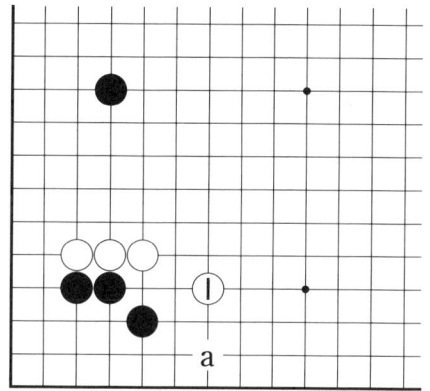

10도

10도(은근한 날일자씌움)

그런데 백1의 날일자씌움이 은근
히 흑을 압박하는 유연한 행마다.

흑은 a의 날일자로 받는 정도일
것이다.

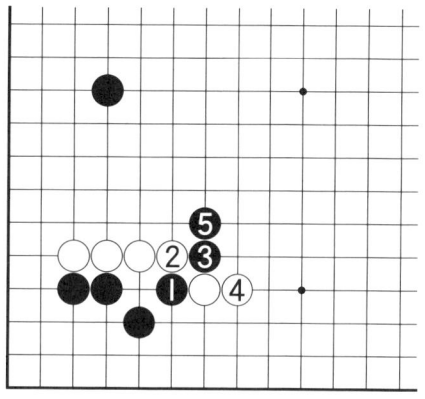

11도

11도(강력한 끊음이면)

그렇지 않고 여기서도 흑1, 3으로
강력히 끊어가면 어떨까?

백4, 흑5로 된 다음 ….

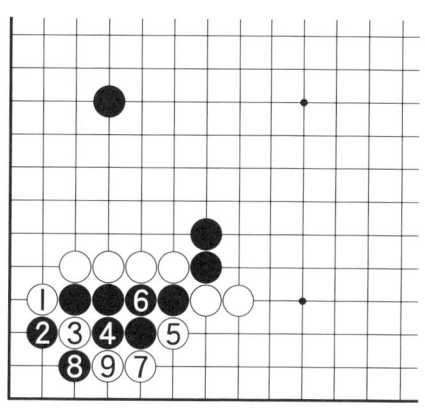

12도

12도(젖힌 후 끊음)

백1로 젖힌 후 3으로 끊는 것이
귀를 공략하는 교묘한 맥점이다.

흑4가 모양은 사납지만 유일한
응수인데 백은 5 이하 9로 기분
좋게 조여간다.

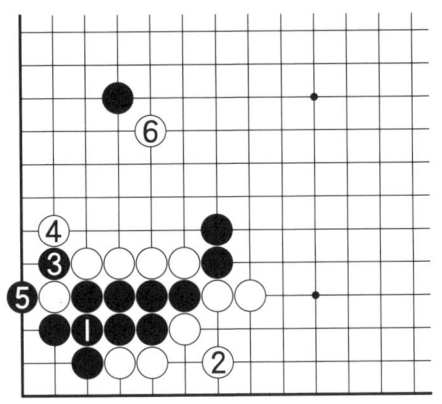

13도

13도(백, 활발)

다음 흑1로 이을 때 백2로 한쪽을 지켜둔다.

　귀의 사활상 흑3, 5로 잡아야 하지만 백6으로 가르고 나가면 백이 단연 활발한 진행이다.

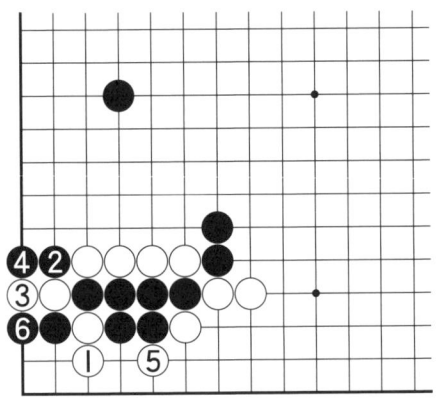

14도

14도(사석작전)

12도 흑6 때 백1로 빠진 후 3으로 키워죽이는 사석작전도 가능한 수단이다. 이하 흑6으로 잡으면….

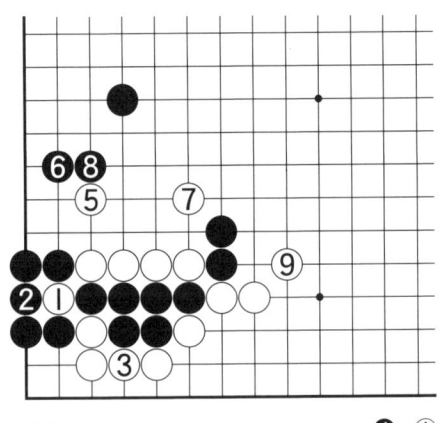

15도

❹…①

15도(백, 주도)

백1, 3으로 먹여치고 조인 후 9까지 진행하면 귀의 흑이 좌변에 건너가더라도 백이 주도하는 모습이다. 흑 모양이 얼마나 볼 품 없는지 감각적으로도 이해할 수 있을 것이다.

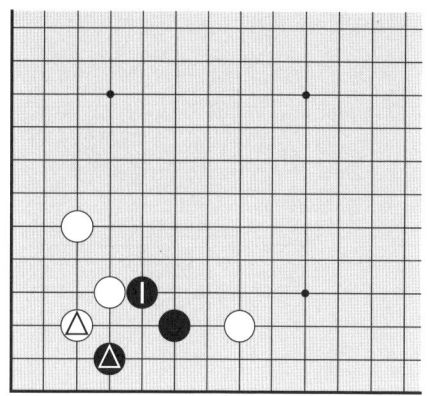

1도

1도(마늘모붙임)

화점 날일자굳힘에 걸쳐진 흑이 협공당한 모습이다.

흑이 여기를 타개하자면 ▲의 날일자로 달려 백△로 귀를 지키면 1의 마늘모붙임이 탄력적인 수비법이다.

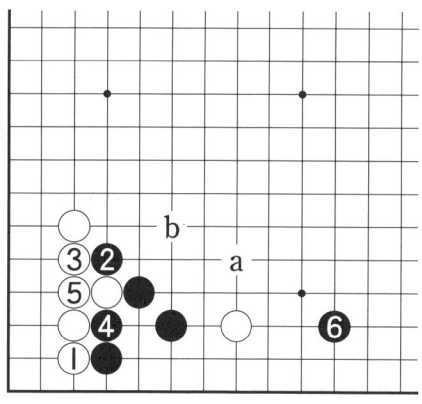

2도

2도(선수활용)

여기서 백1로 귀를 막아 공격하면 흑2, 4가 선수활용으로 모양이 자연스럽게 정돈되며 6의 역공도 가능해진다.

백a면 흑b로 누가 누구를 공격하는지 모른다.

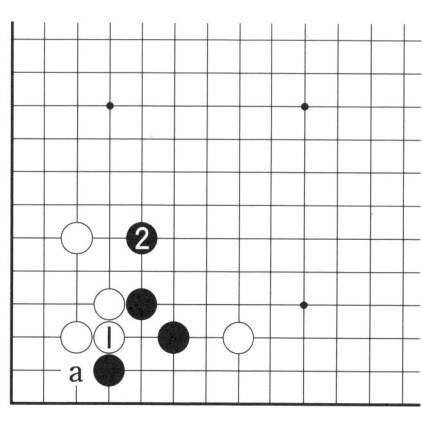

3도

3도(급소 추궁)

그래서 1도 다음 백1로 급소를 추궁하는 경우가 많다.

그러면 흑은 2로 진출하거나 a로 밀고들어가 백의 응수에 따라 가볍게 처리해갈 수 있다.

105

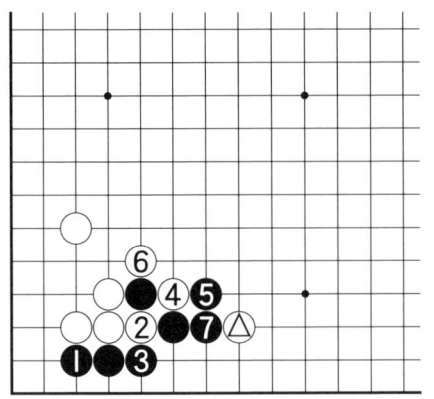

4도

4도(백, 불만)

만일 흑1로 밀 때 백2, 4로 끊는 것
은 흑5, 7로 진출한다.

　백은 한점을 잡았으나 △가 다
쳐 불만이다.

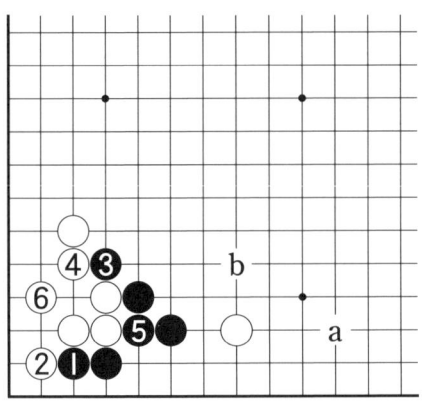

5도

5도(정비 요령)

흑1에 백2로 막으면 흑3, 5로 선
수해 정비하는 것이 요령이다.

　다음 흑은 상황에 따라 a로 협
공하든지 b로 중앙을 중시하며 보
강하는 진행이 될 것이다.

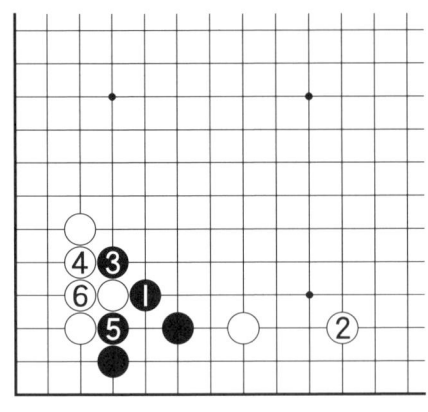

6도

6도(행마법)

흑1의 붙임에 백이 무난하게 두자
면 2로 벌리는 정도일 것이다.

　그러면 흑은 역시 3, 5로 정비
하는 것이 행마법이다.

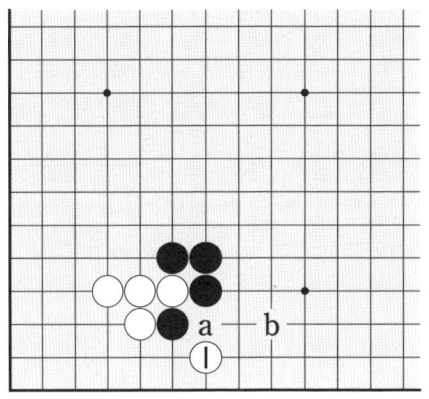

7도

7도(묘한 수단)

화점 정석에서 파생되는 형태에서 백a로 끊지 않은 1의 행마는 변의 진출을 노리는 묘한 수단이다.

만일 흑이 손을 빼면 백b의 진출이 보기 좋다. 백1에 흑은 어떻게 처리해야 할까?

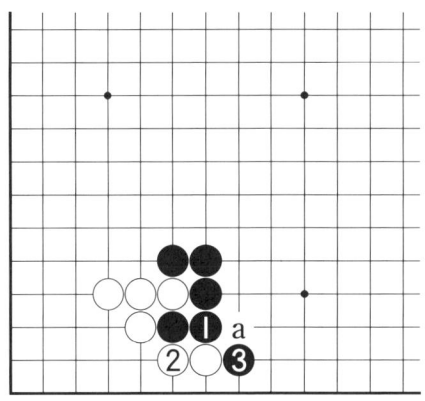

8도

8도(흑, 불만)

곧이곧대로 흑1, 3으로 틀어막는 것은 a의 약점이 남아 불만이다.

백은 이런 진행을 원하고 있는 것이다.

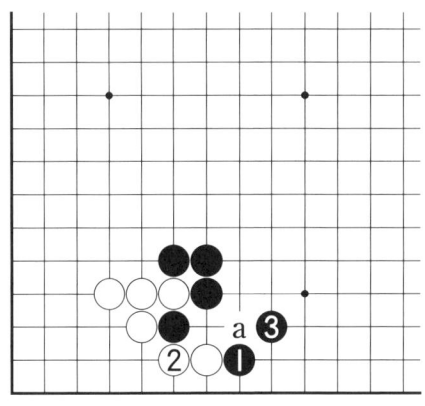

9도

9도(탄력 마늘모 수비법)

흑1로 막은 후 백2로 넘을 때 흑3의 마늘모 행마가 변에서의 탄력적인 수비법이다.

흑3으로 a는 앞 그림보다는 낮지만 직선적이라 약간 미흡하다.

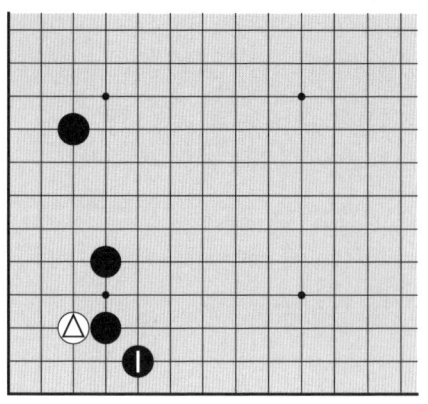

10도

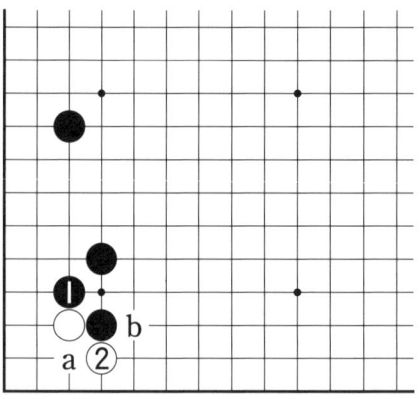

11도

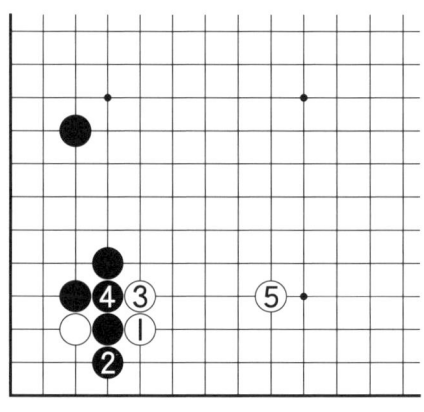

12도

10도(변과 중앙 중시)

소목 한칸굳힘에서의 벌림, 이런 포진에서 백△의 붙임은 상용 응수타진이다.

이에 흑이 변과 중앙을 중시한다면 흑1의 마늘모 행마가 탄력적인 진영의 수비법이다.

11도(좌변 중시)

백의 붙임에 흑이 좌변을 확실히 지키자면 1의 호구 행마가 보통이다. 그러면 백은 다음 활용을 고민하게 된다.

대표적으로 백2의 활용인데 여기서 흑은 상황에 따라 a나 b를 선택한다. a는 귀, b는 변을 중시한 선택일 것이다.

12도(변의 붙임)

그런데 변이 중요한 상황이라면 백1의 붙임이 맥점이다.

그러면 흑2에 백3, 5 정도로 하변에 모양을 잡을 수 있다.

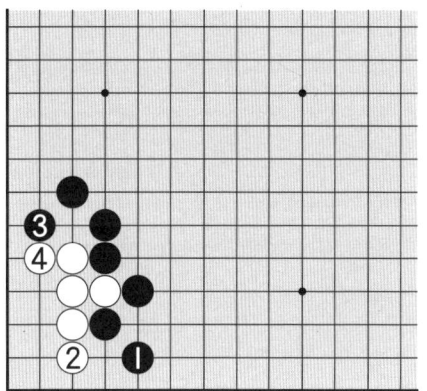

13도

13도(탄력적 호구 이음)

소목 날일자걸침 한칸협공의 손뺌 정석에서 파생된 형태인데, 흑1의 호구 이음이 탄력적인 행마법이다. 그러면 백2, 4로 지켜 일단락이다.

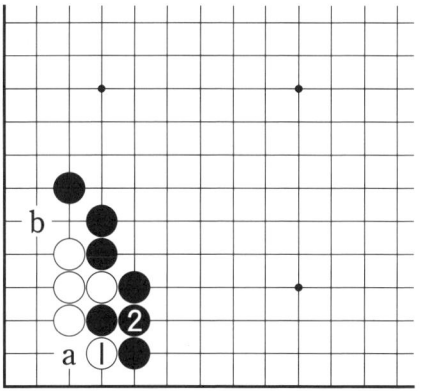

14도

14도(흑, 두터움)

흑의 호구에 대해 백1로 단수해놓 으면 선수를 잡을 수 있다. 그렇다 고 백이 좋다는 뜻이 아니다. a와 b가 모두 선수가 되어 흑이 상당 히 두터워진다.

그러므로 긴급사항이 아니라면 백1과 같은 수를 감각적으로 두면 안 된다.

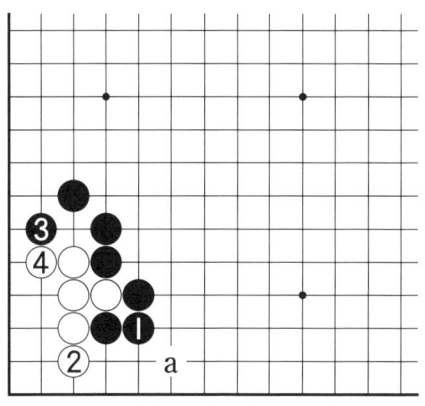

15도

15도(이음의 문제)

애초 흑1의 이음도 13도와 비슷한 결과 아닌가 생각할 수도 있을 것 이다.

그러나 백2로 꼭 지킨다는 보장 도 없을뿐더러 a 부근에서 백의 활 동도 자유로운 면이 있다.

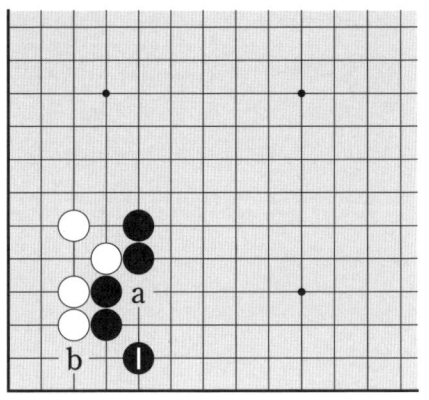

16도

16도(일석이조의 탄력 수비법)

이번에는 소목 한칸걸침 위붙임 정석에서 파생된 형태다.

　여기서 흑1의 마늘모 행마가 a 의 약점을 보강하면서 b의 젖힘을 노리는 일석이조의 탄력적인 수비법이다.

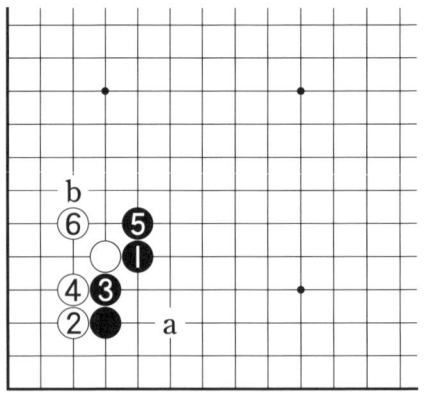

17도

17도(소목 걸침 위붙임에서)

소목 걸침에 대해 흑1로 위붙임 후 백6까지의 진행이 앞 그림의 형태 다. 다음 흑은 a로 지키거나 b의 붙임이 일반적이다.

　앞 그림의 마늘모 행마는 실리 로는 약간 손해일지 모르지만 상 황에 따른 위력적인 수단이라 보 면 된다.

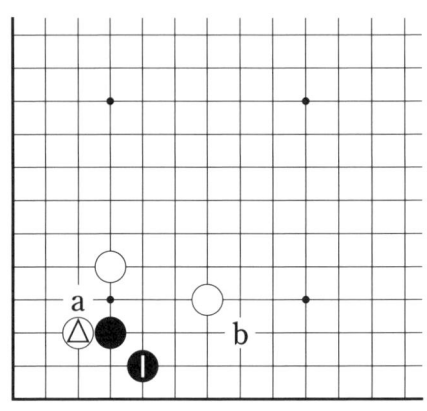

18도

18도(양쪽 노림)

고목 한칸걸침 눈목자씌움에 흑이 손뺀 경우, 백△로 붙여 공격해온 장면이다.

　이때 흑1의 마늘모 행마는 a와 b를 동시에 노리는 탄력적인 수비 법이다.

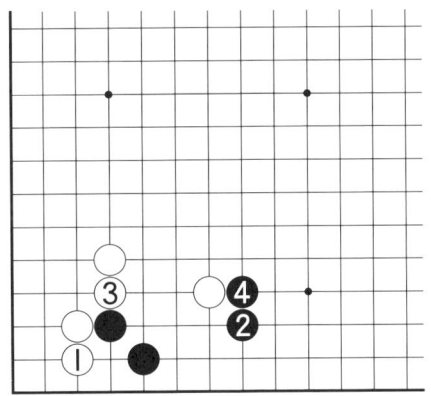

19도

19도(변에 진출)
백1로 귀를 점령하면 흑2의 눈목
자로 변에 진출할 수 있다. 흑은
귀를 내주더라도 4까지 변을 개척
해 불만이 없다.
　어차피 약한 곳에서의 공방이었
으므로 이 정도면 충분하다.

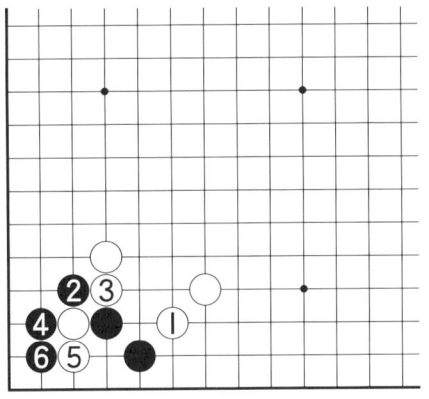

20도

20도(귀의 이득)
18도 다음 만일 백1로 변을 공격하
면 흑2로 젖힌 후 6까지 귀를 접수
한다.
　백이 두터워졌지만 이 정도면
귀의 손실이 너무 크다.

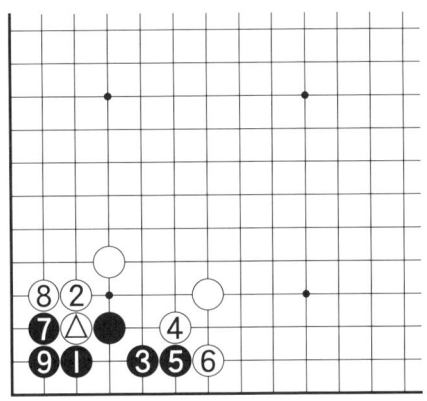

21도

21도(백의 진영 형성)
애초 백△의 붙임에 흑1, 3의 곧
이곧대로 수비면 이하 9까지 귀에
서 조그맣게 살 수는 있을 것이다.
다만 이제는 양쪽 변에 백의 진영
이 형성된다.
　부분적으로 이게 나을 수도 있
지만 바둑은 전체 흐름을 중시한
다는 것을 명심해야 한다.

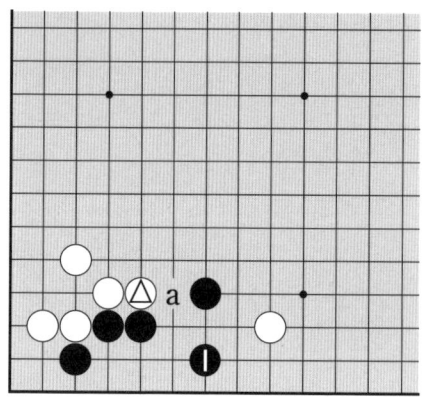

22도

22도(탄력적 한칸 행마)

이런 형태에서 백△로 급소를 눌러오면 흑은 어떻게 수비해야 할까?

이때 흑a로 막으면 백1이 공격의 급소다. 바로 그 자리, 흑1의 한칸 행마가 탄력적인 수비법이다.

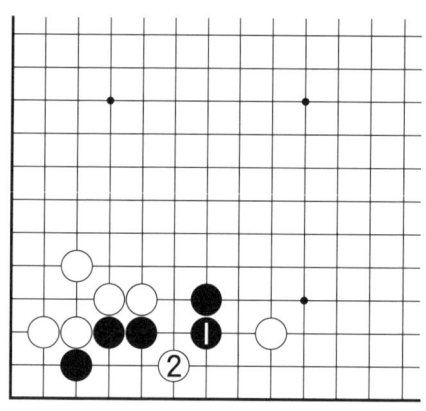

23도

23도(쌍점 수비이면)

흑1의 쌍점 수비는 보기에는 정갈하지만 여기서는 좋은 행마가 아니다.

백2의 급소 공격이 노출되어 흑은 근거가 박탈된다.

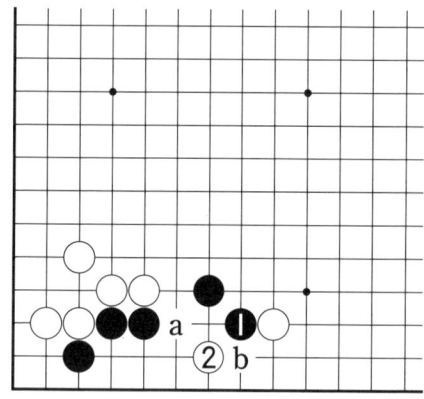

24도

24도(마늘모붙임이면)

흑1의 마늘모붙임이면 어떨까?

긴급 시 일반적으로 통하는 수단이지만, 여기서는 백2의 치중이 통쾌하다. a와 b가 맞보기로 흑이 곤란한 모습이다.

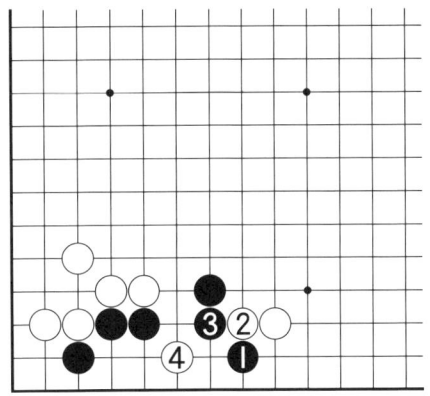

25도

25도(날일자 방어이면)

흑1의 날일자 방어도 있지만 알기 쉽게 백2, 4의 치중으로 공격하면 역시 흑이 곤란하다.

이 모양은 한칸 행마 외에는 방법이 없음을 알 것이다.

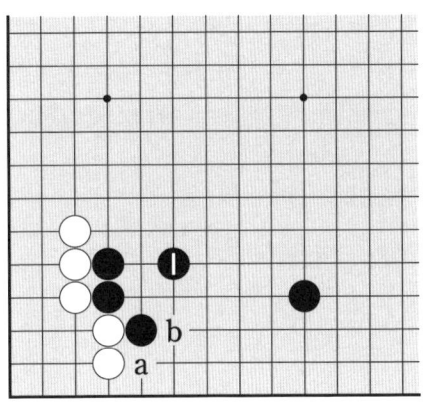

26도

26도(탄력적 복합 행마)

각각 귀와 변에서 모양을 잡고 있지만, 흑1의 한칸 행마는 탄력적인 수비로 여기서도 통한다. 엄밀히 말하면 한칸과 날일자의 복합 행마라 보는 것이 더 좋겠다.

이때 백a면 흑b로 밀리더라도 변의 두터움으로 만족한다.

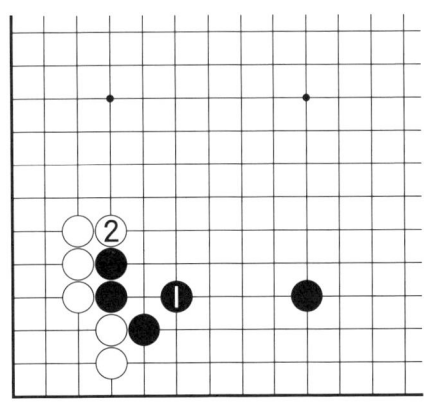

27도

27도(두터운 꼬부림)

흑1의 수비로는 허술하다. 백2의 꼬부림이 두터우면서 흑의 운신이 거북하다.

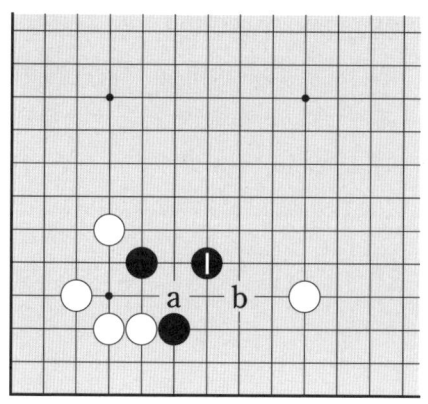

28도

28도(귀와 변의 공방에서)
이와 같은 귀와 변의 공방에서 흑
1의 한칸과 날일자의 복합 행마는
탄력적인 타개 수단이다.

흑1로 단순히 a에 연결하는 것
은 백b로 공격당해 재미없다.

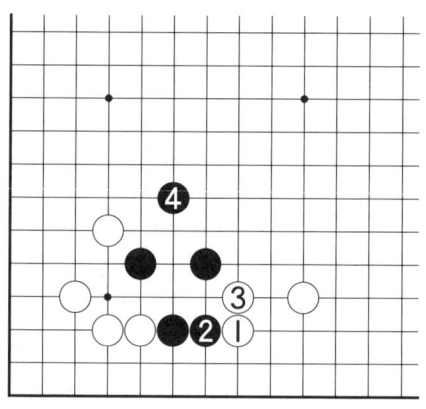

29도

29도(가볍게 진출)
다음 백1로 추궁해도 흑은 2, 4로
가볍게 진출할 수 있다. 어디까지
나 탄력의 효과다.

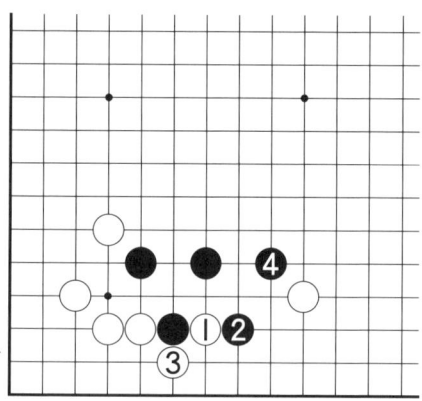

30도

30도(재차 복합 행마)
28도 다음 백1로 껴붙여 강하게
공격해 오면 흑은 어떻게 대처할
까?

어디까지나 가볍고 탄력적인 수
단이면 오케이다. 흑2, 4가 그것으
로 또 한번의 복합 행마다. 이 정
도면 백의 공격권에서 완전히 벗
어난 모습이다.

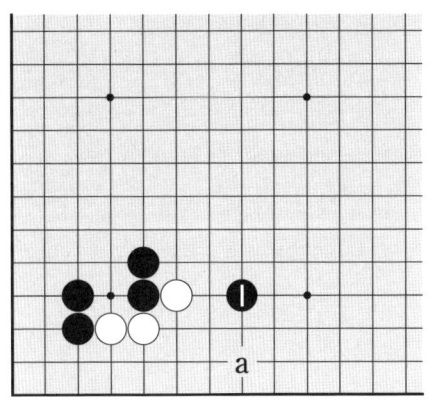

1도

1도(공격의 급소)
소목 날일자걸침에서 붙여늘기 형
태다. 여기서 백이 하변의 벌림을
생략하면 흑1이 공격의 급소다.
　그러면 백은 미생이므로 중앙
진출이 시급하다. 백a로 자체 안정
하는 방법도 있지만 보통은 옹색
하다.

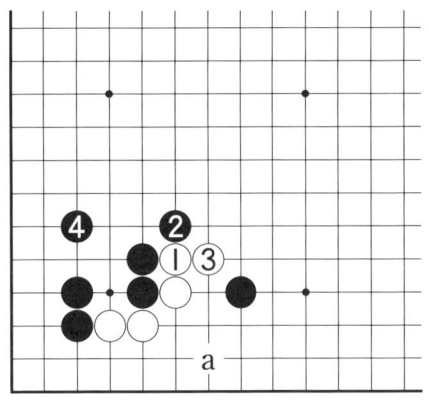

2도

2도(빈삼각)
빈삼각이라 모양은 나쁘지만 백1,
3의 중앙 진출이 선수를 잡는 방
법이다.
　흑은 4로 정비한 후 a의 날일자
행마로 안형을 공격하는 노림이
남아있다.

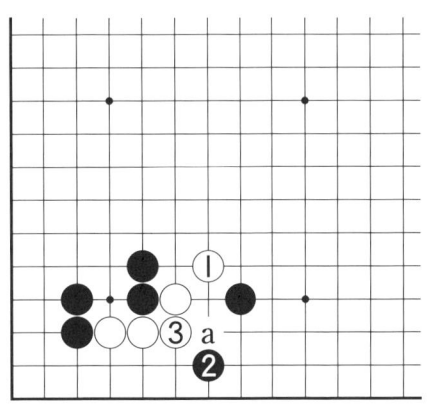

3도

3도(선수 날일자 공격)
백1의 마늘모 진출은 주변 환경에
무심한 감각 부족이다.
　흑은 2의 날일자 공격이 선수로
들어 기분 좋다. 백이 선수를 잡기
위해 a로 임시 처방할 수도 없음
을 확인하도록.

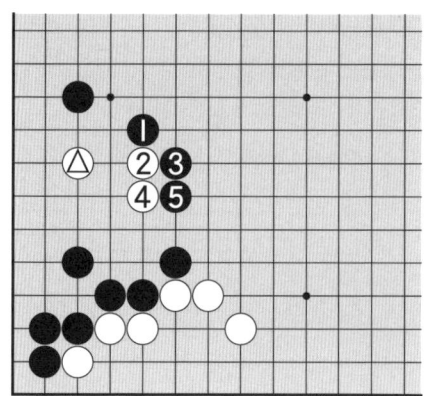

4도

4도(두터움을 배경으로)

이런 형태에서 좌변의 백△를 공격하려면 귀의 흑진이 두터우므로 흑1의 날일자 공격이 유효적절하다. 백2로 저항해오면 흑3, 5로 가둘 수 있다.

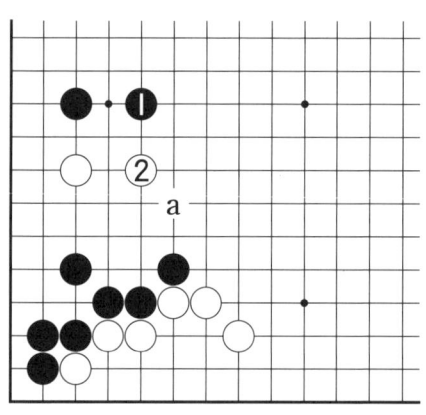

5도

5도(평범한 한칸)

평범하게 흑1로 한칸 뛰는 것은 백도 2로 같이 뛰어 잡히는 모습이 아니다. 백2는 상황에 따라 a의 눈목자로 가볍게 움직일 수도 있을 것이다.

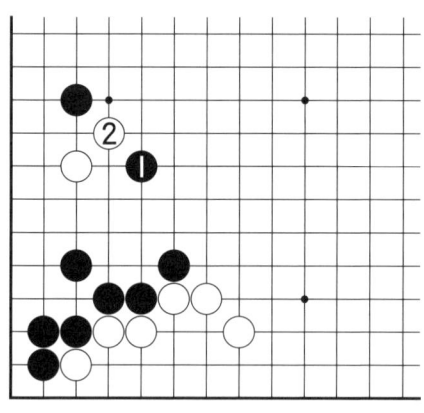

6도

6도(모자 공격이면)

흑1의 모자 공격은 아무 때나 사용하는 것이 아니다. 백2로 탈출로가 열려 있다.

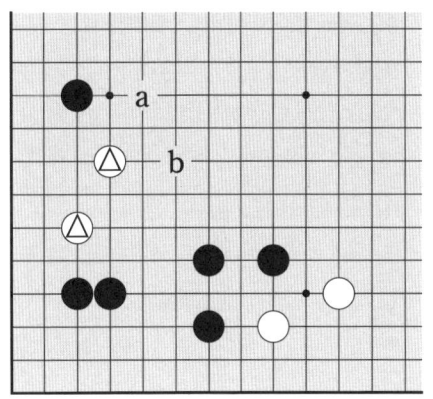

7도

7도(공격 방법은?)

이런 포진에서 백△를 공격하려면 어떤 식으로 몰아야 할까?

흑a의 한칸 공격은 백b로 같이 뛰어 포위가 어렵다. 흑b의 모자 공격도 백이 좌변에 붙이며 어렵지 않게 중앙에 진출할 것이다.

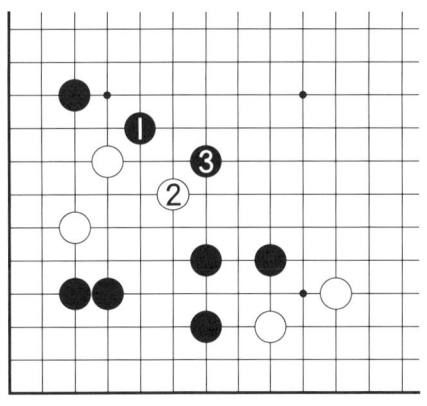

8도

8도(하변 진영으로 몰아감)

흑은 하변 진영이 강하므로 그쪽으로 상대를 몰아가는 마인드가 필요하다.

흑1, 3의 날일자 공격이 강력하다. 거의 포위된 모습이다. 백이 겨우 안에서 살더라도 흑은 외세로 충분하다.

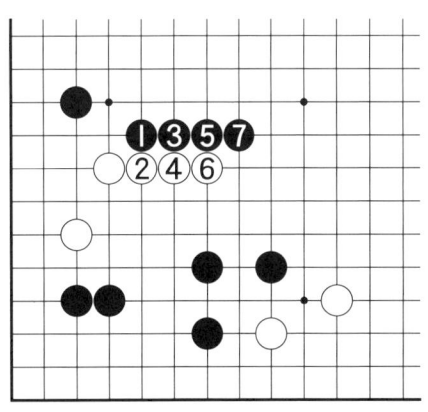

9도

9도(상당한 외세)

흑1의 날일자 공격에 백이 2 이하로 밀어가면 흑은 늘어두기만 해도 기분 좋다.

7까지의 결과를 보면 백은 제자리걸음인 반면 흑의 외세는 상당하다.

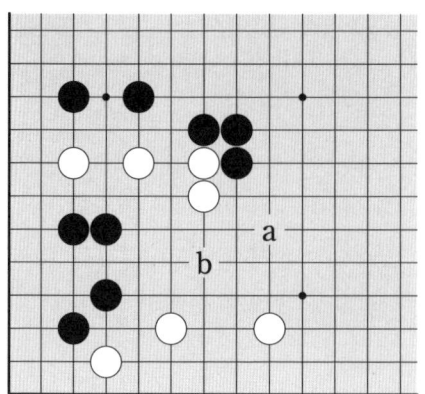

10도

10도(날일자 공격의 타이밍)

이번에는 조금 더 머리를 써야 한다. 이런 장면에서 흑은 좌변의 백 넉점을 하변의 백진과 차단해 공격하고 싶다.

흑a의 직선적 공격은 백b로 연결해 그만이다. 날일자 공격도 타이밍이 필요하다.

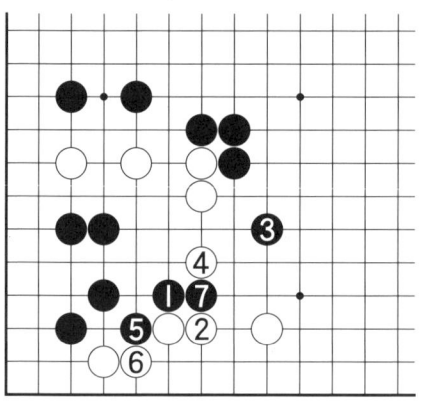

11도

11도(기대기 전술)

"내가 강한 쪽으로 몰아가라"했다. 흑1로 붙여 벽을 만든 후 3의 날일자 공격이 정확한 수순이다.

이제 백4로 움직여도 흑5, 7로 연결로가 차단되어 백이 시달릴 모습이다. 흑1은 일종의 기대기 전술이라 봐도 좋다.

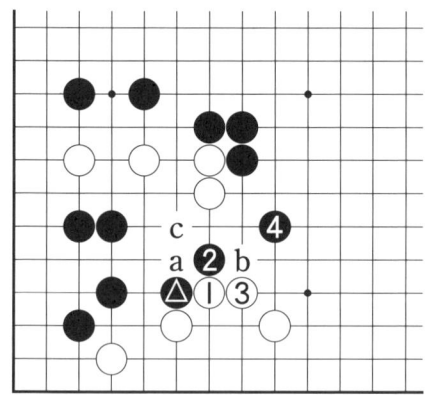

12도

12도(절묘한 행마법)

흑이 ▲로 붙일 때 백1로 젖히면 흑2로 되젖힌 후 4의 날일자 포위 공격이 절묘한 행마법이다. 다음 백a로 끊으면 흑b로 막아 완전 차단된 모습이다.

수순 중 백3으로 a에 먼저 끊으면 이번에는 흑3으로 돌려쳐 백이 역시 견디기 어렵다.

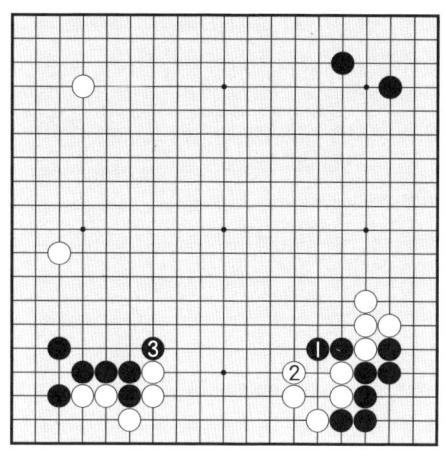

1도(실전 1)

실전에서 취재한 장면이다. 흑1로 섰을 때 백2에 늘어선 것은 절대의 응수이다. 흑3으로 두점머리를 두드린 것은 기분 좋은 수이다.

그러고 보면 흑은 쌍점과 마늘모를 연계해서 적절히 활용하고 있다.

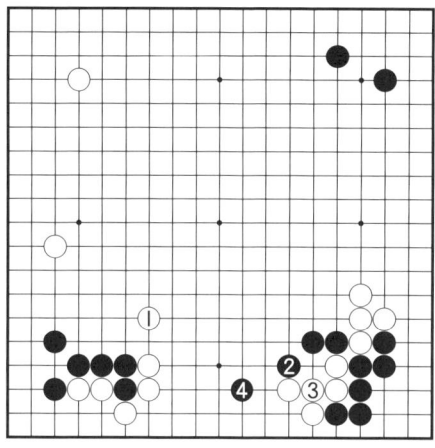

2도(적의 급소는 나의 급소)

따라서 백은 앞 그림 2로 이 그림 1에 뛰고 싶은 마음이 굴뚝 같지만 흑2의 마늘모붙임이 통렬(적의 급소는 나의 급소!)해서 견디기 어렵다. 4까지 보듯이 백은 궁지에 몰린다.

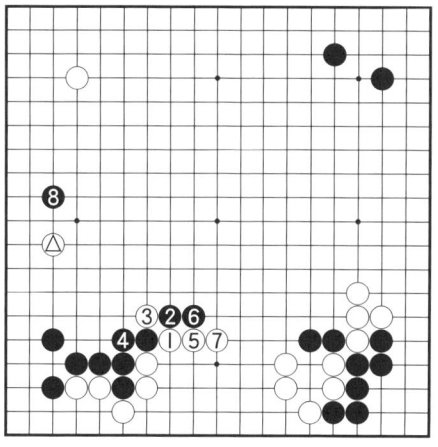

3도(공격하려는 작전)

1도에 이어, 백1에 흑2의 이단젖힘이 준엄한 행마이다. 백은 3에서 7로 물러설 수밖에 없다.

이렇게 사전공작을 해놓고 나서 흑8로 뛰어들어 백△를 공격하려는 작전이었다.

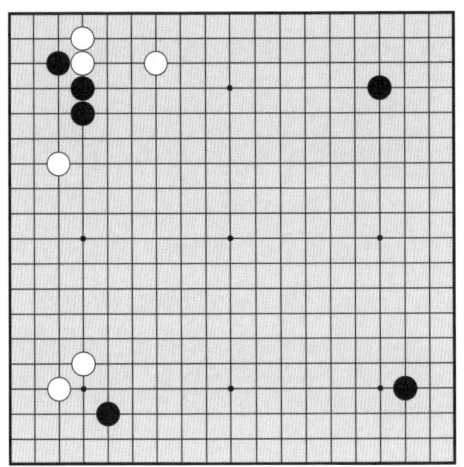

4도(실전 2)

실전에서 취재한 장면이다. 초점은 좌상귀인데, 한창 정석이 진행 중이다.

여기서 흑은 어떻게 형태를 정비해야 할까?

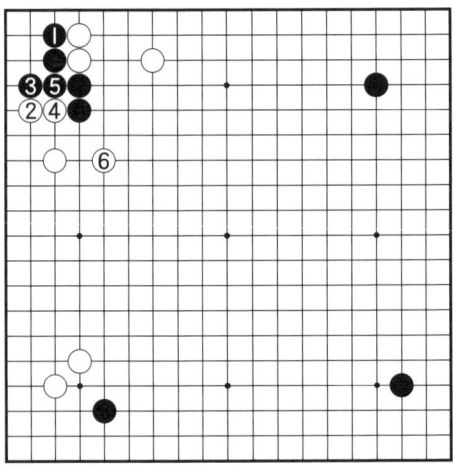

5도(백2의 날일자가 준엄)

흑1로 막는 것은 경솔한 움직임이다. 백2의 날일자가 준엄한 한수가 된다.

흑3으로 받지 않을 수 없는데, 백4도 선수하고 6에 뛰면 흑은 미생마 신세가 된다.

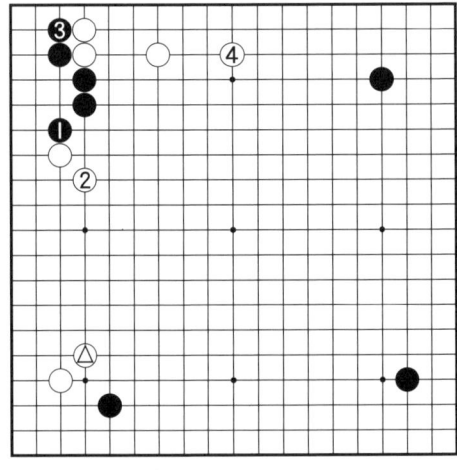

6도(마늘모붙임)

흑1로 마늘모붙임은 정석의 하나. 백도 2의 마늘모가 좋은 수이다.

다음 흑3에 막고 백4로 벌려서 정석이 완료된다. 단, △와 어울려 백의 좌변이 그럴 듯하다.

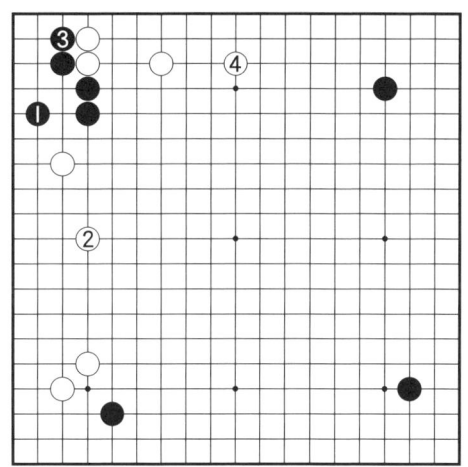

7도(포인트/ 한칸뜀)

적의 급소는 나의 급소! 5도에
서 백이 둔 곳을 흑1로 두는 것
도 간명한 수법이다.

백2로 좌변을 지키는 정도이
므로 그때 흑3에 막는다. 백4까
지 역시 정석이다.

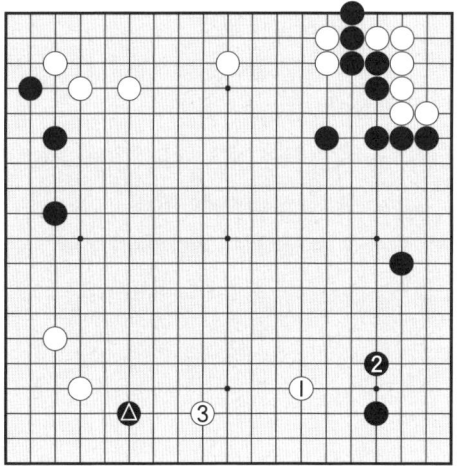

8도(실전 3)

역시 실전에서 나온 형태이다.
백1, 흑2를 교환하고 백3으로
흑▲ 한점을 공격해 왔다.

자, 여기서 흑은 어떻게 대응
해야 할까?

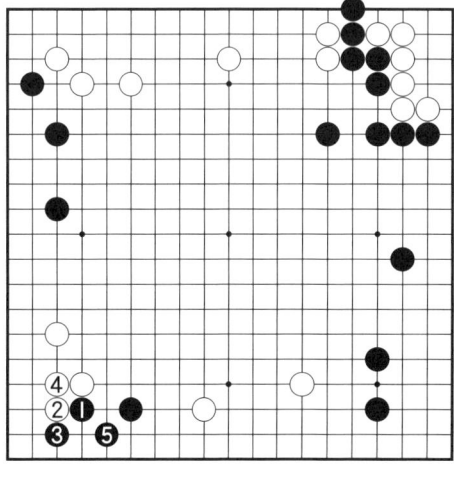

9도(정석이지만)

흑1로 붙이고 백2에 흑3으로
이단젖히는 것은 흔히 쓰이는
수법이다. 백4에 잇는다면 흑5
로 정비해서 흑이 편하다.

정석이라고는 해도 백의 불만
이 아닐 수 없다.

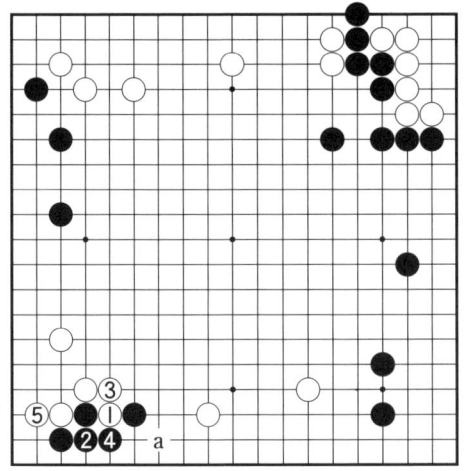

10도(백의 반발)

백은 당연히 반발한다. 흑이 이 단젖혔을 때 백1로 단수할 곳이다. 흑2에 백3으로 잇고 5로 내려서는 것도 유력하다. 다음 백a로 들여다보는 수도 남아 흑이 궁색하다.

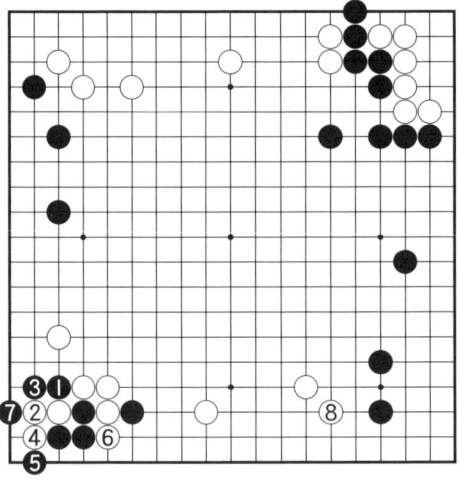

11도(상용수법)

앞 그림 4로는 이 그림 흑1로 끊어올지도 모른다.

그러면 백2, 4로 나가서 석점으로 만들어서 버리는 것이 상용수법이다. 백6를 선수하고 8로 손을 돌려서 충분하다.

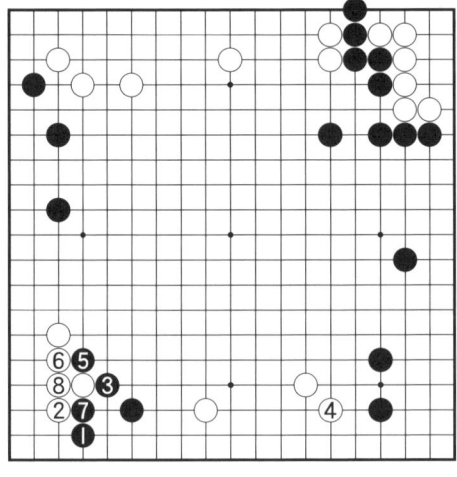

12도(포인트/ 날일자)

흑1의 날일자로 달리는 것이 재미있다. 백2를 기다려서 흑3으로 마늘모붙이는 것이 교묘한 수법이다.

백4로 지킬 때 흑은 5, 7을 선수활용해서 안정시킬 수 있다.

3

전략형
행마의
급소 감각

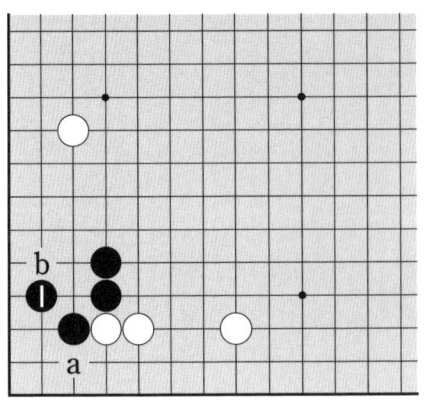

1도

1도(호구 행마)

귀의 흑 모양은 이 상태로는 불완전하다. 또 흑이 보강하더라도 상대가 a로 젖히거나 b로 급소를 공격하는 맛이 남아있다면 급격히 형태가 무너진다.

이런 불안을 모두 잠재우려면 흑1의 호구 행마가 안성맞춤이다.

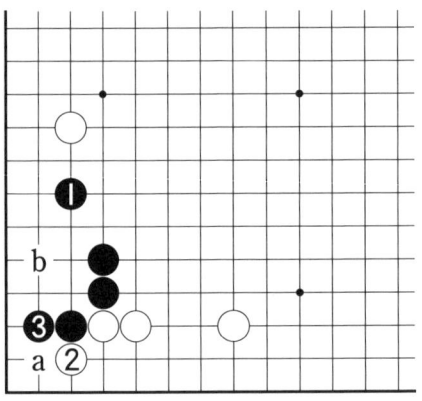

2도

2도(귀의 잠식)

그렇지 않고 흑1로 벌리면 백2의 젖힘으로 귀가 크게 잠식된다.

만일 백a까지 당하면 b의 급소 치중이 노출되어 자체로 미생이다.

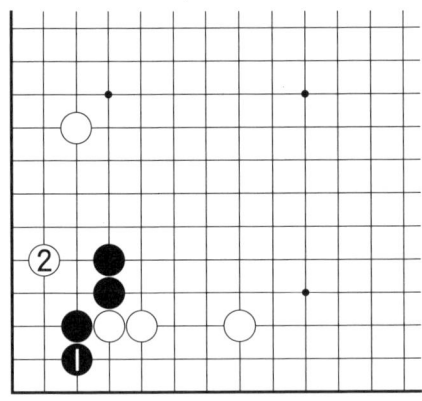

3도

3도(급소 공격)

만일 흑1로 귀를 크게 지키면 백2의 급소 공격이 준엄하다.

역시 흑은 근거까지 위협받는 모습이다.

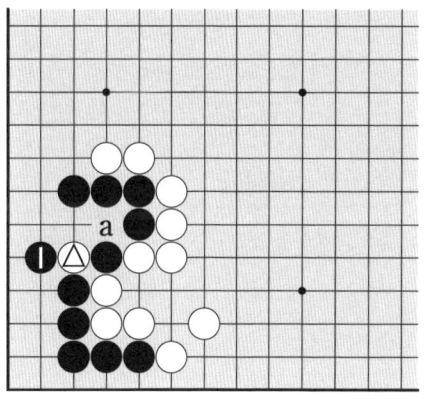

4도

4도(정리의 기술)

이런 좌변의 형태에서 백△로 단수하면 흑이 어떻게 받을지 생각해보자.

곧이곧대로 a로 이어야 하는가? 실은 흑1로 되모는 것이 정리의 기술이다.

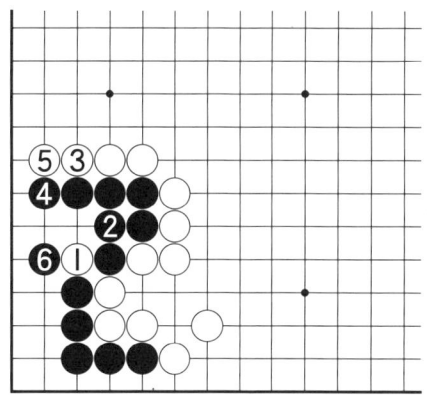

5도

5도(봉쇄)

백1의 단수에 흑2로 잇는 것은 백3, 5가 모두 선수로 듣는다.

흑6으로 한점을 잡는 사이 바깥이 철저히 봉쇄된 모습이다.

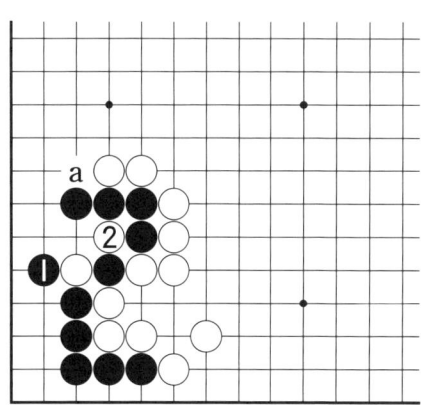

6도

6도(희생타)

흑1로 되몰면 백2 다음 흑이 손을 뺄 수 있다.

혹은 흑이 a로 먼저 꼬부려갈 수 있어 앞 그림과는 큰 차이다. 한점을 희생타로 삼는 일종의 사석작전이다.

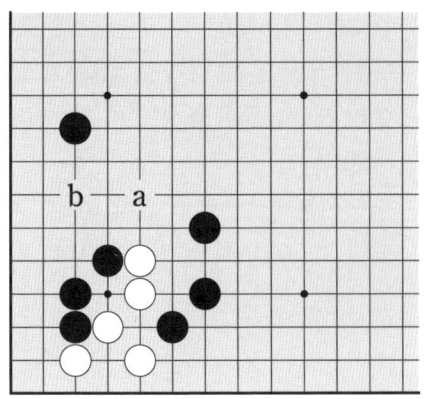

7도

7도(행마의 급소는?)

고목 정석, 흑이 하변에서 손을 빼자 백이 근거를 추궁해서 파생된 형태다.

　여기서 백이 모양을 정비하는 행마의 급소는 어디일까? 백a로 그냥 뛰는 것은 흑b로 받아 백이 일방적으로 쫓길 모양이다.

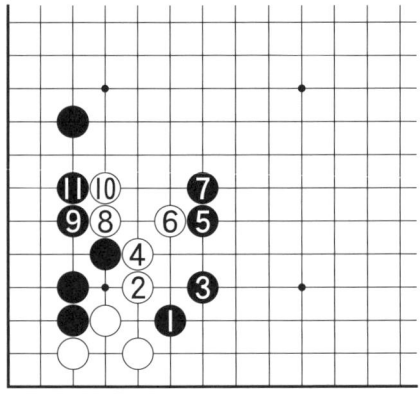

8도

8도(흑, 두터움)

고목 정석에서 백이 하변의 응수를 생략하면 흑1, 3으로 몰아가는 것이 행마법이다. 백4에 흑5로 뛰어 공격한 것이 문제의 장면이다.

　이때 백6으로 붙인 후 10까지 좁은 데서 비집고 움직이는 것은 그럴수록 흑이 더욱 두터워진다.

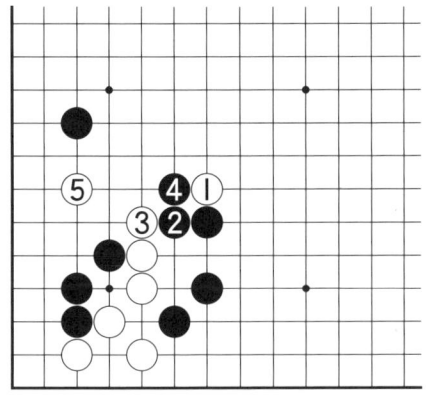

9도

9도(절묘한 붙임)

백1의 붙임이 절묘한 맥점이다. 어찌 보면 백의 본진과 동떨어진 느낌이지만 자세히 들여다보면 밭전자 행마법이다.

　이때 흑2면 백3으로 나간 후 5의 침입으로 이어져 흑이 곤란한 모습이다.

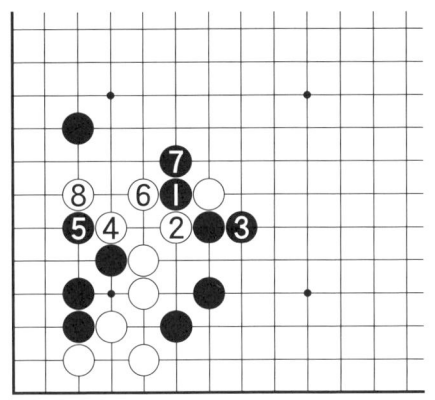

10도

10도(흑, 궁지에 몰림)

백의 붙임에 대해 흑1로 젖히면 백2로 끊은 후 흑3으로 늘 때 백4 이하 8로 요리조리 헤쳐가며 흑을 궁지에 몰 수 있다.

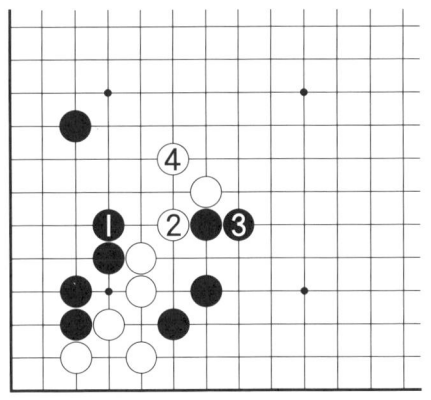

11도

11도(무난한 결과)

백이 붙이면 흑은 1로 늘어 좌변을 지키는 것이 정수이다.

그러면 백은 2, 4로 호구쳐 모양을 정비할 수 있다. 서로 무난한 결과다.

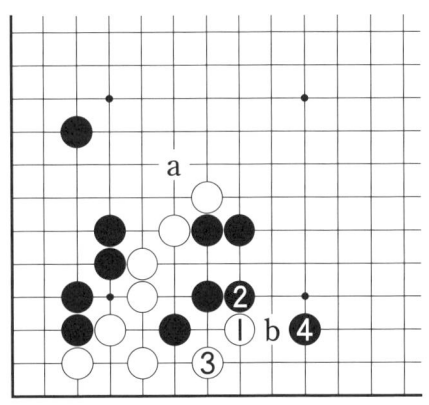

12도

12도(치열한 행마)

현대바둑은 치열한 행마를 선호한다. 그래서 앞 그림 흑3 때 백1, 3으로 하변에서 조금이라도 영향을 주면서 두려는 경우도 있다.

흑은 4로 늦춰 받는 것이 요령이다. 다음 백은 a로 지키거나 b로 치받고 싸우는 수단을 강구한다.

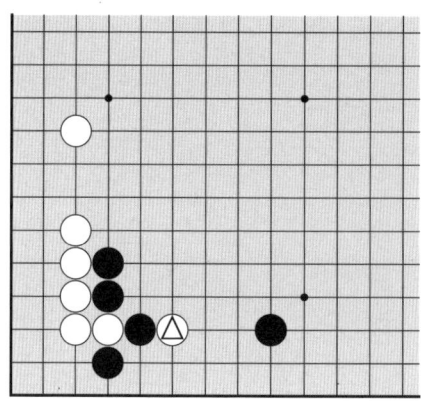

13도

13도(흑의 방어법은?)

이런 형태에서 백△로 붙여 하변
을 공략하면 흑은 어떻게 방어해
야 할까?

흑은 다소 희생이 따르더라도
전체적으로 모양을 정비하는 기술
이 요구된다.

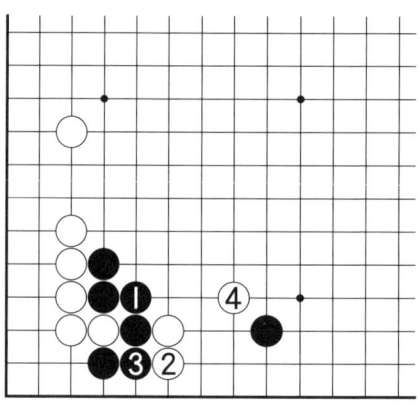

14도

14도(흑, 위로 이음)

흑1로 위에서 잇는 것은 다 살리
려는 본능적 행동이지만 백2, 4로
분리해 흑이 괴로워진다. 백의 작
전 성공일 것이다.

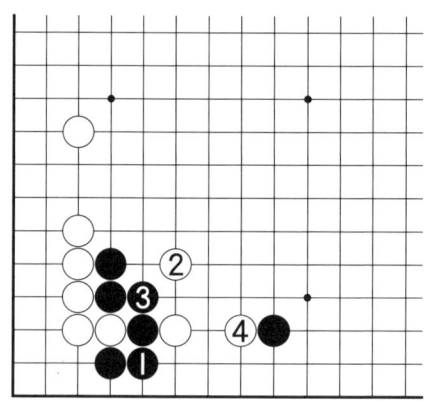

15도

15도(아래로 이음)

흑1로 아래에서 잇는 것은 백2가
날렵한 행마다.

흑3으로 이으면 백4로 붙이는
리듬이 좋다. 흑이 수습하기 곤란
한 모습이다.

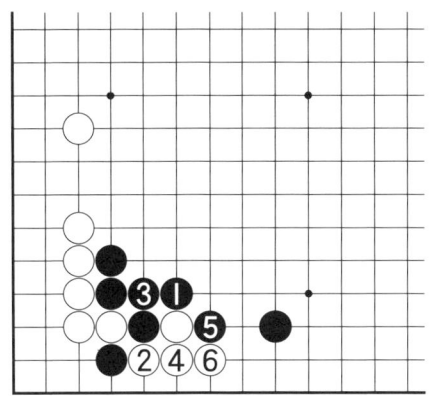

16도

16도(흑, 위로 호구침)

흑1로 위에서 호구치는 것은 백2로 단수한 후 6까지 한점이 잡힌 흑의 하변 손실이 크다.

연결에 급급한 흑의 안일한 대응이다.

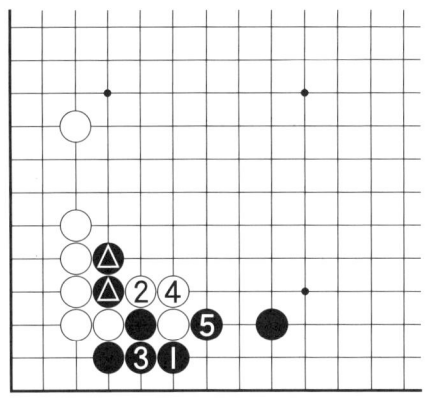

17도

17도(아래로 호구침)

흑1로 아래에서 호구치는 것이 모양을 정비하는 행마법이다.

백2로 단수는 당하지만 흑은 5까지 본진을 무리 없이 수습하며 ▲가 움직이는 맛도 노릴 수 있다.

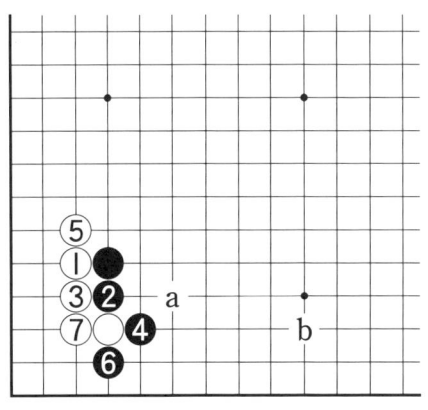

18도

18도(배경)

참고로 소목 한칸걸침에서 백1로 붙이면 흑이 2 이하 6을 선수한 후 작전에 따라 a의 지킴이나 b의 벌림을 선택하게 된다. 이번 유형의 배경으로 제시한다.

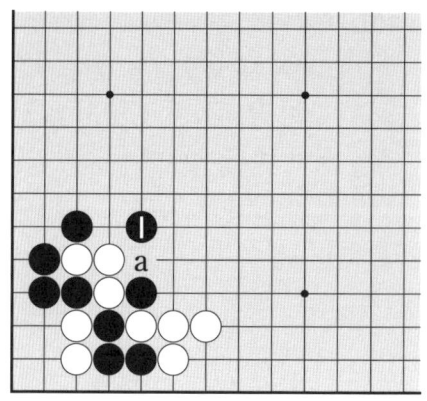

1도

1도(씌움)

하변 흑 석점이 잡힌 이런 형태에
서 a의 축이 흑에게 불리하면 1의
씌움이 백 모양을 공략하는 급소
다. 그럼 여기서 백은 어떻게 받아
야 할까?

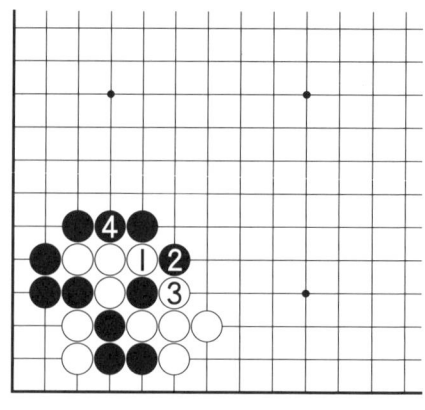

2도

2도(조임)

백1로 나가면 흑2, 4로 조여가는
것이 행마의 요령이다.

　흑은 두터움을 쌓아가며 먹을게
아직 남아있다.

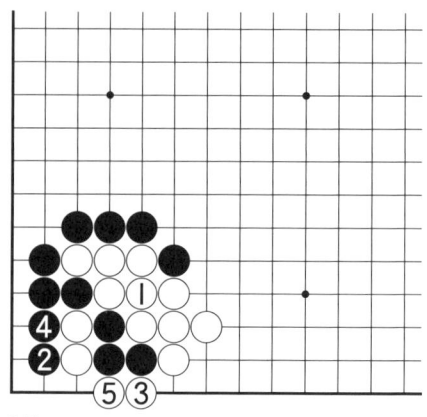

3도

3도(포도송이)

계속해서 백1로 이을 때 흑2, 4로
틀어막는 것이 모두 선수로 듣는
다. 백은 석점을 잡았을 뿐 소위
포도송이로 헐벗은 모습이다.

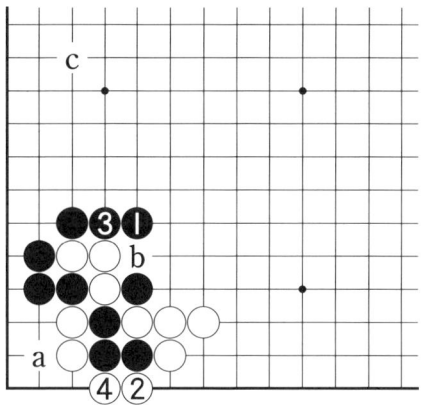

4도

4도(그냥 잡음)

그러면 흑1로 씌울 때 백은 어떻게 처신해야 할까?

그냥 백2로 잡는 것이 피해를 최소한으로 막을 수 있다. 백4 다음 이번에는 흑a가 선수로 듣지 않는다. 흑도 이제는 b의 단수는 활용가치가 미미하므로 여기서 손을 빼는 것이 낫다. 차라리 c쪽으로 벌리는 것이 나을 것이다.

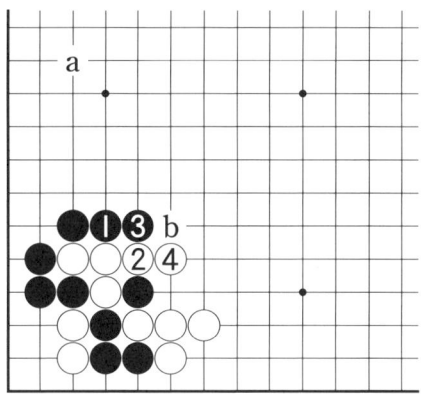

5도

5도(금기사항)

애초에 흑이 1, 3으로 단수하는 것은 백의 중앙 진영에 살이 붙으며 단단해지므로 흑이 삼가야 한다. 이제 흑이 a쪽으로 벌리면 백b의 꼬부림이 급소이고, 흑b로 누르면 백은 a로 먼저 다가올지도 모른다.

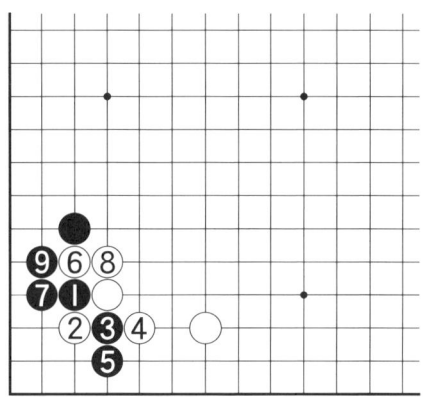

6도

6도(탄생과정)

참고로 이번 유형의 탄생과정을 살펴보자.

화점 걸침 눈목자응수에 대해 흑1, 3으로 맞끊는 데서 출발한다. 백은 4, 6으로 단수하고 8로 이은 다음….

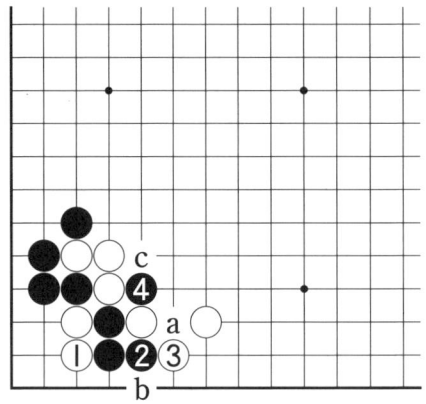

7도

7도(문제의 장면)

백1로 막는 것이 수순이다. 다음 흑2, 4로 단수할 때 백a로 이으면 문제의 장면이 된다.

그런데 원래는 a로 잇는 것이 백의 잘못된 행마다. 실은 여기서 백은 축이 유리하면 b의 단수, 축이 불리하면 c의 되단수가 올바른 행마다.

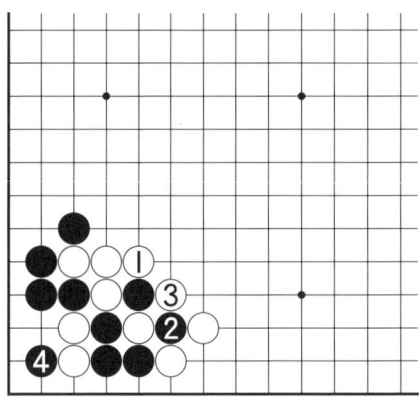

8도

8도(호각)

보통 축이 흑에게 유리한 경우에 이런 정석을 사용하므로, 백은 1로 되몰게 되고 이하 4까지 일단락이다. 흑은 귀의 두점을 잡은 반면 백은 중앙 두점을 잡아 두텁다. 이런 정도면 서로 거의 호각이다.

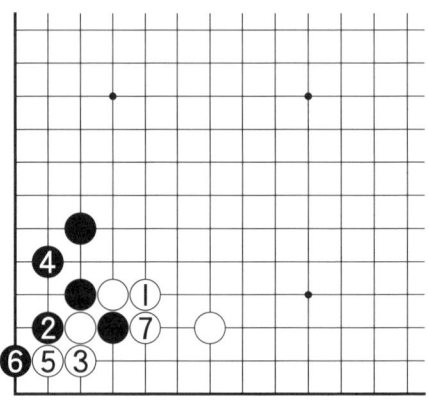

9도

9도(기본정석)

6도로 돌아가서, 흑이 맞끊을 때 백1로 늘어두는 것이 축관계를 벗어나는 무난한 응수다.

이하 7까지 기본정석의 하나이므로 참고로 알아두자.

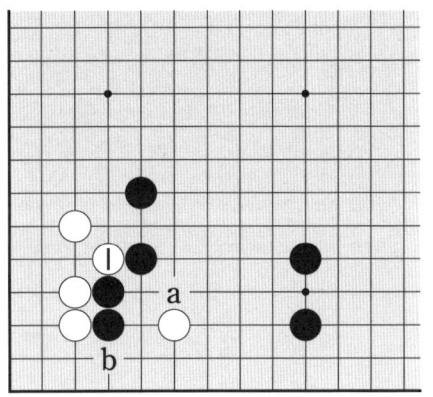

10도

10도(호구 행마)

이번에는 접바둑에서 흔히 나오는 형태다. 귀는 화점 양걸침에서 파생되는 모양이지만, 여기서 백1의 호구 행마가 흑의 하변 진영을 공략하는 급소다.

이때 흑a로 호구쳐 지키면 백b로 연결해 하변이 붕괴된다.

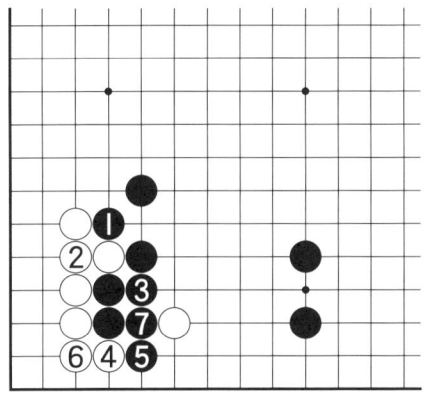

11도

11도(빈삼각)

흑은 1, 3으로 잇는 정도인데 모양이 빈삼각이라 그리 달갑지 않다. 백4, 6의 젖혀이음도 기분 좋은 선수활용이다.

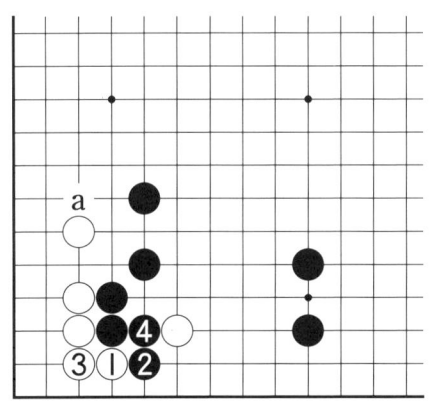

12도

12도(백, 엷음)

백1, 3의 젖혀이음을 먼저 두게 되면 이제는 상황이 달라져 흑의 하변 모양이 완전하다.

이제는 좌변 백 모양도 엷어 흑a로 붙여가는 것이 위협적이다.

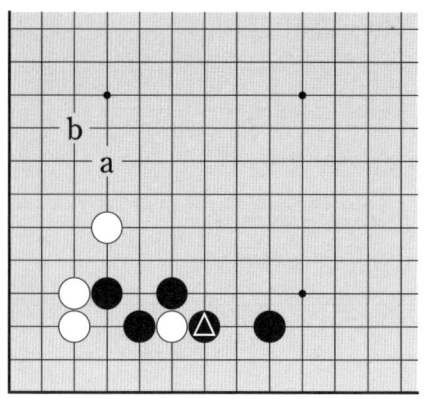

13도

13도(백 모양의 급소는?)

다음은 화점 걸침에 두칸협공 정석에서 파생된 형태다. 흑▲로 한 점을 제압한 것은 발은 느리지만 노림을 품은 대단히 두터운 선택이다. 그래서 보통은 백도 a나 b로 지켜둔다.

그럼 귀의 백 모양을 공략하는 급소는 어디일까?

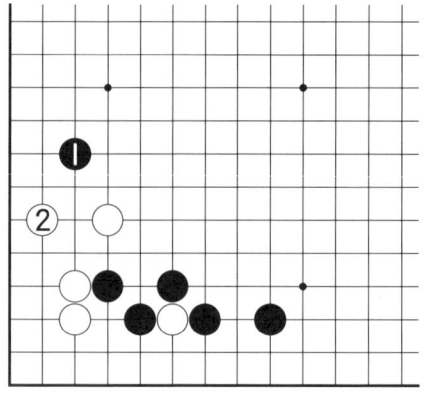

14도

14도(미흡)

흑1의 걸침으로는 백2로 보기 좋게 지켜 성이 차지 않는다.

백은 내심 "휴~"하며 안심했을 것이다.

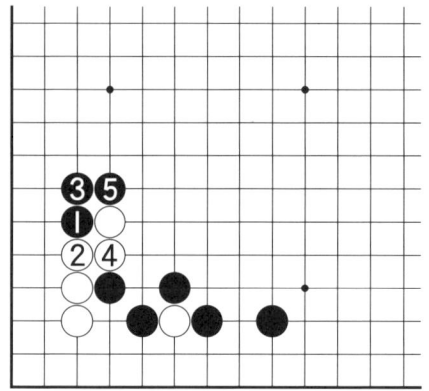

15도

15도(붙임)

흑1의 붙임이 상대 근거를 공략하는 쉽게 생각하기 어려운 급소다.

만일 백2로 물러서면 흑은 3, 5로 좌변에 깃발을 꽂고 상대를 압박할 수 있다. 귀의 백은 아직 미생이다.

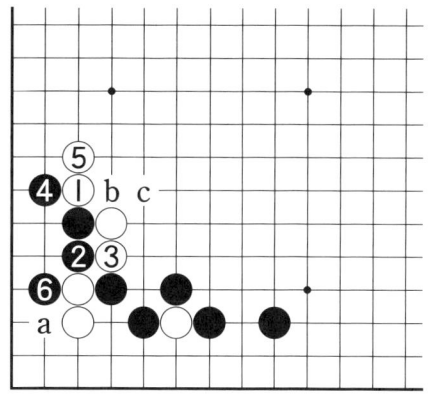

16도

16도(기세의 젖힘이지만)

흑의 붙임에는 백도 기세상 1로 젖히게 된다. 그러면 흑2 다음 4, 6의 젖힘이 올바른 수순이다.

이때 백a로 받으면 흑b로 끊어 백이 재미없는 싸움이다. 물론 b로 끊을 때 c의 축은 흑이 유리하다는 전제가 있어야 한다.

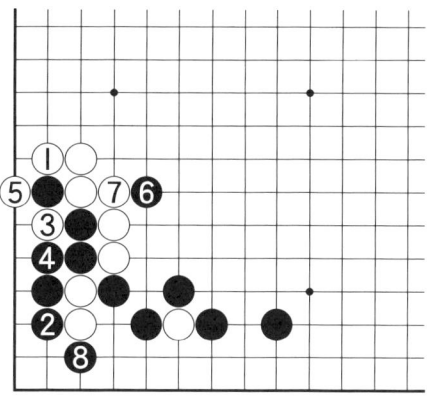

17도

17도(실전적)

앞 그림에 이어 백1로 막는 것이 실전적이다. 이하 8까지 백이 귀는 내주더라도 변에서 활약하는 것이 그나마 낫다는 생각이다.

그래도 급소 덕분에 부분적으로는 귀를 차지한 흑이 잘된 그림일 것이다.

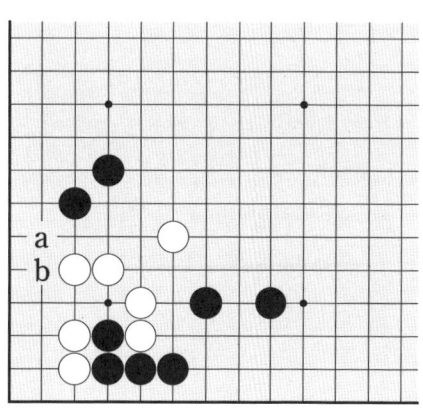

18도

18도(근거를 위협하는 급소는?)

흑이 귀의 백진을 공략하는 급소는 어디일까?

모양을 잘 살펴보고 근거를 위협하는 수단을 찾는 유형의 문제다. 단순히 흑a는 백b로 막아 약간의 끝내기를 했을 뿐 기회를 놓친다.

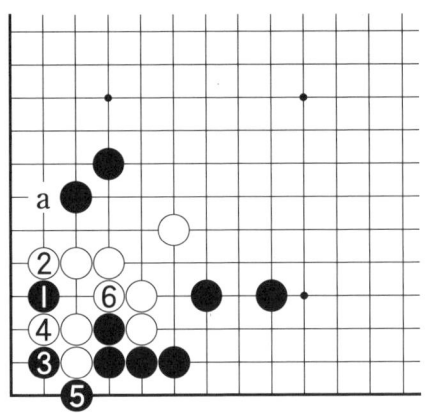

19도

19도(백, 안정)

언뜻 흑1의 치중이 급소라고 주장할지도 모른다. 백2로 차단하면 흑3의 맥점으로 이어지기 때문이다.

그러나 백4, 6으로 방어하면 중앙 약점이 해소되며 a의 붙임도 남아 백이 의외로 안정된 모습이다.

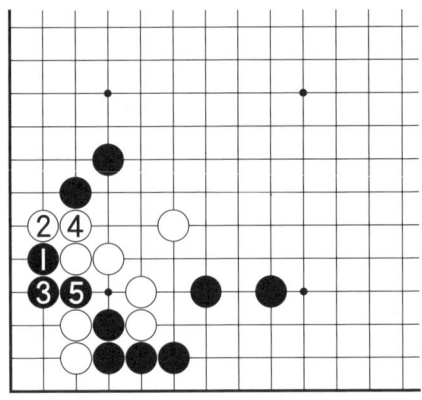

20도

20도(급소 일격)

흑1의 붙임이 근거를 빼앗는 정확한 급소 일격이다.

백2로 젖혀 차단하면 흑3으로 파고들 수 있다. 백4의 이음에는 흑5로 끊어 두점이 잡힌 모습이다.

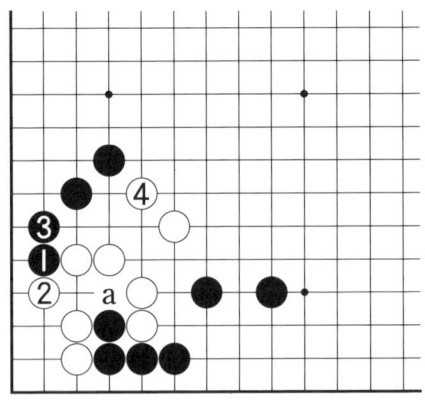

21도

21도(미생)

흑1에는 백2로 물러서야 할 것이다. 그러면 흑3에 백4의 지킴이 필요하다. 그렇지 않으면 a의 약점으로 백이 끊길 염려가 있다.

아무튼 흑이 선수로 이득을 본 데다가 백이 미생이다.

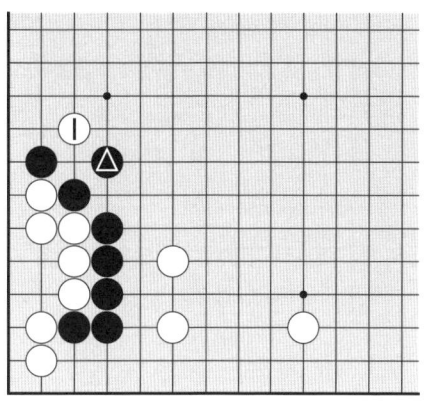

1도

1도(좌변부터 들여다봄)

이런 형태에서 흑이 ▲의 양호구로 지키는 것은 확실한 연결이긴 해도 돌의 효율상 좋지 않음을 알아야 한다.

백은 먼저 좌변에서 1로 들여다보는 것이 행마의 급소다.

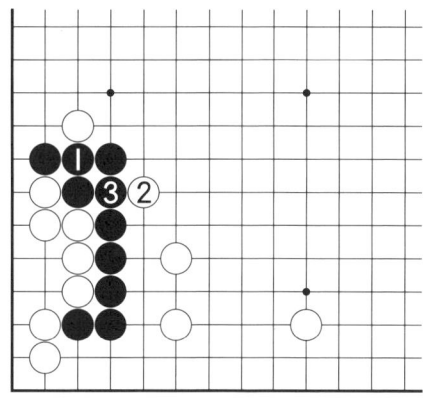

2도

2도(중복형)

흑1로 이어야 할 때 이번에는 중앙에서 백2로 들여다보는 것이 수순의 묘로 전체 흑이 중복형이 되어 자칫 공격받을지도 모른다.

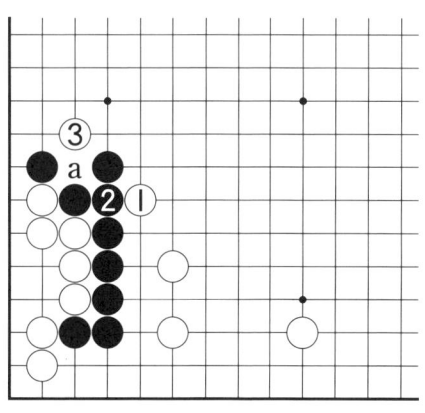

3도

3도(중앙부터 들여다보면)

그런데 역으로 백1로 중앙부터 들여다보면 어떨까?

흑2의 이음은 절대이고 백3으로 들여다볼 때가 문제다. 물론 흑a로 이으면 앞 그림과 동일하다.

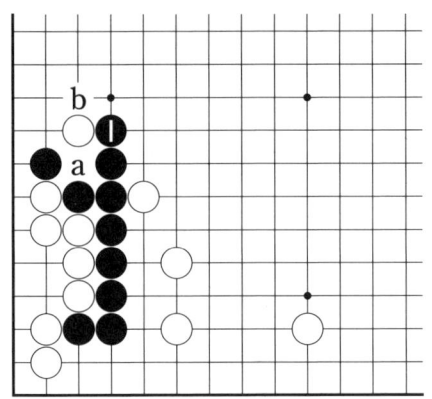

4도

4도(미는 수단)

이때는 흑1로 미는 것이 좋은 대응수단이다. 만일 백a로 끊으면 흑b로 단수해 한점을 주더라도 바깥을 봉쇄해 기분 좋다.

또 흑1에 백b면 이번에는 흑a로 잇더라도 중앙에 힘이 붙는다.

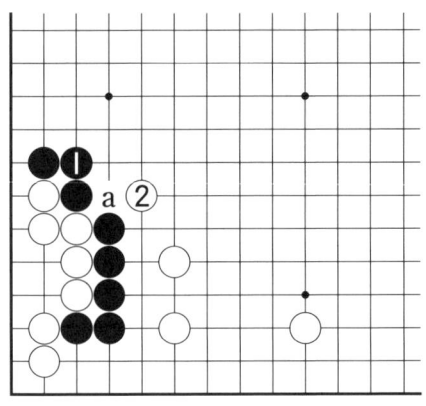

5도

5도(효율적인 꽉 이음)

애초 흑은 1로 꽉 잇는 것이 효율적이다. 이때 백2로 들여다보면 흑a로 잇더라도 2도보다는 월등하다.

흑1에 a로 끊기는 것이 염려스럽지만 축으로 잡든지 축이 불리하면 달리 싸워도 불리하지 않다.

무조건 싸우지 않으려는 태도가 잘못된 행마를 부른다.

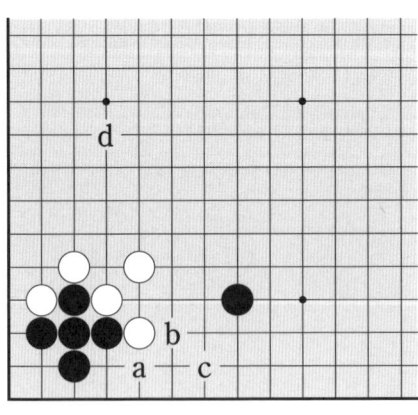

6도

6도(흑의 활용법은?)

이런 형태에서 귀의 흑은 a, 백b, 흑c이면 하변 연결이 가능하다. 그러면 백도 d로 벌려 안정된 모습이다.

그런데 흑은 호구 들여다보는 활용을 통해 백을 직접 공략하는 방법도 있다. 대신 수순이 정확해야 한다.

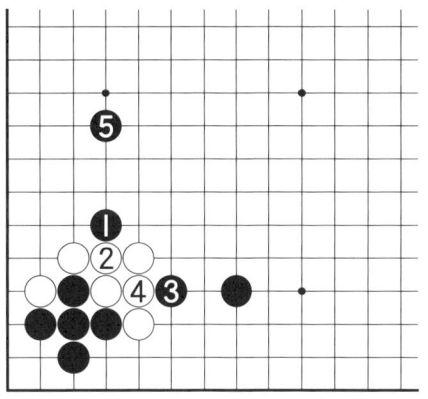

7도

7도(들여다보는 수순)

상대가 강한 좌변에서 흑1로 먼저 들여다본 후 내가 강한 하변에서 3으로 마저 들여다보는 것이 정확한 수순이다.

백4로 이으면 한눈에 봐도 백돌이 몰려있는 답답한 모습이다. 흑5로 크게 공격하면 일단 기분 좋은 흐름이다.

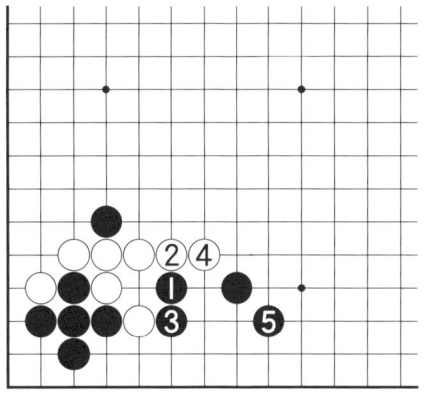

8도

8도(백의 반발)

백이 이런 공격을 피하자면 하변 흑1의 활용 때 백2로 눌러 반발하는 수도 있다. 그러면 흑3이 능률적인 대응이며 백4에 흑5로 지켜 일단락이다.

백은 흑의 의도를 거스르며 모양을 키우는 데 목적이 있는 만큼 하변의 실리 손실은 어쩔 수 없다.

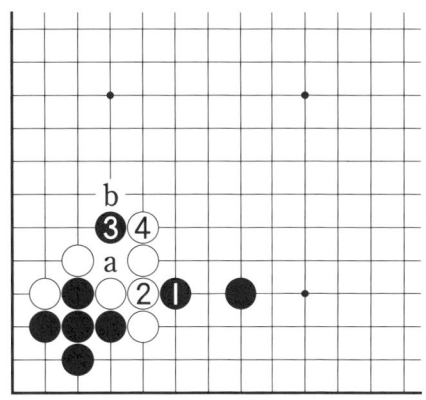

9도

9도(수순 오류)

수순을 바꿔 하변에서 흑1로 먼저 들여다보고 3에 들여다보면 백a로 잇는 것이 아니라 4에 밀어 반발할 공산이 크다.

이때 흑a로 끊는 것은 백b의 단수를 맞아 선택할 수 없다.

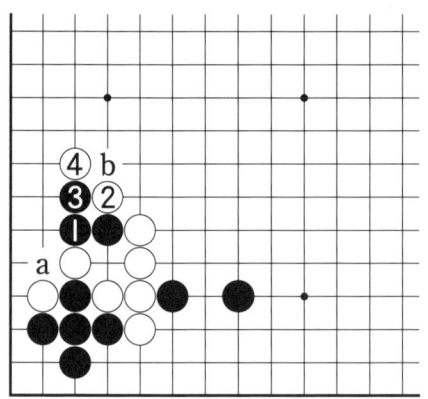

10도

10도(이단젖힘)

그나마 여기서도 흑1이 능률적인 수일 것 같지만 백2, 4의 이단젖힘이 통렬하다.

다음 흑a면 백b로 이어 꽤 두터워진다.

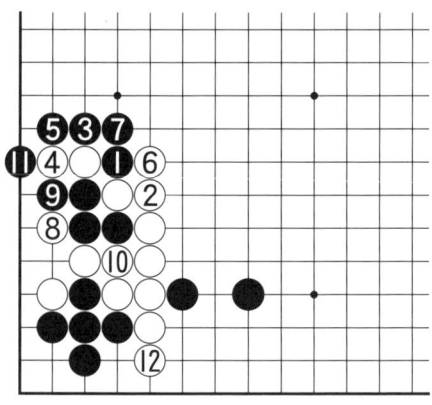

11도

11도(흑, 참사)

그렇다고 흑1, 3으로 좌변을 취하면 백4로 키우는 맥을 이용해 귀와의 연결로가 차단되어 12까지 귀가 잡힌다.

수순 하나의 잘못으로 인한 참사다.

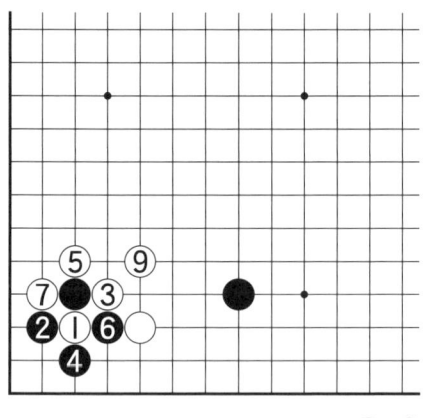

12도

❽…①

12도(과정)

문제의 장면은 소목 날일자걸침 두칸높은협공 정석에서 백1, 3에 흑4로 반발해 9까지 된 형태다.

이런 흑의 반발을 우려해 백은 3부터 붙이는 경우가 보통이다.

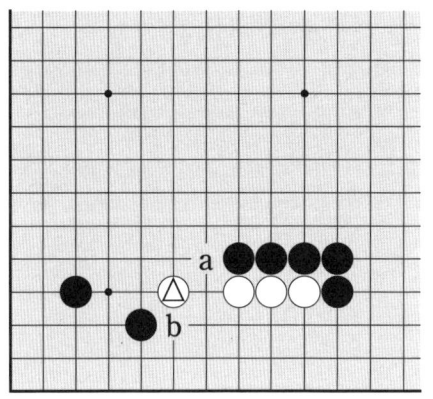

13도

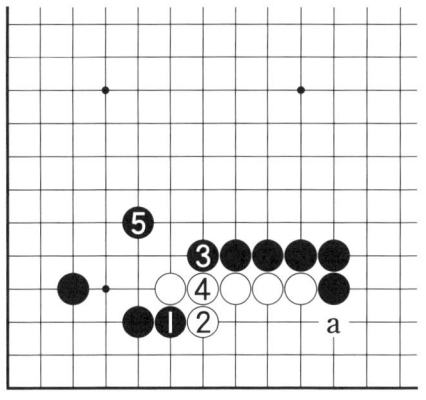

14도

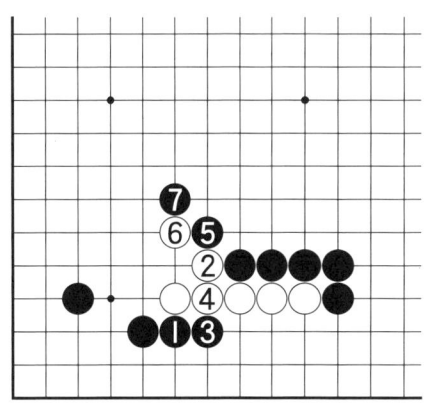

15도

13도(흑의 공격법은?)

백△로 뛰어 달아난 장면에서 흑은 하변의 백 일단을 어떻게 공격해야 할까?

단순히 호구 급소자리라고 해서 흑a는 백b로 알기 쉽게 지켜 그만이다.

14도(미는 방향)

여기서도 수순이 중요하다. 정확히는 미는 방향을 우선 잘 잡아야 한다. 하변 흑1로 미는 것이 행마의 급소다. 백2로 막으면 흑3, 5로 봉쇄하는 것이 정확한 수순이다.

백은 a로 젖혀 살기야 하겠지만 궁색한 모습이다.

15도(이단젖혀 공격)

흑1에 백2로 위에서 호구치며 막으면 흑3이 기분 좋은 선수이며 5, 7로 이단젖혀 공격을 이어갈 수 있다. 이렇게 되면 백은 꽤 시달리는 모습이다.

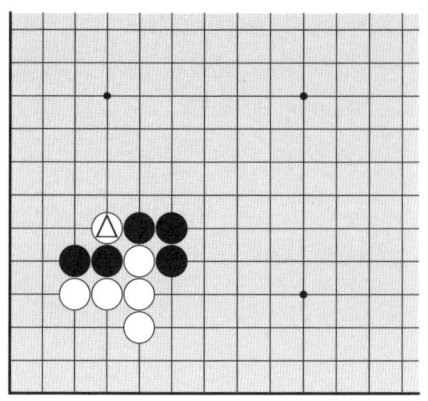

1도

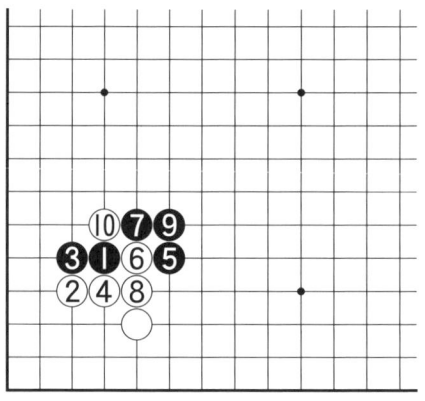

2도

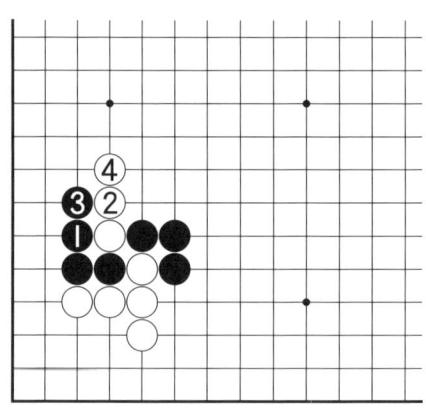

3도

1도(흑의 처리법은?)

백△로 끊은 장면이다. 흑은 여기를 어떻게 처리해야 할까?

좌변 흑 두점을 꼭 살려야 한다는 법은 없다.

2도(과정)

문제의 장면은 외목에 대한 흑1의 높은 날일자걸침에서 나타날 수 있는 형태다. 백2, 4로 받을 때 흑5로 뛰면 백6, 8로 끼워잇고 흑9의 이음에 백10으로 끊은 것은 당연하다. 참고로 귀의 실리가 좋아 특별한 상황이 아니면 흑이 이 정석을 잘 사용하지는 않는다.

3도(성급한 행동)

백이 끊을 때 흑1, 3으로 두점을 살려나가는 것은 성급한 행동이다.

좌변도 수습해야 하지만 중앙 석점의 안위도 걱정이다.

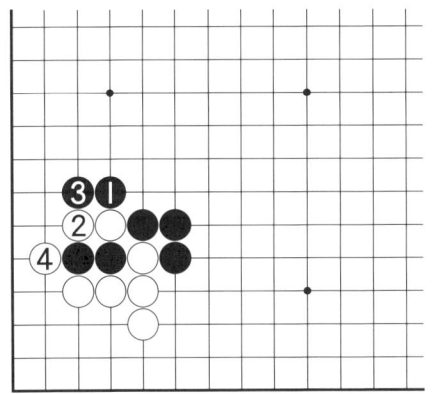

4도

4도(빵따냄의 위력)

차라리 흑은 좌변의 두점을 버리
고 두는 것이 전략상 낫다.

　그렇더라도 흑1, 3으로 단수해
백4로 두점을 고스란히 빵따냄으
로 바치는 것은 하책이다. 백 모양
이 깔끔해서 뒷맛을 노릴 수 없기
때문이다.

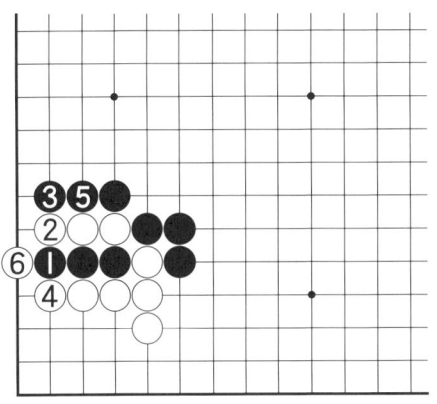

5도

5도(키워죽임)

버리더라도 흑은 1로 석점 모양으
로 키워 죽이는 것이 올바른 수순
이다.

　그런데 이때 백2로 곧장 막으면
흑3, 5의 선수로 싸발라 키워죽인
효과가 극대화된다.

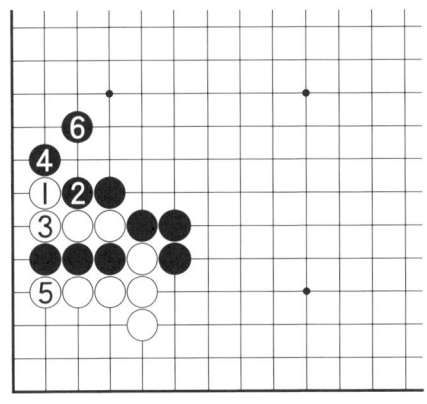

6도

6도(마늘모 행마)

흑이 석점으로 키울 때 백1의 마
늘모 행마가 대응법이다. 그러면
이하 6까지 흑은 석점을 주는 대
신 두텁게 처리할 수 있다.

　백1에 흑이 선수를 잡고 싶으면
6의 날일자이지만 대신 중앙이 약
간 엷다.

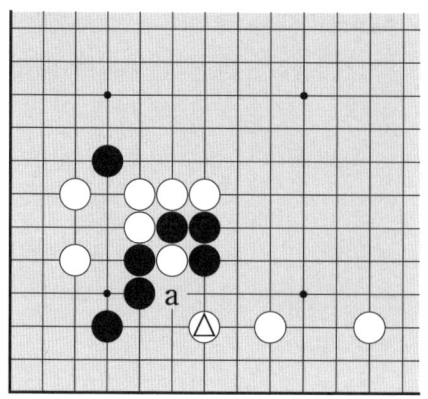

7도

7도(효율적 지킴은?)

하변 백△로 접근해온 장면이다. 백은 흑 진영을 야금야금 공략해 최대한 이득을 챙기겠다는 의도이다. 당장 a로 나오는 맛이 있으니 흑은 이를 지키는 것이 시급하다.

　좀 어렵지만 효율적 수단을 생각해보자.

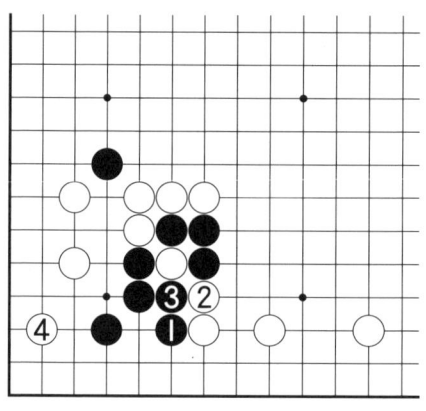

8도

8도(안전한 지킴이지만)

흑1의 지킴이 가장 안전한 수단이지만 백2가 여기를 옥집으로 만드는 기분 좋은 선수이고 4로 귀에 달려 백의 노림이 그대로 통한 결과다. 흑은 더 좋은 수단을 찾아야 한다.

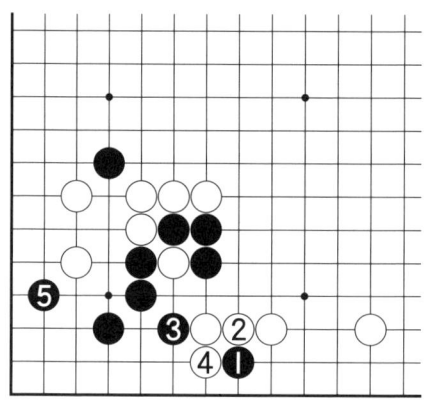

9도

9도(치중)

흑1의 치중이 언뜻 생각하기 어려운 행마의 급소다. 백2로 받으면 흑3의 지킴이 선수로 든다. 그러면 흑5로 귀를 지키는 수순을 얻을 수 있다.

　이 모든 일련의 과정이 흑1의 한 점을 희생한다는 사고에서 출발한다. 노련한 사석작전이다.

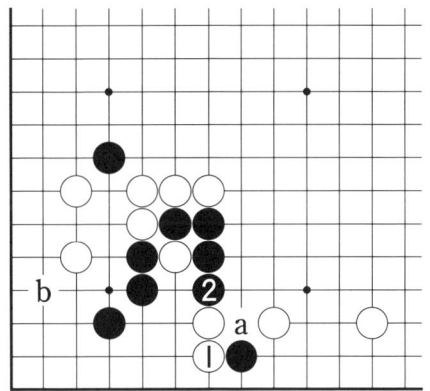

10도

10도(치받음)

만일 백1로 왼쪽에서 차단하면 이
번에는 흑2로 치받는다.

다음 백a로 이으면 흑b로 역시
귀를 지킬 수 있다.

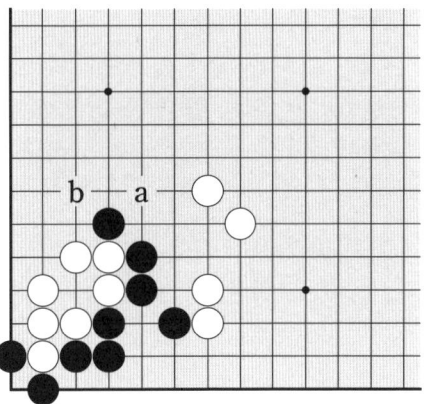

11도

11도(흑의 정돈법은?)

귀의 흑이나 백, 모두 아직은 불안
정한 모습이다. 그런 점을 감안해
흑이 모양을 어떻게 정돈할지가
관건이다.

단순히 흑a로 지키는 것은 백b
로 뛰며 흑이 계속 몰릴 공산이 크
다. 발상의 전환이 필요한 고급 감
각의 문제이다.

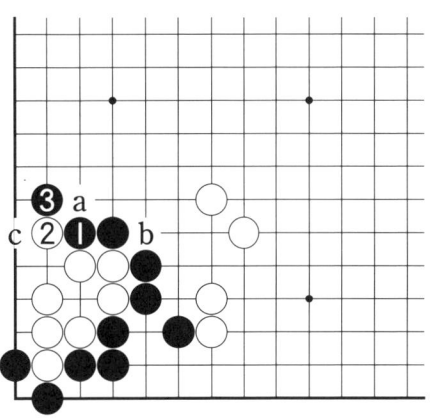

12도

12도(단점)

흑1, 3으로 막으며 백진을 추궁하
는 것은 a와 b의 끊기는 단점으로
흑이 오히려 견딜 수 없다.

그 과정에서 c의 단수를 맞고 귀
의 흑과 백이 수상전에 걸리게 되
더라도 백이 불리하지 않다.

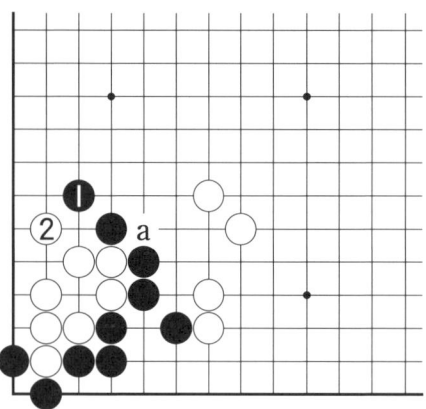

13도

13도(미흡)

흑1의 마늘모 행마가 그나마 조심스런 행마이지만 백2로 가볍게 지키고 나면 다음 공격수단이 없다. 이제는 a의 내 단점을 신경 써야 할 때다.

흑이 뭔가 부족한 느낌이다. "바로 이거야" 정신이 번쩍 뜨일 만한 수단이 없을까?

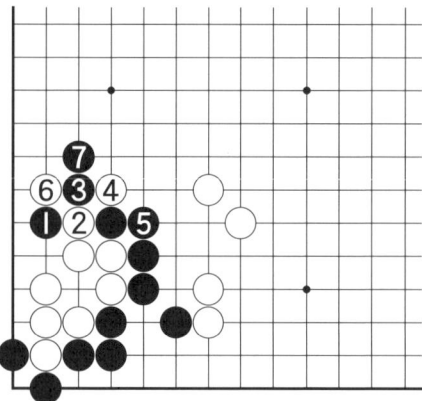

14도

14도(행마의 급소)

흑1이 그토록 찾던 행마의 급소다. 그 자리는 백이 항상 상대를 괴롭히던 요소이기도 하다. 그러면 백은 2 이하 6으로 나와 끊어서 사는 길을 찾을 수밖에 없다.

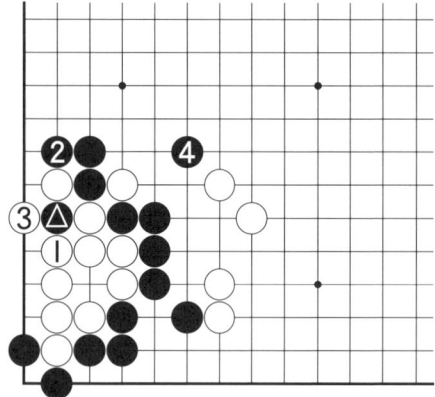

15도

15도(희생타)

계속해서 백1로 잡을 때 흑은 2의 단수를 선수한 후 4로 두텁게 모양을 정비할 수 있다.

초기 단계를 생각하면 흑의 모양이 상전벽해에 가깝다. 그건 ▲를 희생타로 삼은 흑의 놀라운 사석작전의 결과이기도 하다.

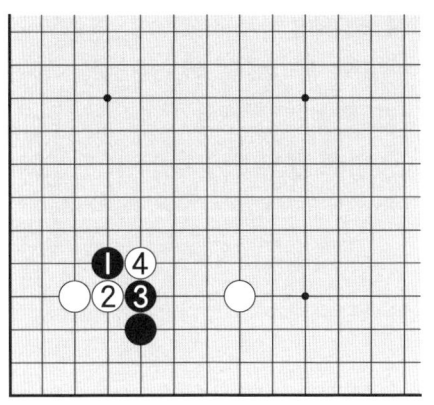

1도

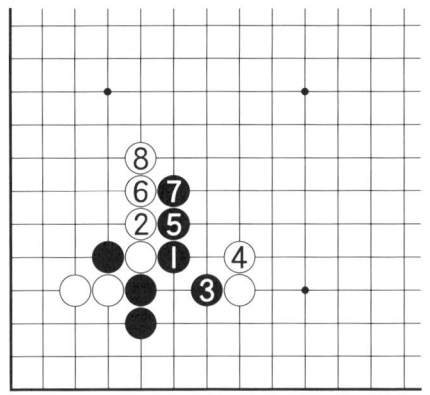

2도

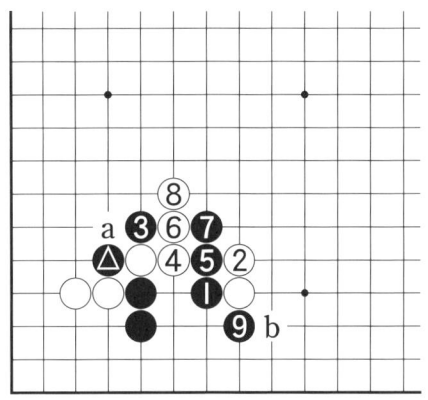

3도

1도(흑의 처리법은?)

소목 날일자걸침 두칸높은협공 정석에서 흑1의 날일자로 씌울 때 백2, 4로 강하게 끊어온 장면이다.

흑은 어떻게 풀어가야 할까? 행마의 기초를 익혔다면 비교적 쉬울 것이다.

2도(고지식한 행마)

흑1, 3으로 단수치며 모양을 잡는 것은 고지식한 행마다. 내친김에 8까지의 진행이 되면 좌변 백 모양이 자연스럽게 커진다.

3도(연관된 붙임)

흑1의 붙임이 ▲와 연관된 맥점이다. 이때 앞 그림의 4처럼 백2로 응수하면 흑3, 5로 뚫고나간 후 9까지 풀어갈 수 있다.

다음 백a, 흑b로 되면 거의 호각의 갈림이다.

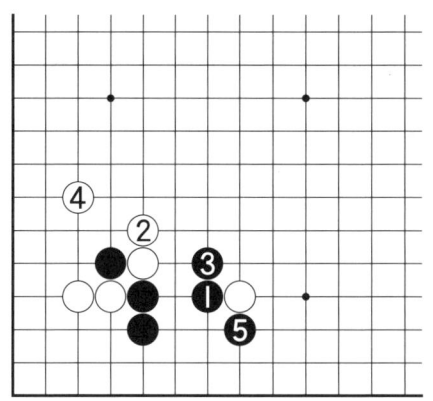

4도

4도(정석)

흑1의 붙임에는 백도 2로 늘어 지
킨 후 이하 5까지 서로 진영을 손
질하면 무난한 진행이다. 잘 알려
진 정석이다.

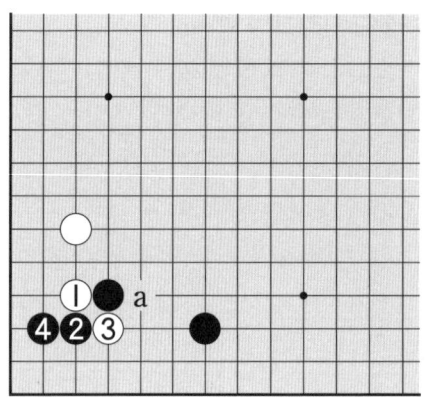

5도

5도(백의 처리법은?)

화점 걸침 눈목자응수 정석에서
백1, 3으로 맞끊으면 흑a로 느는
것이 일반적이다.

　그런데 흑4로 귀에 늘었다. 백
은 어떻게 처리해야 할까?

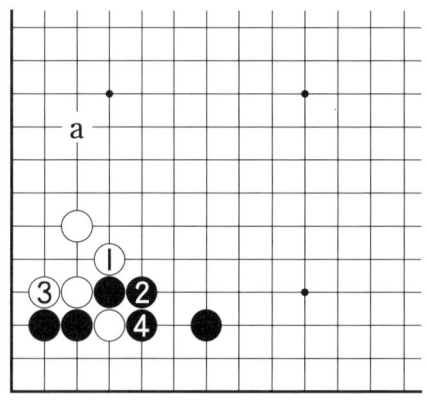

6도

6도(완벽한 실리)

백1, 3으로 손따라 두는 것은 흑4
로 잡은 귀의 실리가 완벽하다. 그
나마 백은 a로 벌려야 안정된다.

　맥을 모르면 자기도 모르는 새
에 이런 식으로 전개된다.

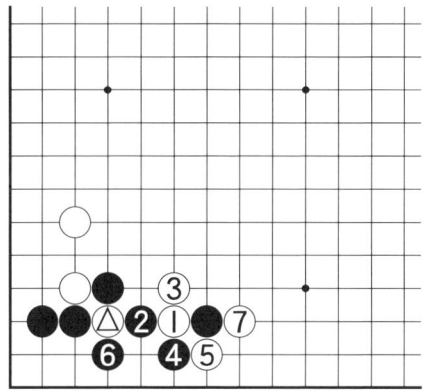

7도

7도(연관된 붙임)

백1의 붙임이 △와 연관된 맥점이다. 흑2로 한점을 잡으면 백은 3으로 올라선 후 7까지 축으로 한점을 잡아 불만 없다.

이렇게 상대 진영에서 맥점을 구사할 줄 알아야 한다.

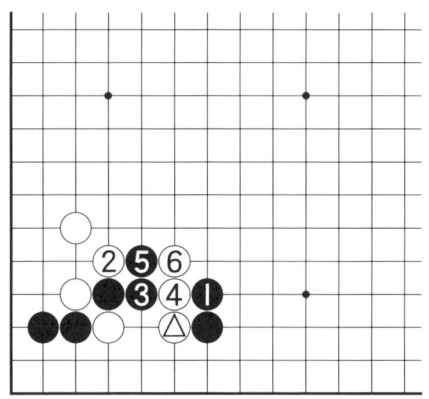

8도

8도(관통)

백△의 붙임에 흑1로 올라서면 백2 이하 6으로 관통하는 것이 행마법으로 흑이 재미없는 결과다. 백의 주문이기도 하다.

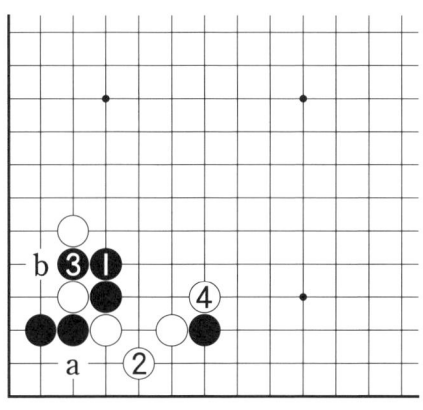

9도

9도(탄력 호구)

백의 붙임에 흑은 그나마 1로 느는 것이 나을 것이다. 그러면 백2의 호구가 탄력 있는 행마이고 흑3으로 잡을 때 백4로 힘차게 젖힌다. 거의 호각의 결과이지만 a와 b로 젖히는 맛이 남은 백의 가능성이 높을지도 모른다.

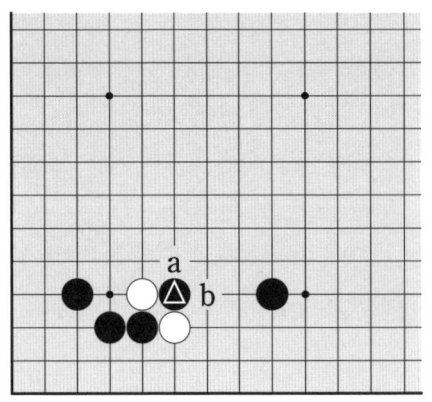

10도

10도(가벼운 수습책은?)

흑△로 끊어 백이 양분된 모습이다. 백이 a나 b로 단수해 처리하려는 것은 상대를 도와줄 뿐 수습하기가 어렵다.

어디 백의 가벼운 수습책은 없을까?

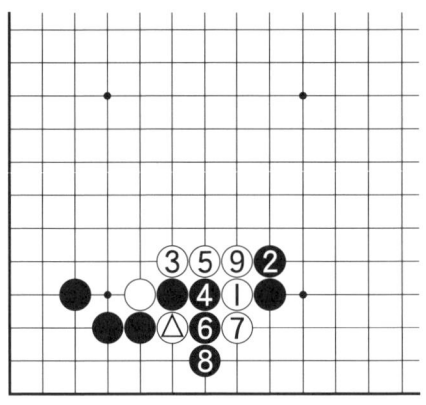

11도

11도(연관된 붙임)

백1의 붙임이 △와 연관된 맥점이다. 흑2로 올라서면 백3 이하 7로 돌려친 후 9로 잇는 것이 요령이다. 백이 두텁게 수습된 모습이다.

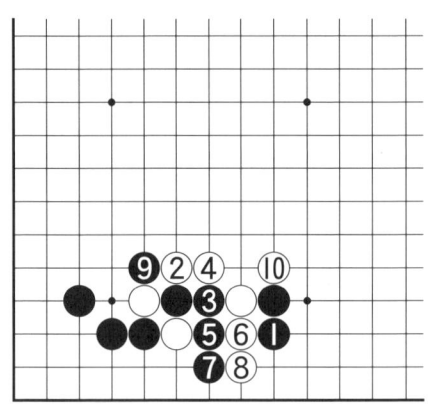

12도

12도(돌려침)

백의 붙임에 흑1로 내려서도 백2 이하로 돌려치는 것은 여전하다.

수순 중 흑7이면 백8로 막은 후 10의 호구 젖힘이 힘차다. 백이 훌륭한 모습이다.

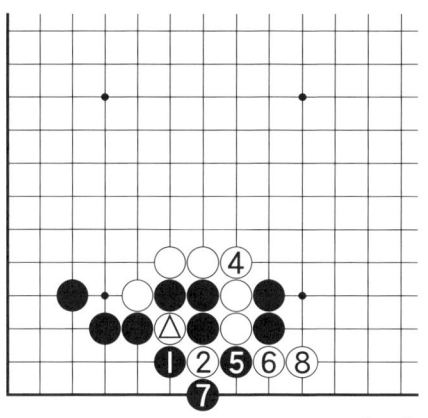

13도

3···△

13도(백, 충분)

앞 그림 백6에 흑1로 한점을 따내면 백2의 단수 후 4로 잇는다.

다음 흑5로 잡으면 백6, 8로 충분히 싸울 수 있다.

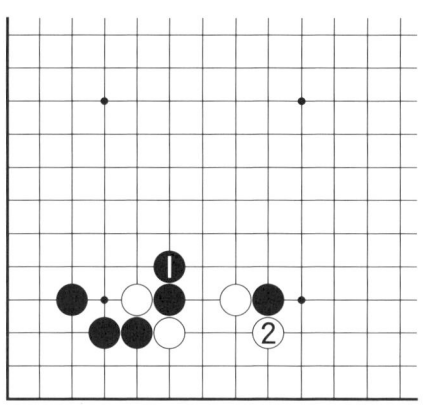

14도

14도(수습)

보통 이럴 경우 돌려치는 돌에 대해 흑1로 올라서는 것이 대응법이지만 백은 2로 젖혀 한쪽을 수습할 수 있다.

백은 애초 상당히 약한 곳이었는데 이 정도면 나쁘지 않다.

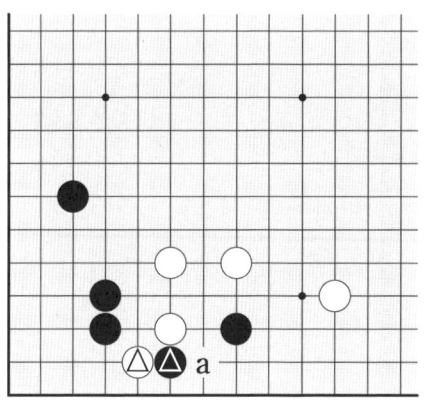

15도

15도(만점의 처리법은?)

하변 흑●의 붙임으로 귀와의 연결을 시도하고 있다. 백△의 차단은 당연한데 여기서 흑은 물론 a로 늘어 안에서 옹색한 삶을 모색하지는 않을 것이다.

흑은 어떻게 처리해야 할까? ●와 연관된 맥점을 구사하면 만점일 것이다.

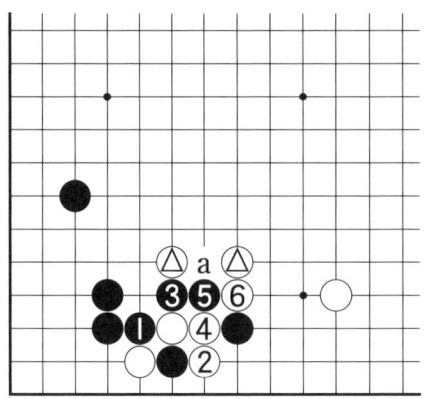

16도

16도(돌진 불가)

보통은 흑1의 끊음이지만 백△의 배석 상 6까지 흑은 더 이상 돌진이 불가하다.

　흑이 하변에서 사는 방법은 있지만, a의 단수를 당해 중앙 백이 두터워지고 귀도 다쳐 불만이다.

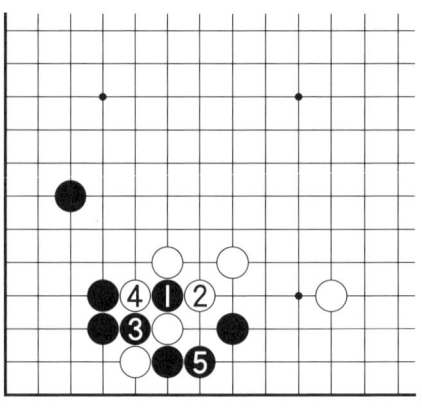

17도

17도(끼움)

흑1의 끼움이 맥점이다. 백2로 단수해 막으면 흑3, 5로 고스란히 건널 수 있다.

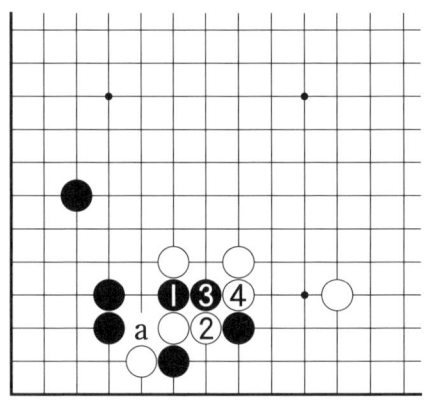

18도

18도(차단하면)

흑1의 끼움에 백2, 4로 늦춰 차단하는 방법이 있긴 하지만 다음이 문제다.

　여기서 흑a로 끊으면 16도와 같아져 백의 의도에 걸려든다.

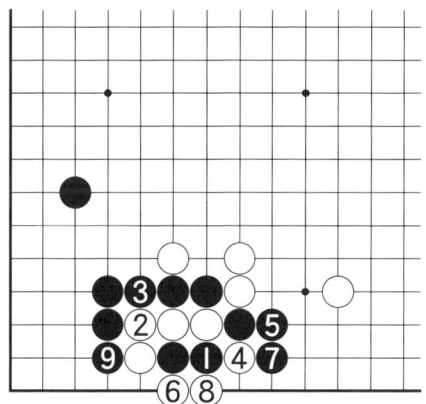

19도

19도(단수치고 이음)

흑1, 3으로 단수치고 잇는 것이 이 경우의 수순이다. 그러면 백4 이하 8로 두점을 잡을 수는 있지만 9까지 백 전체가 수부족으로 고스란히 잡힌다.

그러므로 맥점을 구사하면 그나마 17도가 최선이다.

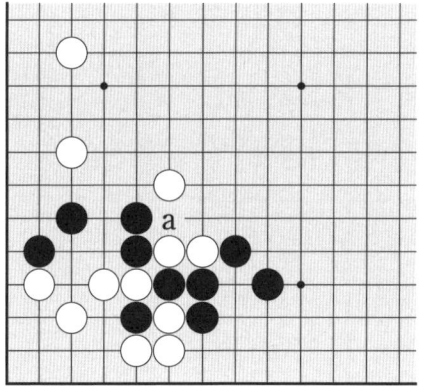

20도

20도(이상적인 탈출법은?)

좌변 흑 넉점이 위기에 처한 모습이다. 어떻게 탈출하는 것이 가장 이상적일까?

흑a로 끊어 헤쳐 나가려는 것은 하수의 마인드다. 탈출에 성공하거나 안에서 살아도 백만 두터워질 뿐이다.

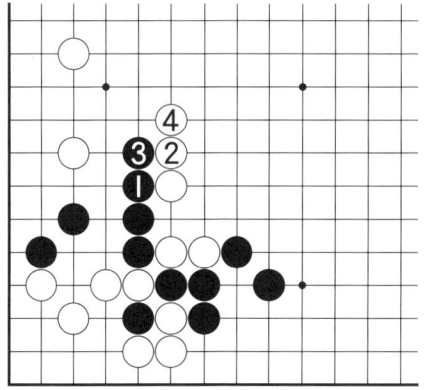

21도

21도(단순)

흑1, 3으로 밀어가는 것도 백이 늘어두기만 해도 흑의 앞길이 막막하다. 앞을 내다보지 못한 너무 단순한 수단이다.

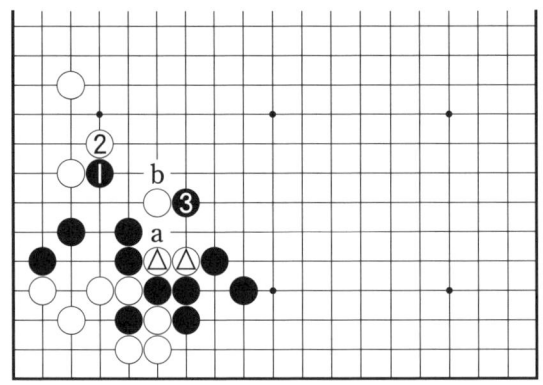

22도

22도(연속 붙임)

흑1의 붙임이 1차 맥점이다. 백2로 젖히면 흑3이 연관된 2차 맥점이다.

백△의 요석 두점이 꼼짝없이 잡힌 모습이다. 백a면 흑b.

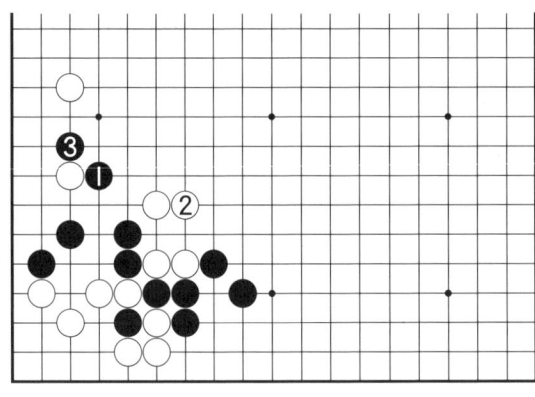

23도

23도(좌변 제압)

만일 흑1에 백2의 쌍립으로 중앙을 지키면 흑3으로 좌변 한점을 제압한다.

연관된 맥점을 활용해 흑이 위기에서 벗어난 모습이다.

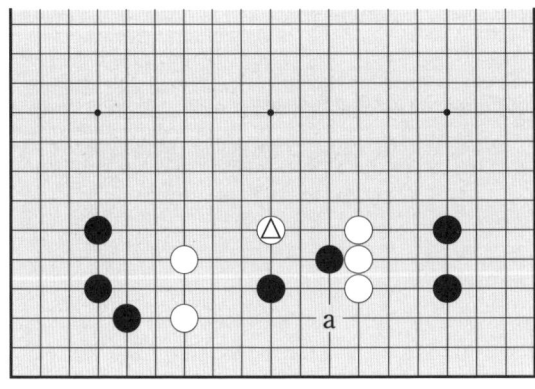

24도

24도(효과적인 탈출법은?)

접바둑에서 흔히 나올 수 있는 진행인데, 백△로 모자 씌운 장면이다. 위기에 처한 하변 흑이 어떻게 탈출해야 가장 효과적일까?

a로 쌈지 틀고 살아봤자 2집에 불과하다. 판은 넓으므로 모름지기 바둑은 대해로 나가야 한다.

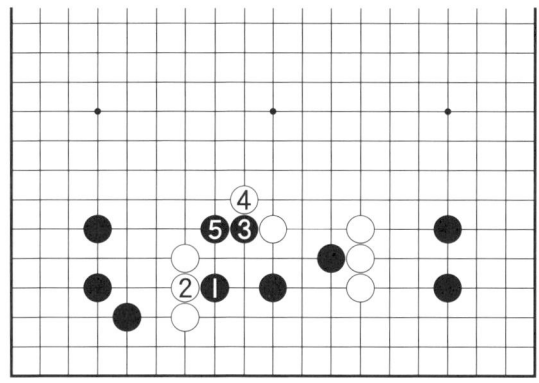

25도

25도(들여다보고 붙임)

단도직입적으로 보여주지만 흑1, 3으로 들여다보고 붙이는 연타가 탈출의 행마법이다.

백4면 흑5로 알기 쉽게 탈출한다. 이제는 양분된 백이 고민해야 할 처지다.

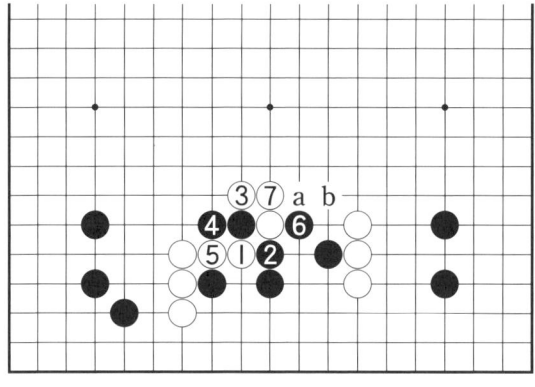

26도

26도(정확한 수순)

백도 앞 그림 4로는 1로 안에서 젖힌 후 3의 단수가 정확한 수순이다.

이다음이 문제인데, 흑4로 나간 것은 좋은데 6의 단수는 고지식하다. 백7로 이은 후 흑이 a와 b, 어디를 나가도 무겁다.

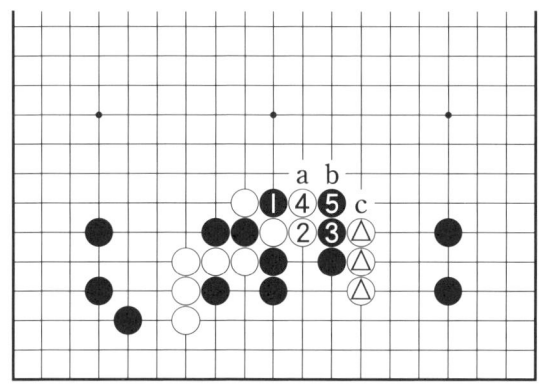

27도

27도(관통)

흑1로 몰고 3, 5로 관통하는 수순은 어디선가 본 적이 있을 것이다. 여기까지 읽어야 앞의 수순이 가치를 지닐 것이다.

다음 백a면 흑은 b나 c로 백△를 노릴 수 있어 맥점의 효과를 톡톡히 본다.

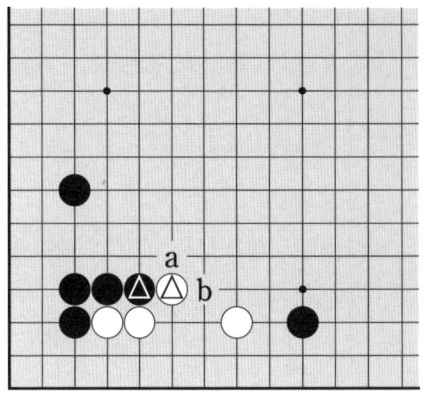

1도

1도(하변 백을 공격하는 급소는?)
화점 눈목자굳힘에 붙임 정석에서
나온 진행이다. 흑▲로 눌러가자
백△로 젖힌 장면인데, 다음 흑이
백을 공격하는 급소는 어디일까?

흑a로 손따라 젖히는 것은 백b
로 늘어 좀 싱거울 것이다.

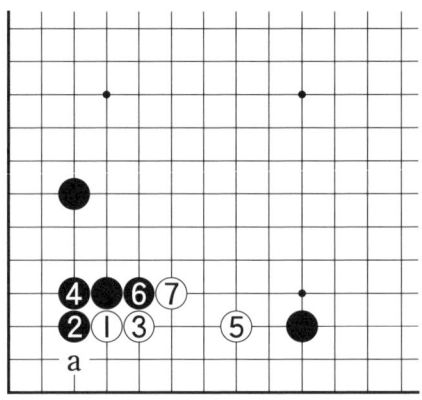

2도

2도(과정)
앞의 진행은 화점 눈목자굳힘에서
벌린 진영에 백1의 붙임으로 출발
한다.

흑2로 귀에서 막은 후 4의 이음
은 온건한 수단이다. 좀 더 적극적
이라면 흑4로 a가 보통일 것이다.
백5로 벌리고 흑6에 백7로 젖힌 장
면이다.

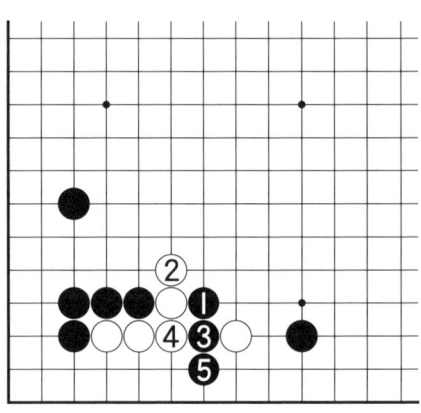

3도

3도(껴붙임)
흑1의 껴붙임이 교묘한 맥점이다.
백2로 올라서면 흑3, 5로 돌파해
백이 손실을 입으며 괴롭다.

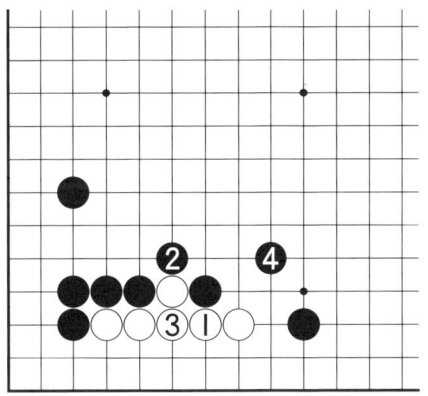

4도

4도(봉쇄)

흑이 꺼붙일 때 백1로 막으면 흑 2, 4로 봉쇄한다. 보기에도 백이 답답하지 않은가.

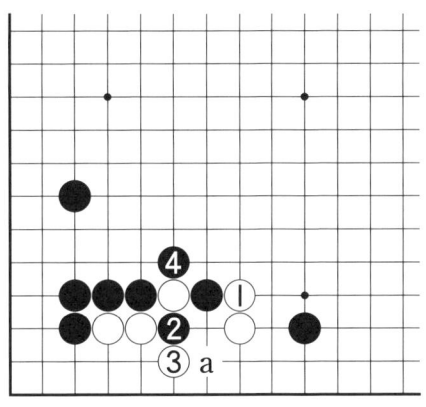

5도

5도(빵따냄)

백1이 봉쇄를 피하는 방법이지만 흑2, 4로 빵따내 기분 좋다. a의 젖 힘도 남아 있다.

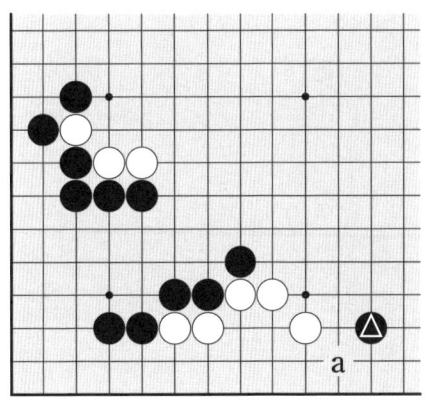

6도

6도(공격의 급소는?)

다음은 변형 미니중국식에서 자주 나오는 형태다. 하변 흑●로 다가 온 장면이다.

　백이 여유가 있다면 a로 지키는 것이 한수의 가치로 충분하지만 그럴 틈이 없는 것이 바둑의 묘미 다. 흑이 먼저 공격한다면 어디가 급소일까?

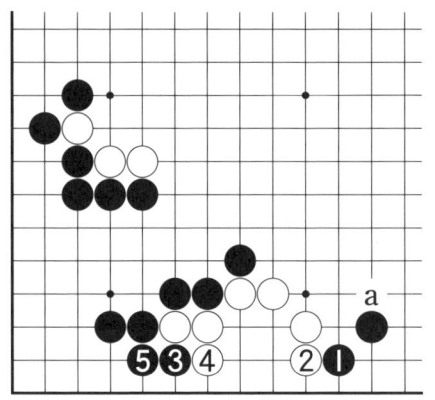

7도

7도(끝내기에 불과)

맥을 모르는 하수라면 흑1로 두고 3, 5로 젖혀이을 것이다. 많이 본 장면으로 끝내기에 불과하다. 백은 a에 붙이는 등 탄력이 풍부해 크게 공격받을 형태가 아니다.

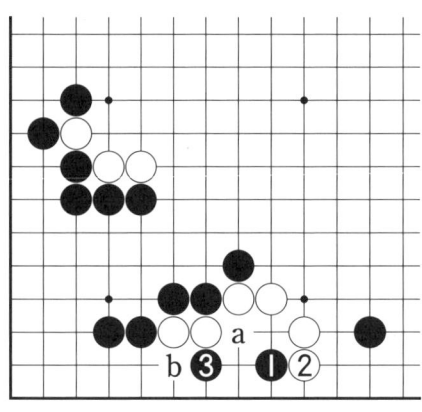

8도

8도(치중)

흑1의 치중이 교묘한 급소다. 백2로 막으면 흑3에 붙인 후 a와 b를 맞본다.

앞으로 백이 상당히 시달릴 모양이다.

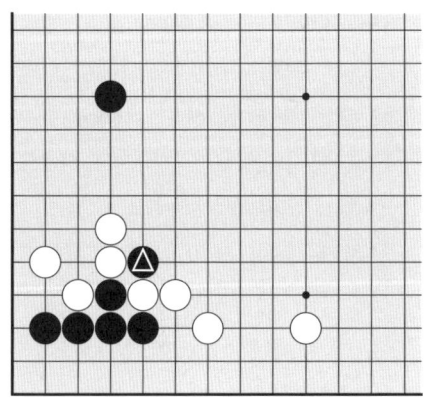

9도

9도(흑의 효과적인 중앙 행마는?)

흑이 ●의 돌을 움직여 이 부근을 정리하면서 백을 압박하고 싶은데 과연 가능할까?

한점이 외로이 갇혀 가당키나 하겠으나 항상 역사는 생각의 크기에 따라 이루어져 왔다. 그런 역사를 만들어보자.

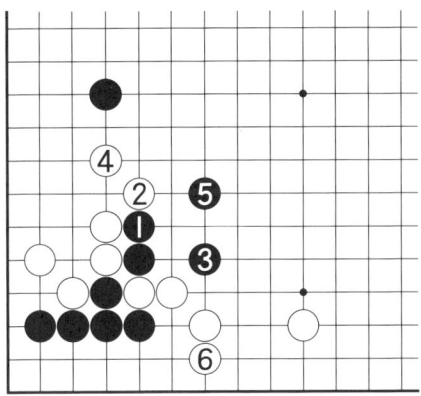

10도

10도(이적행위)

보통은 흑1로 직접 움직임을 생각할 것이다. 백2에 흑3의 뜀이 하변을 노리는 행마법이지만 일단 백4로 지키면 흑도 재차 5의 중앙 정비가 필요하다. 다음 백6의 하변 수비가 귀에도 영향을 주는 호수다. 그리고 보니 흑의 중앙 행마가 양쪽 백을 보기 좋게 강화시킨 이적행위가 되었을 뿐이다.

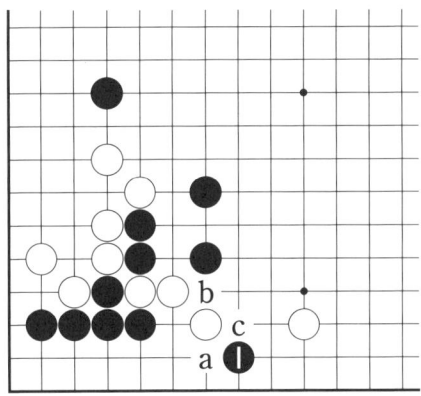

11도

11도(손빼면 치중)

앞 그림의 수순 중 백의 하변 수비는 부분적으로 거의 필수다. 그렇지 않으면 흑1의 치중이 회심의 강타다.

다음 백a면 흑b로 몰아가고, 백c면 흑a로 건너가 하변이 초토화된다.

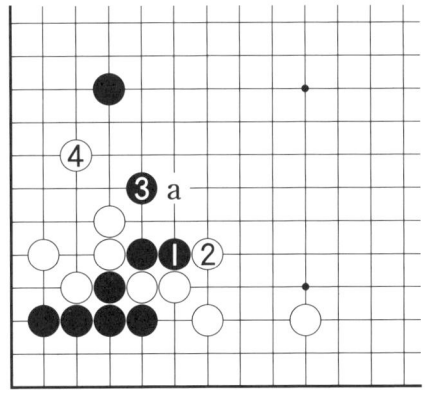

12도

12도(방향을 바꿔도)

10도와 방향만 달리해서 흑1, 3으로 움직이는 것도 백2의 젖힘을 얻어맞고 4로 정비해 더 이상의 추궁이 어렵다.

a의 맥점이 흑을 어렵게 만드는 요인이다.

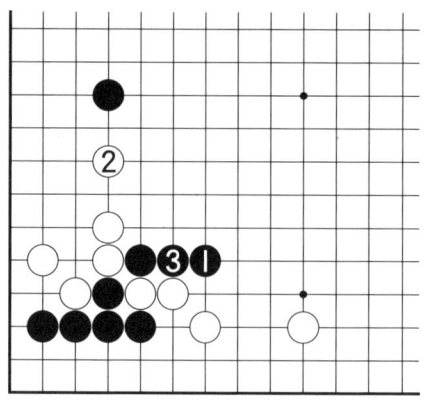

13도

13도(하변의 급소)

그냥 흑1로 뛰어 하변의 맥을 짚는 것이 행마의 급소다. 좀 허술해서 생각이 미치지 않았을 뿐이다. 백2로 지키면 흑3의 이음이 힘차다. 군더더기가 없다.

백은 하변 수비가 시급하며, 흑은 이 힘을 바탕으로 중앙에서 두텁게 움직일 수 있을 것이다.

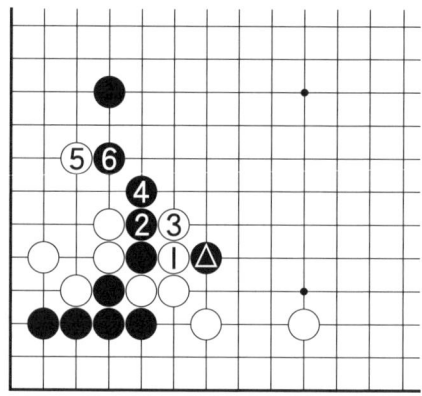

14도

14도(좌변 압박)

흑▲에 백1, 3으로 뚫고나온 후 5면 흑6으로 압박하는 흐름이 자연스럽다.

흑▲가 끊어지긴 하지만 제 역할을 단단히 하고 있는 셈이다.

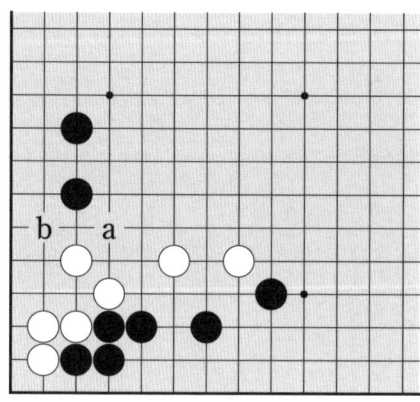

15도

15도(공격의 급소는?)

귀와 중앙으로 이어진 백 일단을 공격하자면 어디가 급소일까?

단순히 흑a와 b로 집적거리는 행마로는 성과를 얻을 수 없다. 백의 집모양을 없애면서 실리로 이득을 보는 맥점을 찾아야 한다.

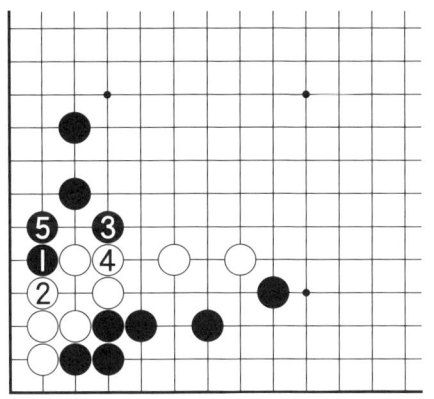

16도

16도(교묘한 붙임)

흑1의 붙임이 집모양을 공격하는 교묘한 맥점이다.

안전하게 백2로 물러서면 흑3, 5의 수순으로 이득을 취하며 공격을 이어갈 수 있다. 백은 귀에 집이 없으니 피곤한 모습이다.

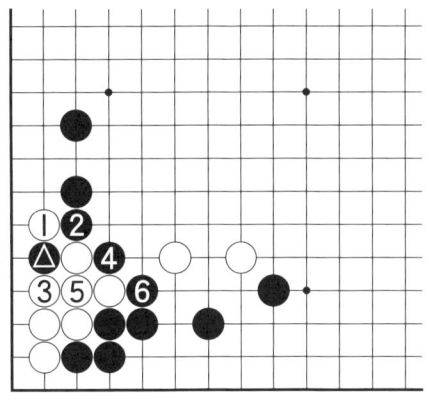

17도

17도(중앙 차단)

그렇다고 흑▲의 붙임에 백1로 젖혀 한점을 잡는 것은 흑2 이하 6으로 중앙이 끊겨 곤란하다.

흑이 ▲의 한점을 활용해 성공한 모습이다.

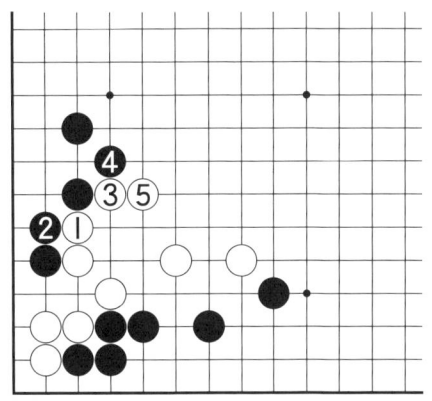

18도

18도(흑, 만족)

백은 이도저도 재미없으니 중앙에서 1 이하 5로 살을 붙여본다.

한결 안정감은 들지만, 어쨌든 흑이 선수로 좌변에 두터운 집모양을 얻어냈으니 만족이다.

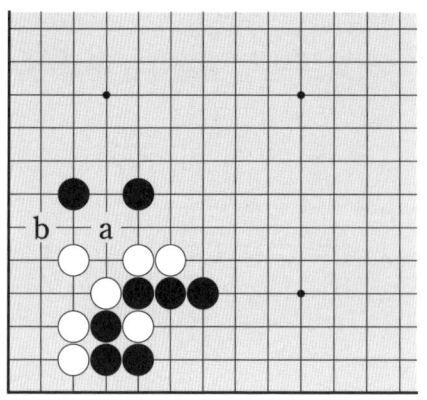

19도

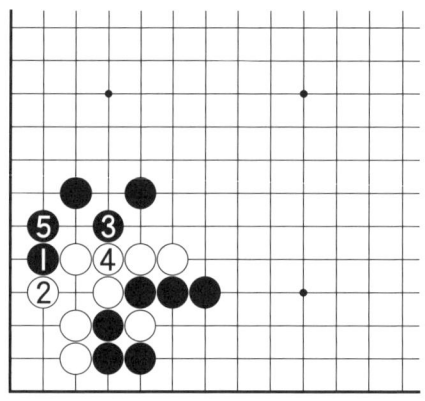

20도

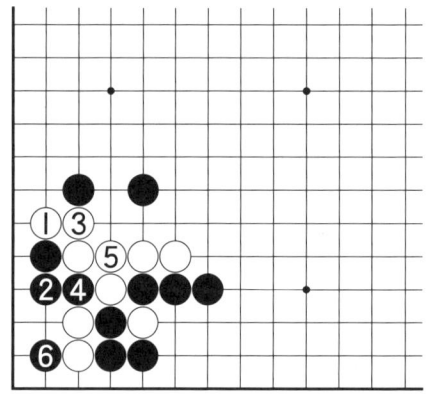

21도

19도(미생으로 만드는 맥은?)

얼핏 백이 귀에서 완생처럼 보이는가? 그렇게 생각했다면 아직 맥의 참맛을 모르고 있는 셈이다.

보이는 것만 전부가 아니다. 여기서 다시 익혀두자. 보이는 완생이 미생으로 변하는 걸. 그런 급소를 찾아보자. 단순히 흑a와 b로 두는 것은 역시 안 된다.

20도(교묘한 붙임)

흑1의 붙임이 교묘한 맥점이다. 백2로 막으면 흑3, 5의 수순으로 백이 미생으로 전락한다.

앞으로 백은 중앙으로 달아날 수밖에 없는 신세다.

21도(대성공)

흑의 붙임에 백1로 젖히면 흑2로 늘어 백이 더욱 곤란해진다. 백3에 이어야 할 때 흑은 4, 6으로 귀의 두점을 잡아 대성공이다.

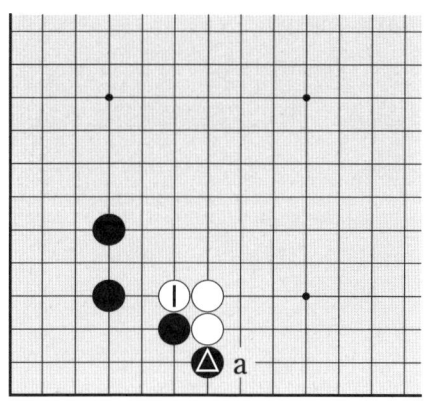

1도

1도(응수타진의 꼬부림)

접바둑에서 나올 수 있는 간단한 형태부터 출발해본다.

흑▲로 젖힌 장면이다. 이때 백 a로 받기 쉽지만 1의 꼬부림이 응수타진의 묘이다.

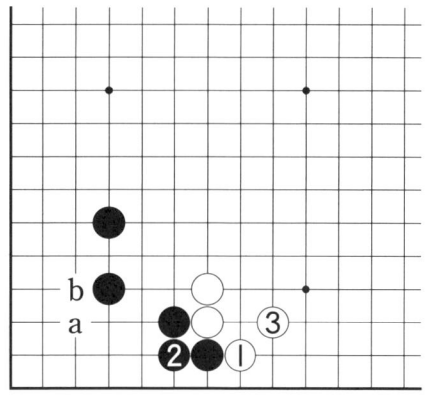

2도

2도(상식)

보통은 백1, 3으로 지키는 것이 상식일 것이다.

참고로 흑이 좀 허술하지만 백a 의 침입은 흑b로 막아 제압할 수 있다. 그럼 응수타진의 의도는 뭘 까?

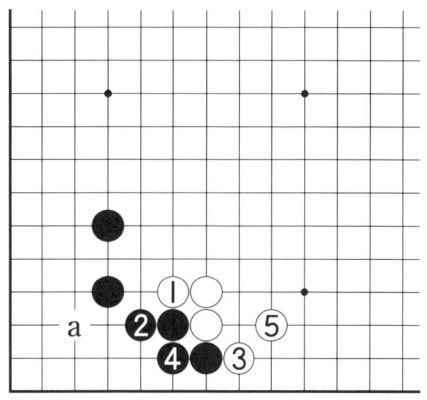

3도

3도(흑진 축소)

백1의 응수타진에 흑2로 받으면 역시 백3, 5로 지킨다. 그러면 앞 그림에 비해 흑진이 약간이라도 축소된 모양이다.

응수타진한 백1의 역할이다. 어차피 a의 삼삼에 들어가 큰 수가 나지 않는다는 전제가 있어야 한다.

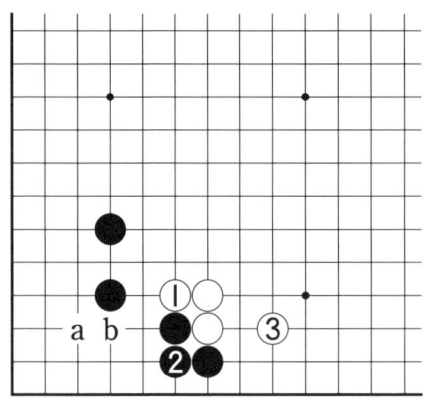

4도

4도(귀의 맛)

백1에 만일 흑2로 잇고 변화를 꾀하면 이번에는 백3의 뜀이 행마법이다.

이 그림이라면 이제 귀에는 a나 b의 맛이 생긴다.

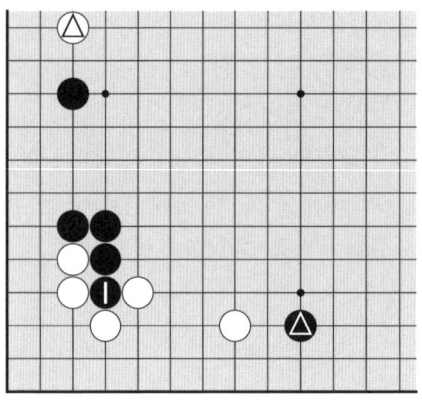

5도

5도(집어넣는 수단)

이 그림도 귀의 소목을 배경으로 나올 수 있는 형태다.

흑▲와 백△로 각기 접근해 있다는 점을 염두에 두고 흑이 여기를 처리한다면 1로 집어넣는 수가 응수타진의 묘다.

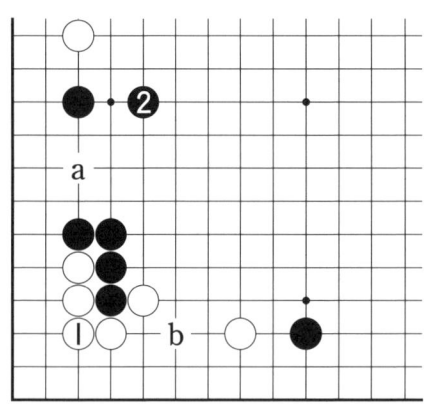

6도

6도(귀의 이음이면)

다음 백1로 귀를 이으면 흑2로 a의 침입에 대비하는 것이 리드미컬한 행마의 수순이다.

차후 b의 침입도 노릴 수 있다. 응수타진의 효과다.

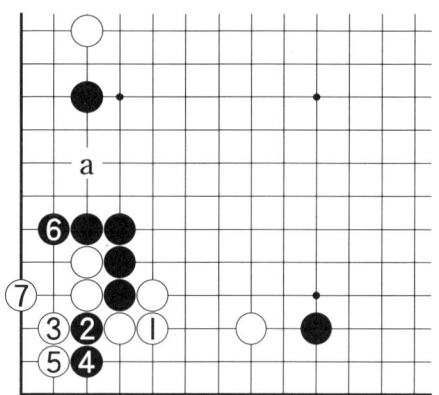

7도

7도(변의 이음이면)

만일 백이 1로 변을 이으면 흑2의 끊음이 준비된 수단이다.

그러면 백3, 5에 흑은 6을 선수할 수 있어 이제는 a의 침입이 두렵지 않다.

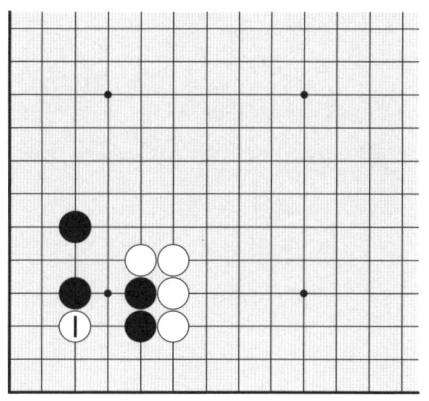

8도

8도(귀의 붙임)

이런 형태에서 백1의 붙임이 귀를 공략하는 응수타진의 묘다.

이 수를 당하면 흑이 당황하지 않을 수 없다.

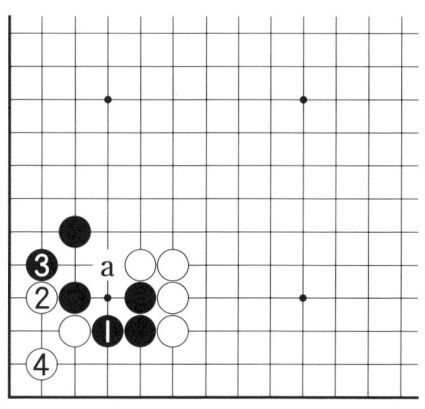

9도

9도(치받으면)

흑1로 치받아 한치의 양보 없이 방어하려 한다면 백2, 4로 간단히 수가 난다.

a로 들어가는 맛이 있어 흑이 대가 없이 귀를 고스란히 차지할 수 없다.

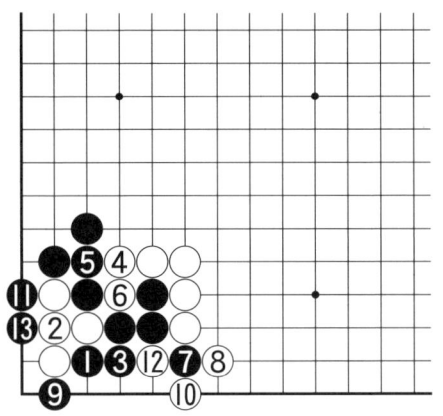

10도

10도(백, 두터움)

만일 흑1, 3으로 잡으러 가면 백4, 6으로 끊긴다.

흑7 이하 13까지 귀의 넉점을 잡을 수는 있지만 그 동안에 7의 한점을 빵따낸 백의 두터움이 너무 좋다.

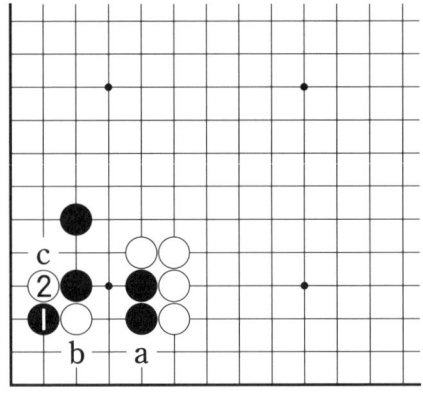

11도

11도(젖히면 맞끊음)

백의 응수타진에 흑1로 젖히면 백은 a로 젖히기만 해도 귀를 침식할 수 있지만, 2로 맞끊어 이번에는 수가 크게 난다.

다음 흑이 b와 c, 어디를 단수하든 백은 한쪽을 돌파할 수 있다.

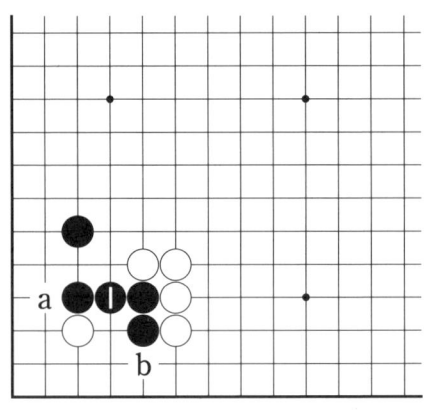

12도

12도(이음)

그러므로 여기서는 흑1의 이음이 가장 안전한 방어책이다. 그러면 백은 굴복에 만족하고 상황에 따라 a든 b든 활용할 수 있다.

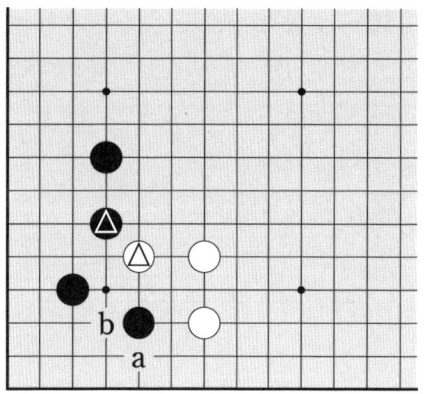

13도

13도(흑진을 파괴하는 수단은?)

백△의 삭감에 흑▲로 지킨 장면이다. 얼핏 흑 진영이 완벽해 보인다. 백이 a로 붙여 흑b로 늘도록 활용하는 정도라고 생각하면 큰 오산이다. 흑진을 파괴하는 수단을 찾아보자.

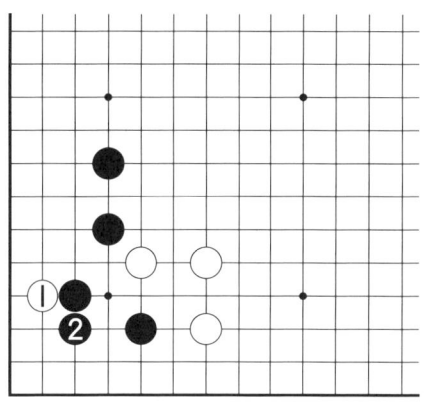

14도

14도(붙임이라도)

귀의 응수타진에 생각이 미쳤다면 일단 길은 잘 들어선 셈이다.

　귀의 응수타진은 보통 붙임일 경우가 많다. 그런데 만일 백1의 붙임이라면 흑2로 침착하게 늘어 그만이다.

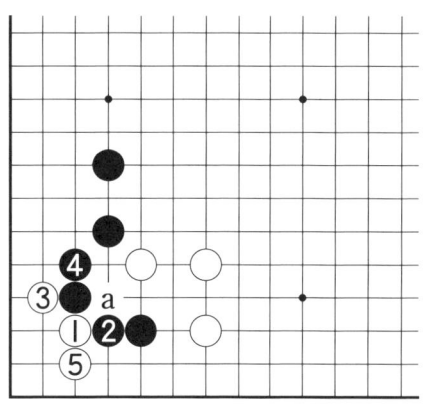

15도

15도(파괴의 붙임)

흑이 늘었던 그 자리, 백1의 붙임이 흑진 파괴의 급소다.

　흑2로 강경하게 막으면 백3, 5로 부드럽게 활로를 개척한다. a의 끊는 맛도 남아 백이 즐겁다.

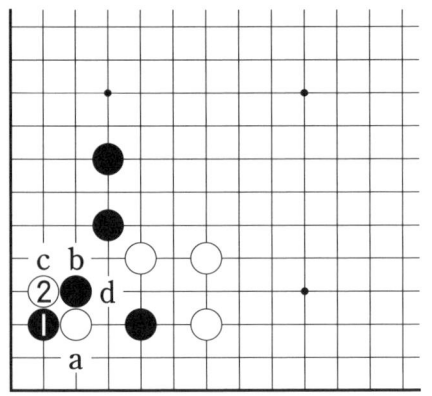

16도

16도(맞끊음)

또 백의 붙임에 흑1로 젖히면 백2
로 맞끊어 수가 나도 크게 난다.

다음 흑a면 백b, 흑c면 백d로
흑진이 거덜난다.

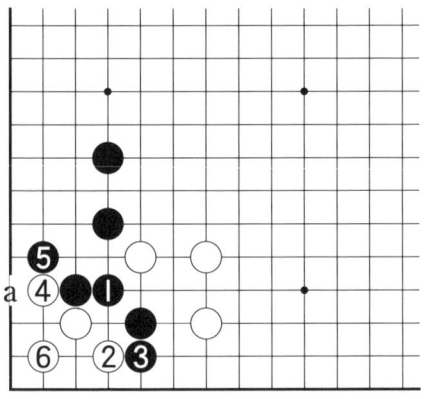

17도

17도(물러섬)

붙임을 당하면 흑1로 물러서면 되
겠지 해도 백은 2 이하 6으로 알
맞게 수를 낼 수 있다.

흑a면 패는 나지만 당장은 흑도
지면 손해가 막심하므로 쉽게 결
행하기 어려울 것이다.

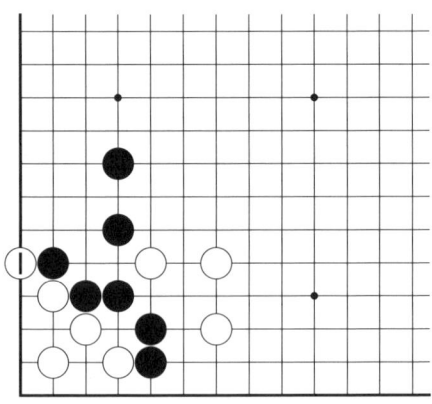

18도

18도(먼저 젖힘)

패를 주저하는 사이 백1로 먼저
젖히면 그 자체로 귀가 살면서 흑
진이 더욱 파괴되니 설상가상이다.

이 정도면 응수타진 한방이 미
사일급이다.

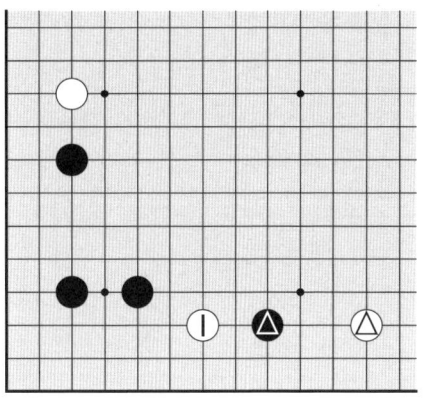

1도

1도(침입의 급소)

소목 한칸굳힘에서 양날개를 펼친 형태다.

흑▲로 세칸벌림의 경우 흑진을 공략하자면 백1의 침입이 행마의 급소다. 백△로 원군이 있는 터에 두려울 것이 없다.

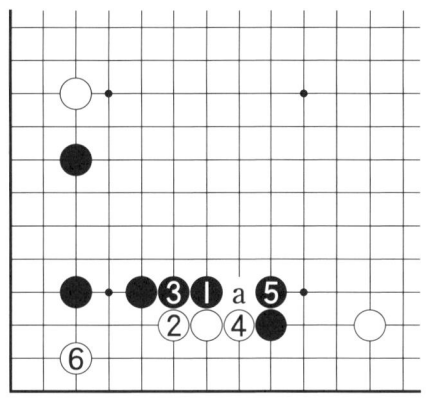

2도

2도(백, 대성공)

백의 침입에 흑1로 붙여 봉쇄하는 것은 백2 이하 6으로 알기 쉽게 귀를 파헤치며 산다.

귀가 완전히 뚫리고 a로 나가는 맛도 있어 백의 대성공이다.

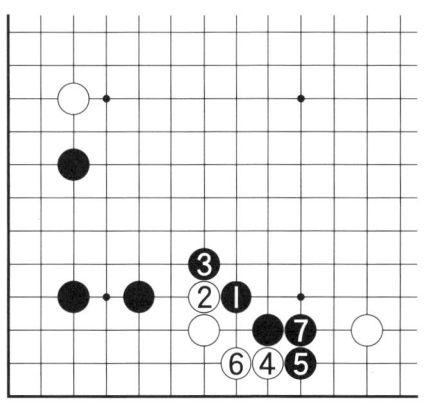

3도

3도(백, 성급)

흑이 봉쇄한다면 1의 마늘모씌움이 일반적이다.

이때 백이 2 이하 6으로 즉시 움직여 살려는 것은 부분적 수순은 알고 있지만 성급한 행동이다.

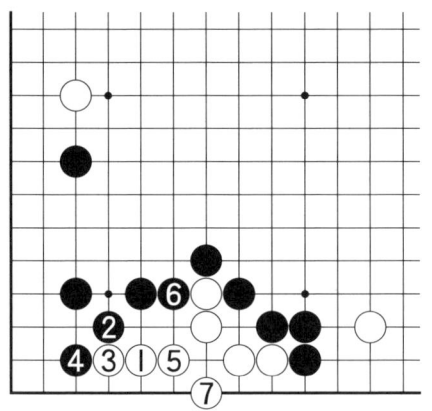

4도

4도(옹색한 삶)

이제 와서 백은 1로 달린 후 7까지 옹색하게라도 살아야 한다.

그 과정에서 흑의 두터움이 상당해서 이 정도면 백이 침입해서 얻은 게 없다.

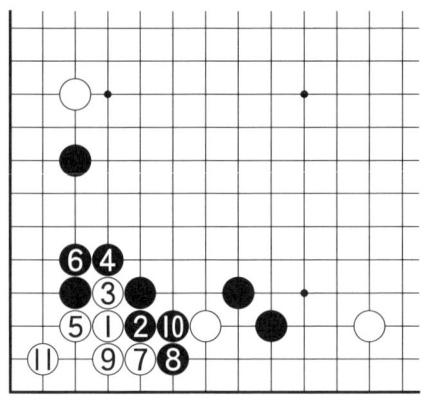

5도

5도(흑, 불만)

흑이 씌울 때 백1로 들여다보는 것이 좋은 수순이다. 흑2로 차단하면 백3으로 찔러 끊는 맛을 남긴 후 11까지 귀에서 살아둔다.

이 결과는 흑이 귀를 빼앗긴 손실과 더불어 두터움도 큰 영향력이 없어 불만이다.

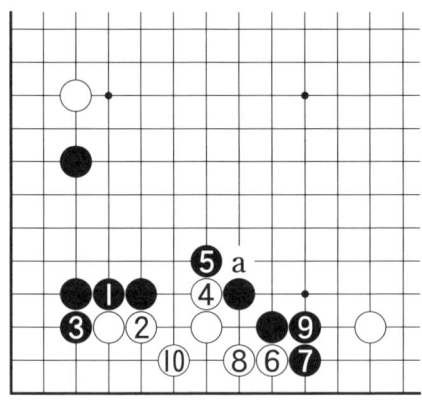

6도

6도(안정감 있는 수순)

이 경우는 흑1로 잇는 것이 보통이다. 그러면 백은 귀쪽 2를 선수하고 변쪽 4 이하 8의 수순을 거친 후 10까지 사는 것이 안정감 있는 수순이다.

흑이 두터워졌지만 a의 단점을 노릴 수 있어 4도와는 천양지차다.

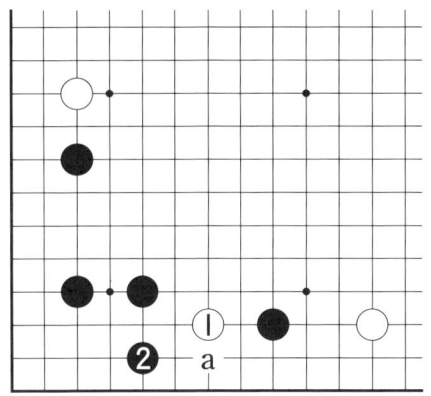

7도

7도(귀의 지킴)

백1의 침입에 대해, 흑이 귀의 실리를 지키고 싶다면 2의 뜀도 유력하다.

백이 중앙으로 움직이는 흐름이 되겠지만 여차 하면 흑은 a로 붙여 넘어가는 수단이 있어 싸울 수 있다.

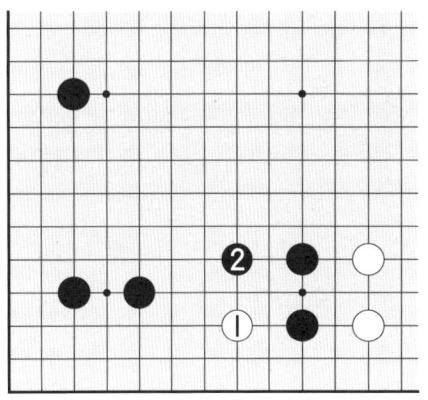

8도

8도(침입과 모자씌움에서의 처리법)

소목 한칸굳힘에서 양날개 벌림의 다른 형태다. 이런 경우라면 백1이 침입의 급소다. 이에 대해 흑2의 모자씌움이 상식적인 대응이다.

침입은 타개를 동반해야 하는데, 백은 어떤 식으로 처리하는 것이 좋은지 생각해보자.

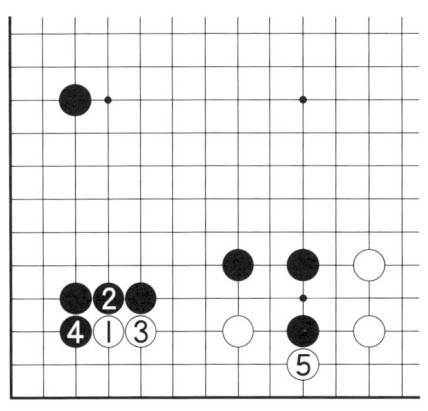

9도

9도(유력한 수순)

다양한 변화가 나올 수 있지만, 백1을 들여다보고 3을 선수한 후 5의 붙임이 주변 상황을 활용한 유력한 수순이다.

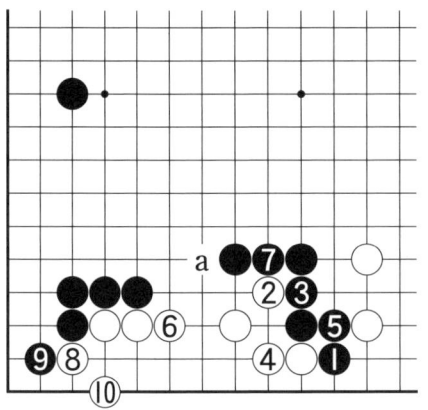

10도

10도(들여다보고 늘기)

계속해서 흑1로 젖힐 때 백2, 4로 들여다보고 느는 수순을 눈여겨보기 바란다. 흑5의 이음을 기다려 백6으로 두텁게 연결하면 흑7로 단점을 이어야 할 것이다. 백8, 10으로 살고난 후 a의 맛이 남는다.

그러고 보니 백의 사는 과정이 군더더기가 없다.

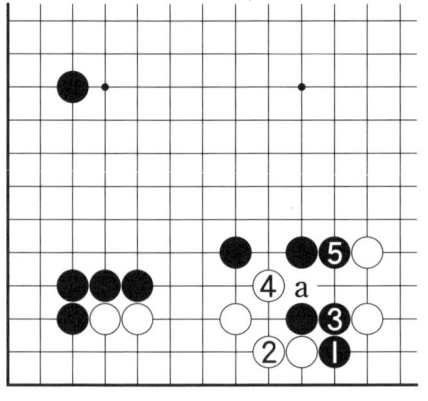

11도

11도(늘고 나서 들여다보면)

흑1로 젖힐 때 백2로 늘고 나서 4로 들여다보면 흑은 a가 아니라 5로 치받을 것이다. 그러면 흑의 모양이 좋아져 백이 재미없다.

앞 그림과는 큰 차이로 이번 주제의 포인트이기도 하다.

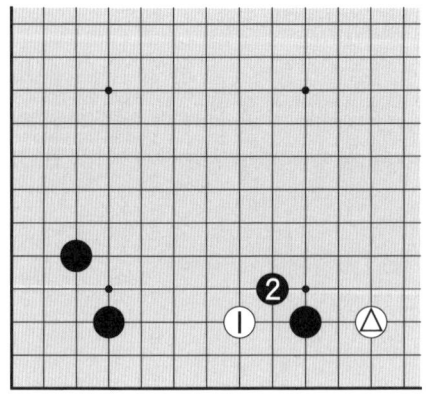

12도

12도(백의 타개법은?)

다음은 소목 날일자굳힘에서 벌린 형태다.

여기서도 백1이 침입의 급소다. 백△로 다가와 있으므로 흑2로 씌우게 되는데, 이제는 백이 타개를 생각할 차례다.

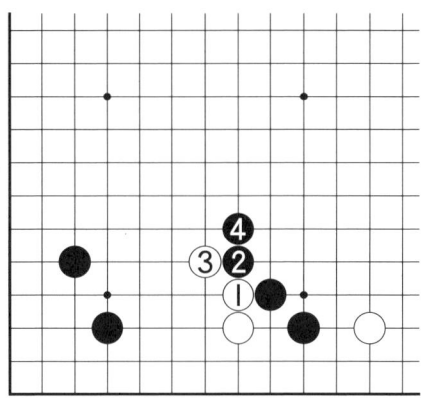

13도

13도(백, 무거움)

그런데 백1로 밀어올리는 것은 흑 2, 4로 젖혀 늘기만 해도 백은 무 겁고 흑은 두터워져 극과 극이다. 출발이 잘못돼도 한참 잘못되었다.

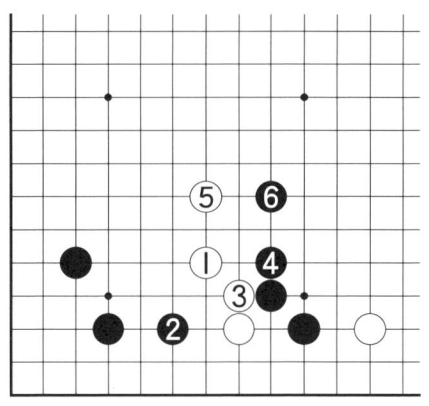

14도

14도(가벼운 행마이지만)

백1의 날일자는 그나마 가벼운 행 마이지만 흑이 2 이하 6으로 리듬 을 타고 추격하면 백의 고난의 행 군이다.

뭔가 수순 하나가 빠진 감이 들 었다면 이제 답을 찾아야 한다.

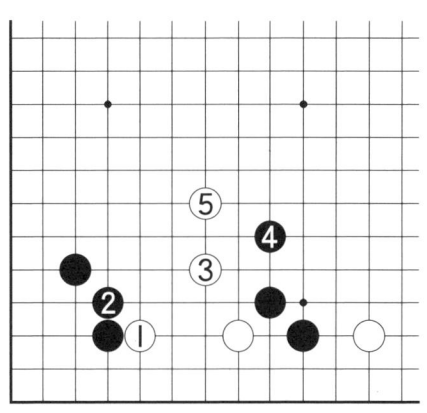

15도

15도(붙이고 날일자 행마)

백1의 붙임이 타개의 첫 단추다. 보통 다른 빌미를 안 주려면 흑2 로 대응하지만 이때 백3의 날일자 가 가벼운 행마로 빛을 본다.

차후 백은 하변에 집모양을 만 들 수 있다. 1의 활용 덕분이다.

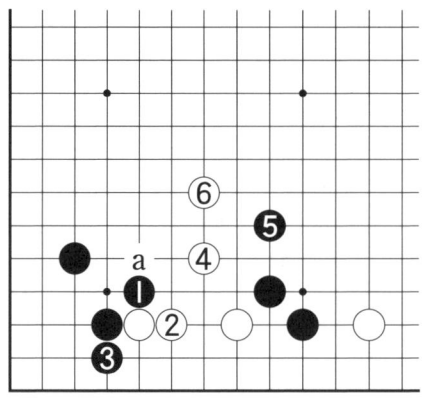

16도

16도(가벼운 진출)

흑1의 젖힘이면 강수이지만 백의 대응에 따라 다양한 변화가 생성된다.

백2로 늘면 알기 쉽다. 이하 6까지 백은 가볍게 진출할 수 있다. a의 활용도 기분 좋다.

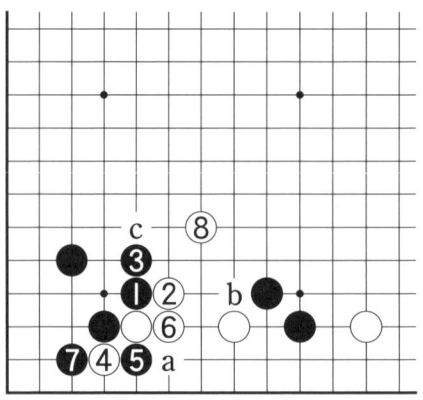

17도

17도(같이 젖힘)

흑1에 백2로 같이 젖히는 방법도 있다. 흑3으로 늘면 백4로 재차 젖히는 것이 요령이다. 이하 8까지 백은 한점을 주면서 리듬을 타고 진출한다.

흑a면 백b로 대응하고, 경우에 따라 c도 듣고 있어 백은 보기보다 안정된 모양이다.

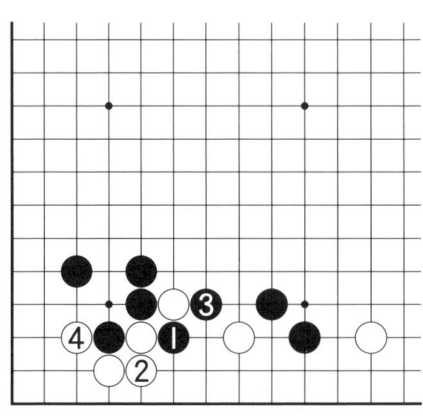

18도

18도(귀의 손실)

앞 그림 백4 때 흑1, 3으로 중앙을 차지하려 하면 백4로 귀의 손실이 너무 크다. 주객이 전도된 느낌이다.

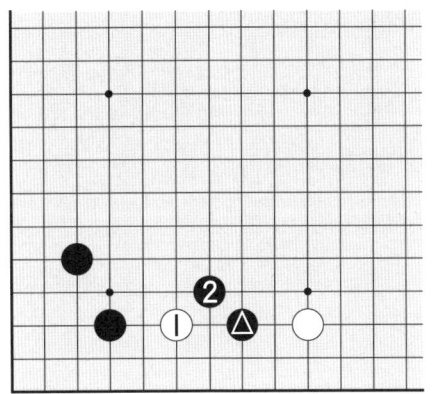

19도

19도(세칸벌림에서의 침입)

소목 날일자굳힘에서 이번에는 흑
🔺의 세칸벌림이다.

　좁은 벌림인데도 백은 1로 침입
했고 흑2로 씌운 장면이다. 여기서
도 백은 타개가 가능할까?

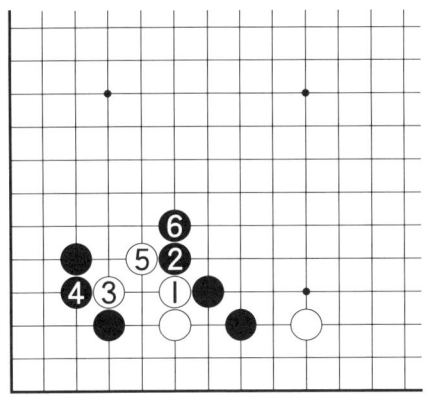

20도

20도(위험)

백1로 올라서는 것은 흑2의 젖힘
이 통렬하다.

　이제와선 백3, 5로 탈출을 모색
하게 되지만 흑6으로 늘기만 해도
백이 답답하고 위험하다.

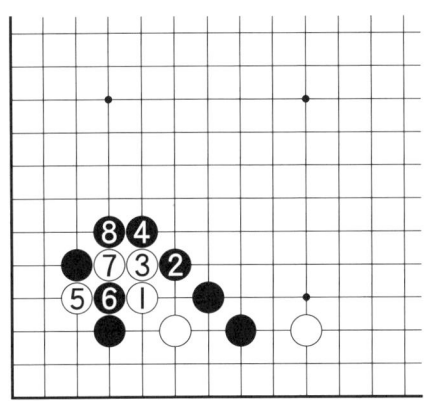

21도

21도(교묘한 마늘모)

여기서는 백1의 마늘모 행마가 교
묘한 탈출로이다. 흑2로 계속 마늘
모로 씌워올 때가 문제다.

　이때 백3, 5로 맥인 듯 아닌 듯
건너붙임을 구사하는 것은 8까지
자충 관계상 백이 재미없다.

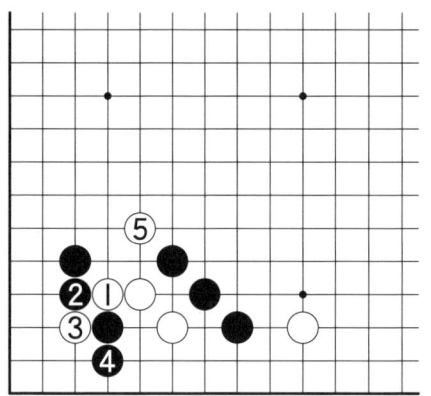

22도

22도(교묘한 끊음)

사실 알고 나면 쉽다. 백1, 3으로 끊는 것이 교묘한 맥점이다. 흑4에는 백5로 탈출에 성공한다.

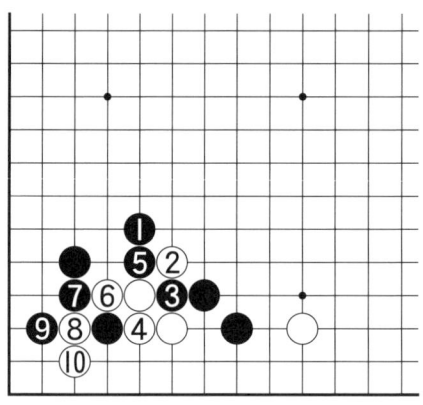

23도

23도(백, 만족)

백의 마늘모 행마에 흑1의 날일자로 씌워오는 것도 스케일 큰 공격이지만 백2로 나가면 된다.

이때 흑3, 5로 끊으면 이하 10까지 백은 흑진 안에서 살아 만족이다. 흑세도 엷지 않은가.

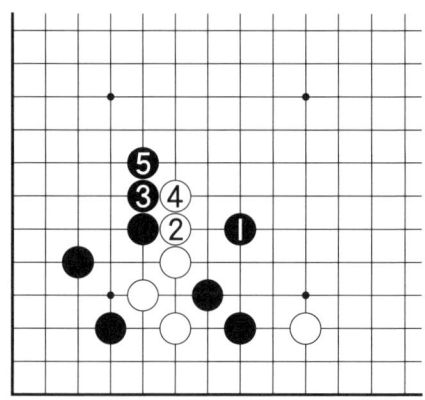

24도

24도(흑의 주문)

그러므로 재차 흑1의 날일자 공격이 언뜻 보기에 매섭다.

이때 백2, 4로 손따라 밀어가면 흑의 주문에 말린다. 흑은 모양이 커지고 백은 무겁기만 하다.

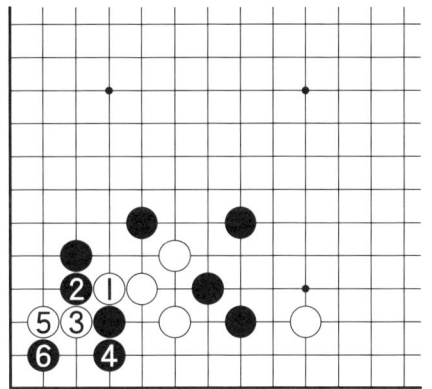

25도

25도(예리한 끊음)

흑이 재차 씌워오면 백은 여기서 걸음을 멈추고 판을 응시해본다. 흑의 허술한 곳이 없나 점검해본다.

백1, 3의 끊음이 예리한 맥이다. 흑4에는 백5로 키워놓는다.

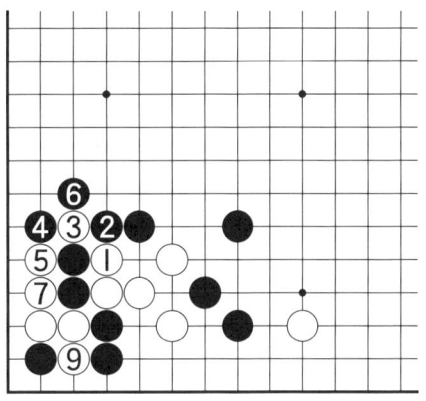

26도   ❽‥③

26도(망하는 코스)

그리고 나서 백1, 3으로 또 끊는다. 흑4의 단수에는 백5, 7로 죄어붙인 후 9면 귀의 흑 석점이 다 잡히지 않는가.

수순 중 흑2로 막은 것이 흑이 망하는 코스였다.

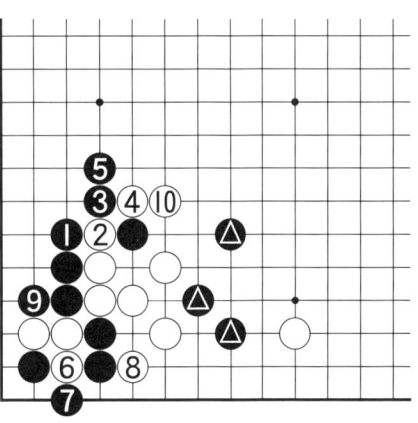

27도

27도(늦춘 후 막음)

그 수로는 흑1로 늦춘 후 3으로 막는 것이 낫다. 그러면 백은 4의 끊음을 선수하고 6, 8로 흑의 하변 건넘을 차단한 후 10으로 모양을 정비한다.

어쨌든 이 정도면 흑▲에 대한 공격도 노릴 수 있어 백의 타개가 성공한 모습이다.

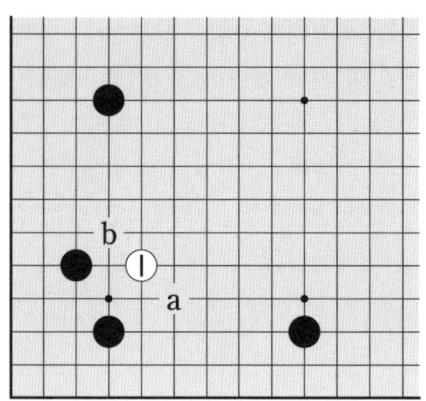

1도

1도(삭감의 급소)

소목 굳힘에서 양날개를 펼친 모습이다. 흑의 모양이 더 커지기 전에 백이 먼저 삭감하고 싶은 타이밍이다.

백1의 모자가 삭감의 급소다. 그러면 흑은 a나 b로 응수하는 것이 보통이다.

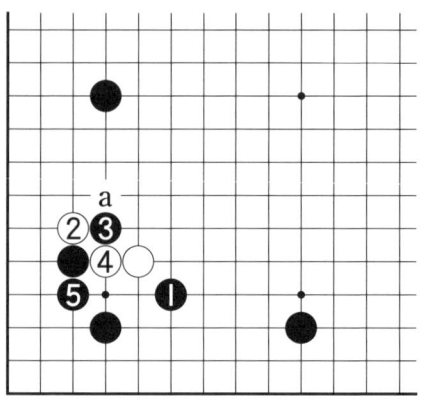

2도

2도(하변 중시)

흑1의 날일자는 하변을 중시한 응수다. 그러면 백2로 붙이는 것이 알맞다.

이때 흑3의 젖힘은 a의 축이 유리해야 강수로 유력해진다.

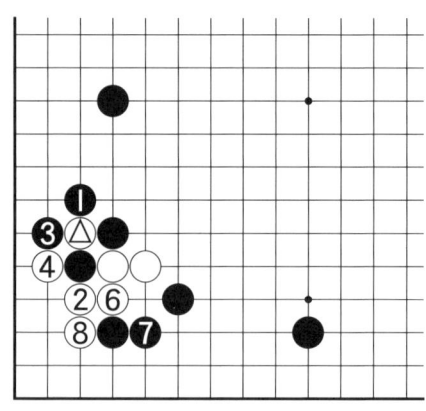

3도   ❺…Ⓐ

3도(귀의 흑집 파괴)

축이 불리하면 흑1로 몰게 되는데 백은 2, 4로 단수한 후 8까지 귀의 흑집을 파괴할 수 있다.

아무래도 흑이 길을 잘못 들어선 것 같다.

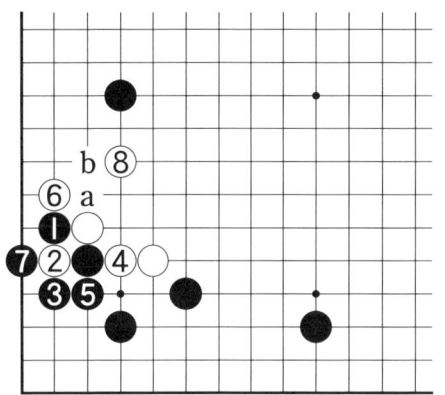

4도

4도(2선 젖힘)

그러므로 일단 흑1의 2선 젖힘이 무난할 것이다. 그러면 백2의 맞끊음이 타개의 행마법이다.

흑3으로 잡고 백4에 흑5로 이으면 백6, 8로 자세를 갖출 수 있다. 다음 흑a면 백b가 요령이다.

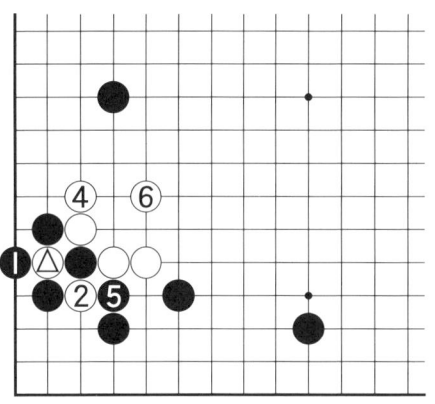

5도

❸…△

5도(흑이 따내면)

앞 그림 백4에 흑1로 따내면 백2로 단수한 후 4로 늘어둔다.

다음 흑5로 보강할 때 백6으로 모양을 갖추는 것이 행마의 요령이다. 백6은 상대가 그곳을 강타하면 급소 자리가 된다.

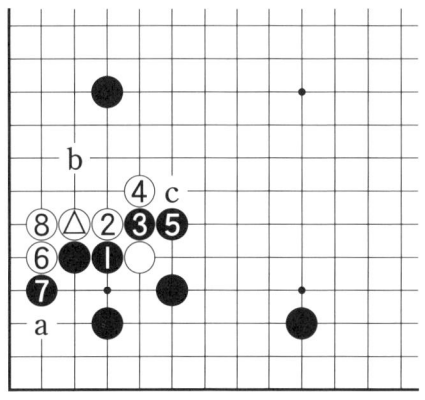

6도

6도(흑이 끊으면)

백△로 붙일 때는 흑1, 3의 끊음을 두려워해서는 안 된다. 백4의 선수 후 6, 8로 젖히기만 해도 흑 모양이 비효율적이다.

a의 맛과 b의 안정, c의 진출이 있는 백의 행군이 자유롭다.

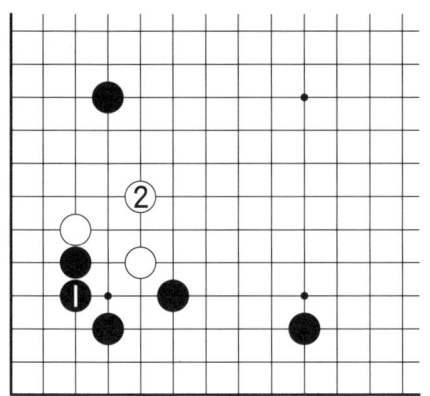

7도

7도(고급 행마)

흑1의 차렷 자세는 귀에서의 백의 활용을 사전에 차단하려는 고급 행마다.

그렇더라도 백은 2로 모양을 갖추면 탄력적인 자세가 나온다. 그러면 크게 공격받을 모양이 아니다.

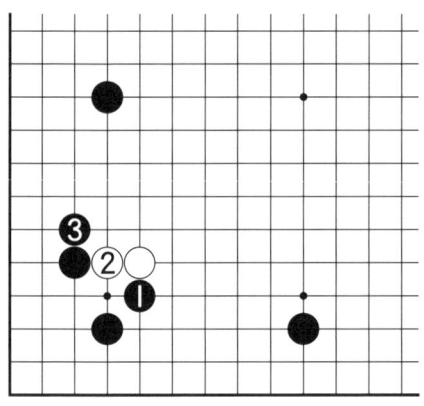

8도

8도(마늘모붙임)

백의 삭감에 흑1의 마늘모붙임. 백2면 흑3으로 상대를 강하게 압박하면서 귀와 변을 지켜나가려는 의도다.

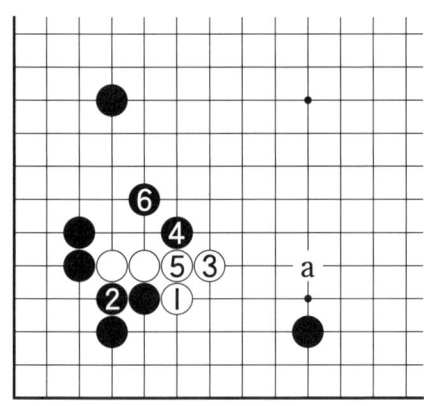

9도

9도(무겁게 해서 공격)

그러면 백은 1, 3으로 정비할 수 있지만 흑4, 6으로 상대를 무겁게 해서 공격하려는 속셈이 있다.

이 경우라면 백도 a로 진출하는 리듬이 좋다. 반대로 흑이 a의 곳에 지원군이 있다면 흑의 작전이 유력할 것이다.

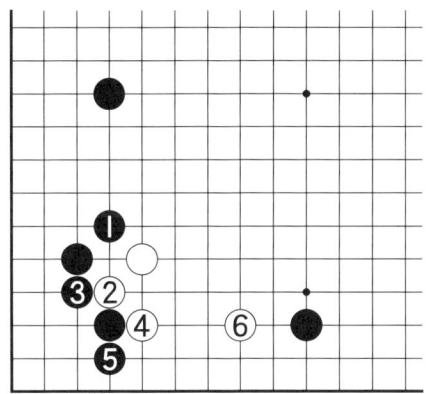

10도

10도(좌변 중시)

백의 삭감에 흑1의 마늘모는 좌변을 중시한 응수다.

그러면 백2로 찝은 후 6까지 자세를 갖출 수 있다. 실전에 많이 두는 진행이다.

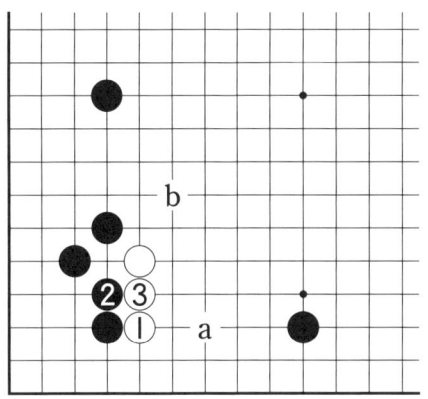

11도

11도(백, 무거움)

흑의 마늘모에 백1로 바로 붙이는 것은 흑2를 선수 당해 백이 무거워진다.

백3에 이을 때 흑은 a나 b로 선공할 수 있다.

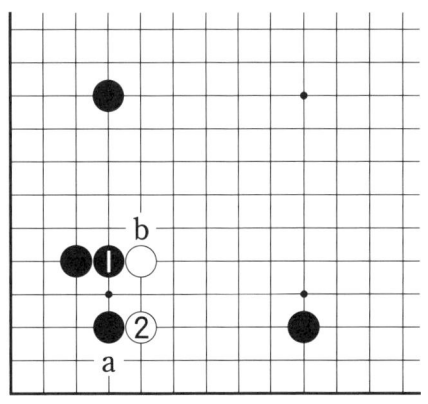

12도

12도(치받음)

백의 삭감에 흑1은 좌변 활용을 방어하면서 압박하려는 뜻이지만 이번에는 하변 백2로 붙이는 활용이 있다.

다음 a의 젖힘과 b의 뻗음을 맞봐 타개가 가능하다.

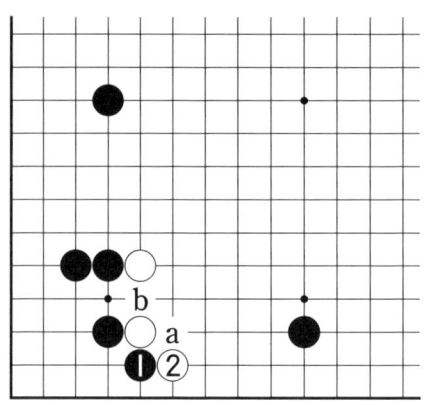

13도

13도(되젖힘)

만일 흑1로 젖혀 여유를 주지 않으려 하면 백2의 되젖힘으로 응수하는 것이 행마법이다.

그러면 흑이 a와 b, 어느 쪽으로 단수해도 좋은 결과를 기대할 수 없다.

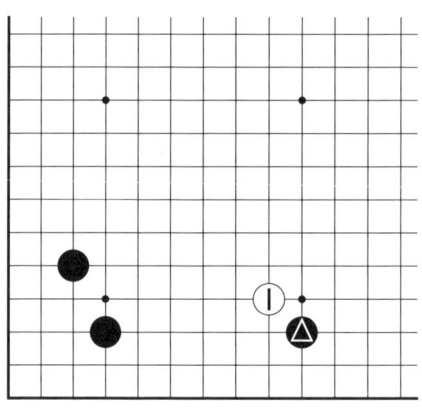

14도

14도(변의 어깨짚음)

참고로 소목 굳힘에서 하변 ▲의 벌림으로만 되어있는 형태라면 백1이 삭감의 급소다.

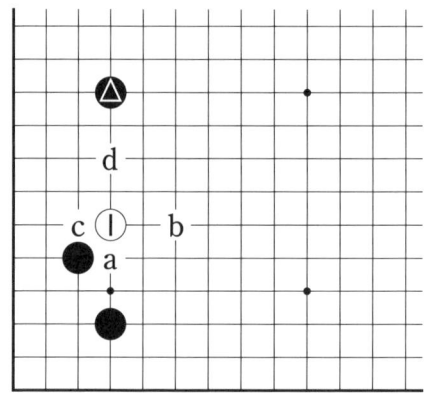

15도

15도(귀의 어깨짚음)

이번에는 흑▲로 좌변에만 벌림이 있다. 이런 경우라면 백1이 삭감의 급소다.

다음 흑a면 백b, 흑c면 백d로 움직이는 것이 요령이다.

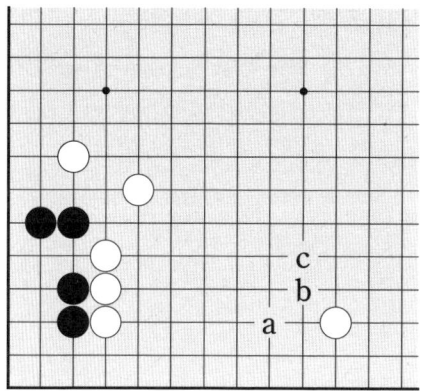

16도

16도(침입이냐 삭감이냐?)

하변의 백 모양이 더 커지기 전에 흑이 이를 견제하고 싶다. 그러려면 먼저 침입이냐 삭감이냐를 선택해야 하고, 다음 어느 지점이 적당한지를 결정해야 한다.

　침입이라면 a, 삭감이라면 b나 c일 텐데 여러분의 감각은?

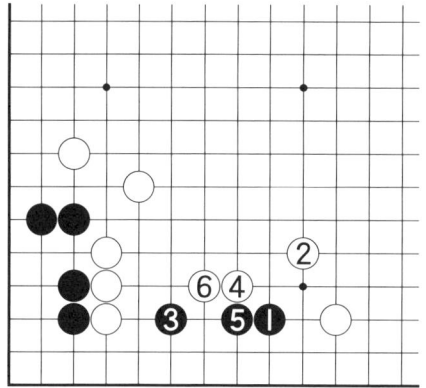

17도

17도(침입은 위험)

먼저 흑1의 침입이면 백2 이하의 공격으로 위험하다.

　산다고 해도 사는 과정에서 만일 좌하귀가 다치게 되면 그것 또한 흑이 좋지 않다.

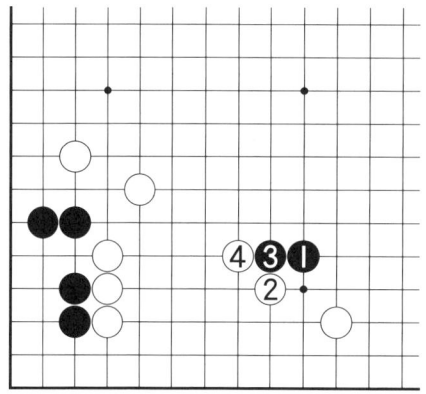

18도

18도(날일자 삭감)

그렇다면 삭감이 답인데, 흑1의 날일자 삭감으로 여유를 부리면 백2, 4로 하변 집이 제법 나온다. 더 좋은 삭감 수단은 뭘까?

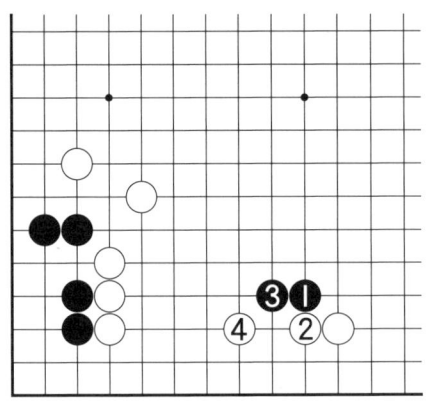

19도

19도(타이트한 어깨짚음)

흑1의 어깨짚음이 적당히 타이트한 삭감 수단이다. 이때 백2, 4로 집을 지키는 것은 별로다.

　앞 그림과 비교해 집도 얼마 안 되고 선수도 빼앗긴다.

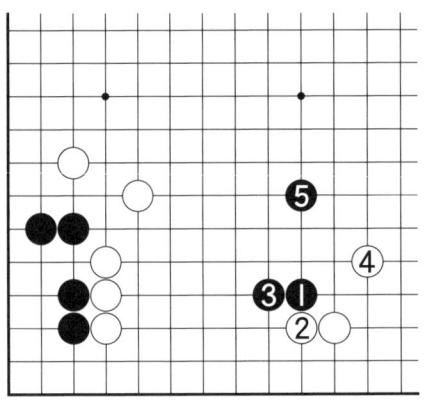

20도

20도(변으로 밀고 날일자)

흑1에는 백2로 하나 민 후 4의 날일자가 행마법이다.

　그러면 흑5로 가볍게 뛰어 삭감에 성공한 모습이다.

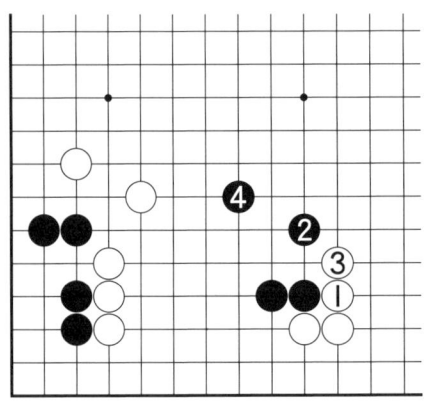

21도

21도(꼬부림)

앞 그림 흑3에 백1로 꼬부리는 수단도 있다.

　그러면 이하 4까지 일단락이다. 백이 두터운 반면 흑도 활발하다.

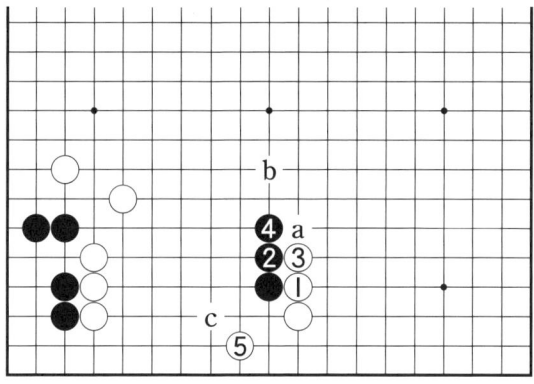

22도

22도(중앙으로 민 후 날일자)
흑의 삭감에 백1, 3으로 중
앙에서 민 후 5의 달림도
행마법이다.

그러면 흑은 a의 꼬부림
이나 b의 뜀을 선택하게 된
다. 차후 c의 노림도 있어
역시 흑이 삭감에 성공한
모습이다.

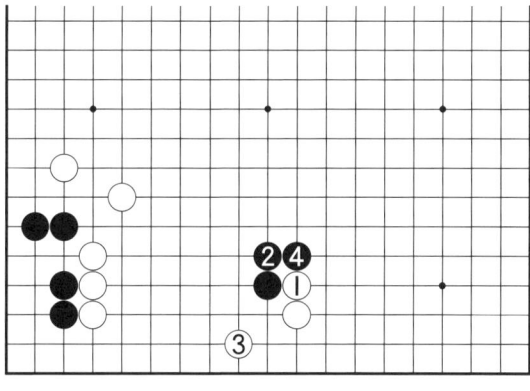

23도

23도(위력적인 꼬부림)
그런데 백이 1, 3으로 하
나만 밀고 달리는 것은 흑
4의 꼬부림이 대세점이다.

말 그대로 백이 대세에
밀릴 공산이 크다.

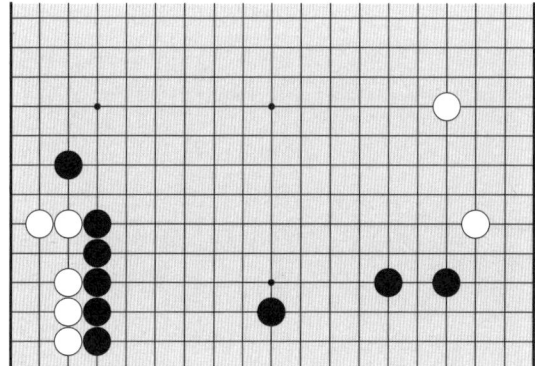

24도

24도(백의 선택은?)
하변의 흑 모양이 입체화
되기 전에 백은 침입이든
삭감이든 선택해야 할 것
이다.

우변 상황도 고려해서
결정하고 싶다. 어디가 적
당할까?

185

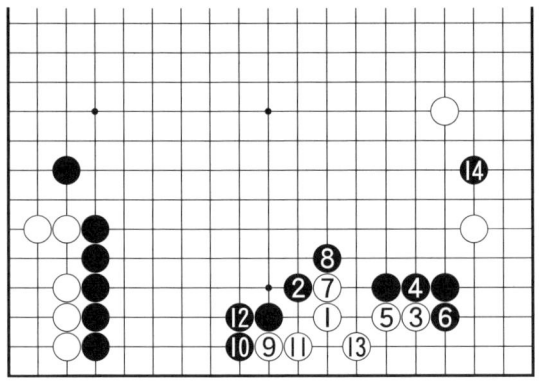

25도

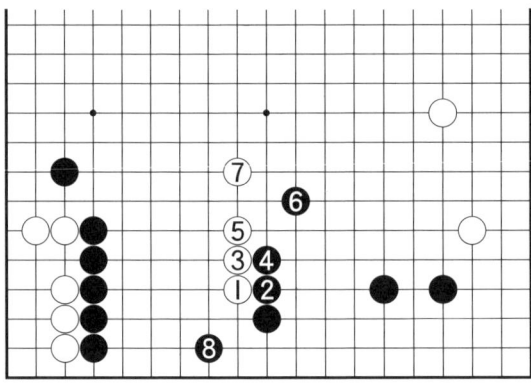

26도

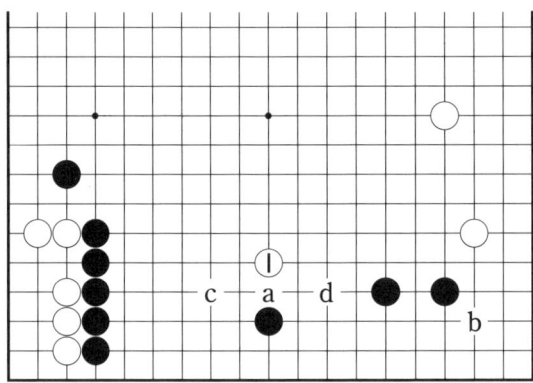

27도

25도(침입)

적극적인 사고라면 백1의 침입을 선택하고 싶을 것이다. 그러면 흑2로 씌운 후 13까지 백이 사는 동안에 흑의 외곽이 꽤 두터워진다. 이를 배경으로 흑14에 침입하면 백이 대세에 밀리는 모습이다.

26도(깊숙한 삭감)

그렇다면 삭감인데, 백1로 깊숙이 어깨짚으면 어떨까? 그러면 흑2 이하 6으로 몬 후 8의 달림이 리듬이다. 그리고 보니 우하변 흑의 두터움이 빛나고 백은 엷다. 백이 상대의 강한 곳에 너무 접근한 결과다.

27도(모자 삭감)

이런 상황에서는 백1의 모자 삭감이 가장 무난하다. 이때 흑a의 치받음은 하변 집을 지키겠다는 뜻이지만 그 과정에 중앙 백이 두터워지고 b의 침입도 있어 득보다 실이 많다. "모자는 날일자로 벗어라" 격언대로 흑c나 d가 상식이다.

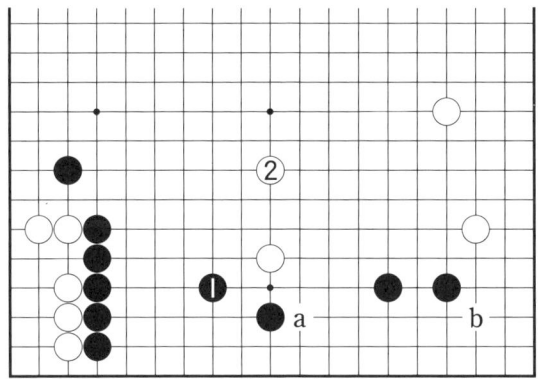

28도

28도(좌로 날일자)
백의 삭감에는 흑1의 날일자응수가 보통이다. 다음 백이 가볍게 두자면 2로 뛴 후 a의 붙임이나 b의 침입을 노릴 수 있다.

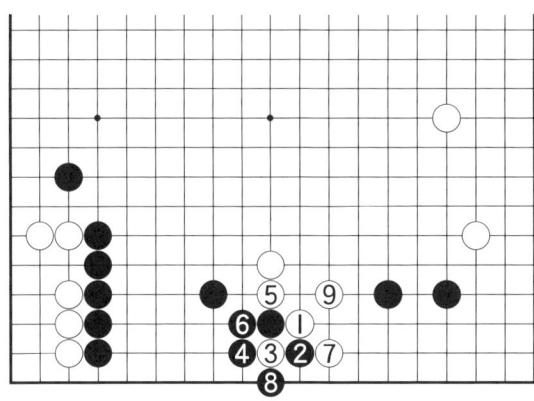

29도

29도(변의 침식)
백이 하변을 바로 부수자면 1로 붙인다.

흑2의 젖힘이 보통이지만 백3으로 맞끊은 후 9까지 하변을 침식하는 데 성공한 모습이다.

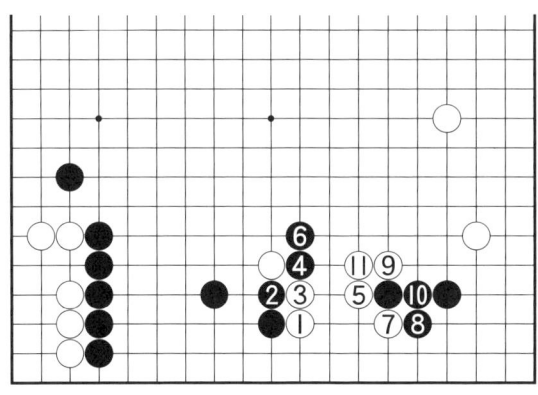

30도

30도(나와끊으면)
백1에 흑2, 4로 나와끊는 것이 강수이지만 백5의 붙임이 이전에도 배웠던 맥점이다. 흑6으로 지키면 백7 이하 11까지 정비할 수 있다.

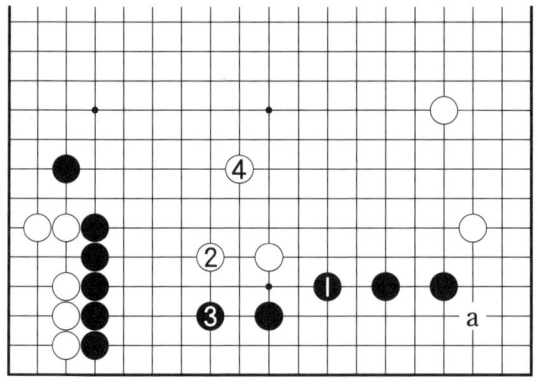

31도

31도(우로 날일자)

백의 삭감에 흑1의 날일자로 우하변을 지키면 백2, 4가 유연한 행마다.

그러면 백은 하변 흑집을 최소화시키며 중앙도 강화해 만족한다. a의 침입도 언제든 한 몫 할 것이다.

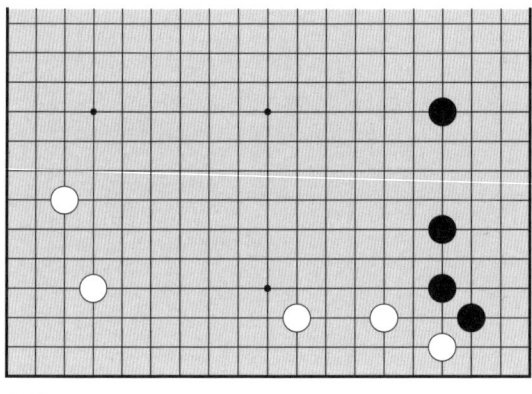

32도

32도(일석이조의 사고)

이런 장면에서는 흑이 하변 백 모양을 삭감하면서 자신의 우변 모양을 확장하려는 일석이조의 진화된 사고가 필요하다.

그 자리는 어디일까?

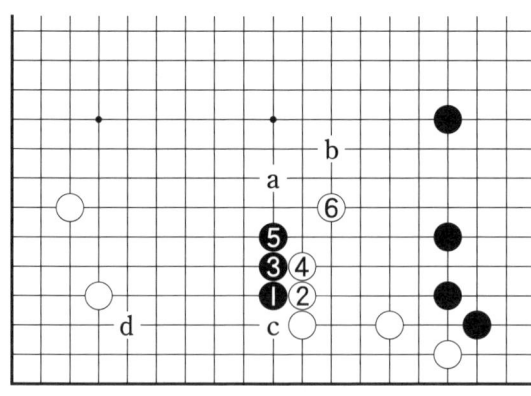

33도

33도(어깨짚음)

먼저 많이 사용되는 흑1의 어깨짚음은 어떤가?

그러면 백2 이하 6으로 우중앙에 형성될지도 모를 흑세가 자연히 지워진다. 다음 흑a면 백b, 흑c면 백d로 지켜도 좋은 흐름이다.

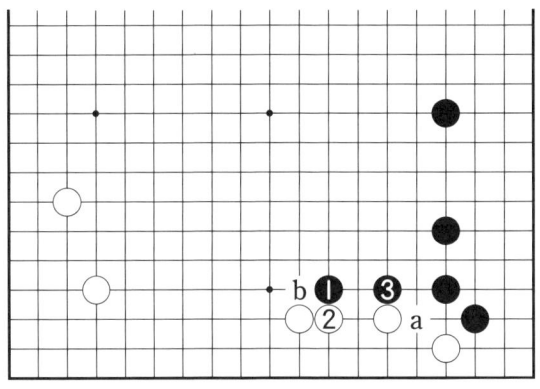

34도

34도(고정된 사고)

단순히 흑1, 3으로 짚어 가려는 것은 부분적 모양에 집착한 고정된 사고에 불과하다.

다음 백이 a로 늘든 b로 꼬부리든 흑이 일석이조의 목표를 이루기는 힘들다.

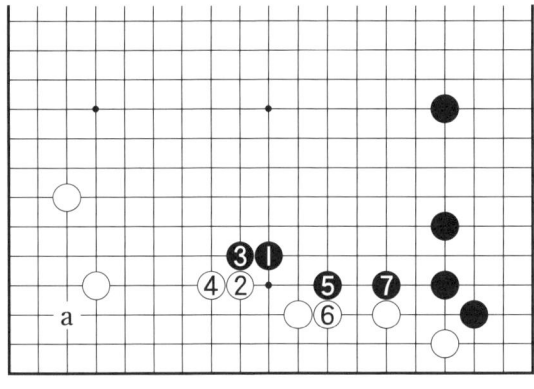

35도

35도(날일자 삭감)

흑1이 삭감의 명당자리다. 백2면 흑3을 선수한 후 5, 7로 자연스럽게 짚어간다.

그러면 흑의 시나리오대로 하변 삭감과 우변 확장이 동시에 이루어진다. a의 침입이 남아있는 것도 자랑이다.

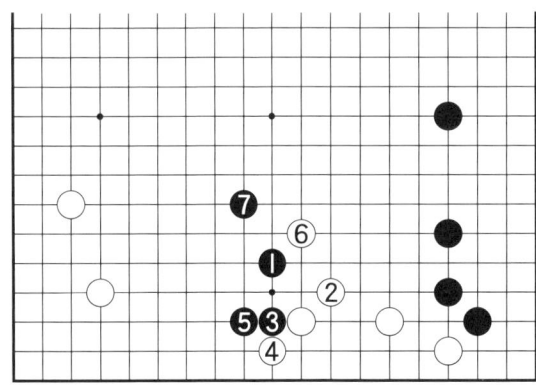

36도

36도(호각의 갈림)

흑1에는 백도 2의 마늘모로 힘을 비축하는 것이 적절한 대응이다.

그러면 이하 7까지 서로 상대의 의중을 거스르며 호각의 갈림이다. 바둑 한 수 한수를 분석하면 이런 스토리가 담겨있다.

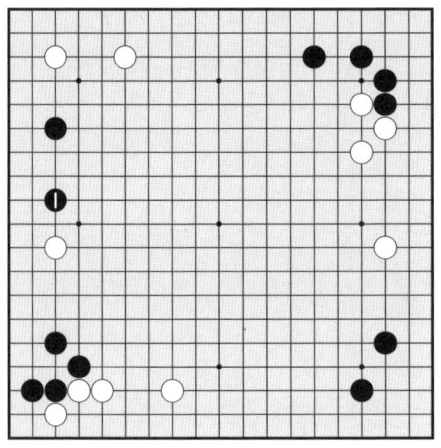

1도(실전 1)

프로의 실전이다. 흑이 1로 두칸을 벌리면서 백 한점을 압박해 온 장면이다.

여기서 백은 어떻게 대응하는 것이 효과적일까?

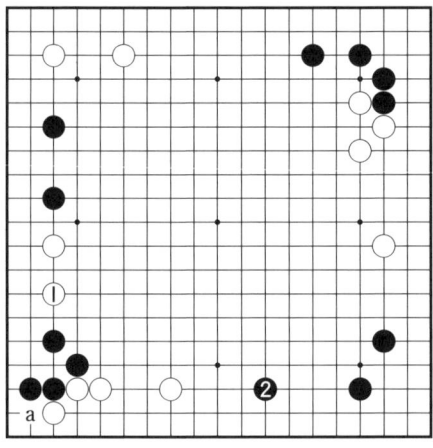

2도(조금 느슨)

좁지만 백1로 한칸을 벌리는 것은 좋은 곳이지만 조금 느슨하다.

흑은 a로 고분고분 응수하지 않고 손을 빼어 2의 큰곳을 차지할 가능성이 높다.

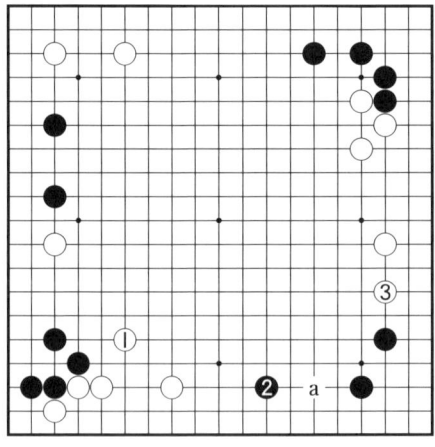

3도(포인트/ 날일자)

백1로 날일자해 간접적으로 백 한점에 성원을 보내는 것이 멋진 행마이자 좋은 착상이다. 흑2면 a의 침입을 보는 백3의 한칸벌림이 좁지만 큰 수.

백1의 날일자와 같은 수는 판 전체를 내다보는 행마의 급소라 생각해도 좋을 것이다.

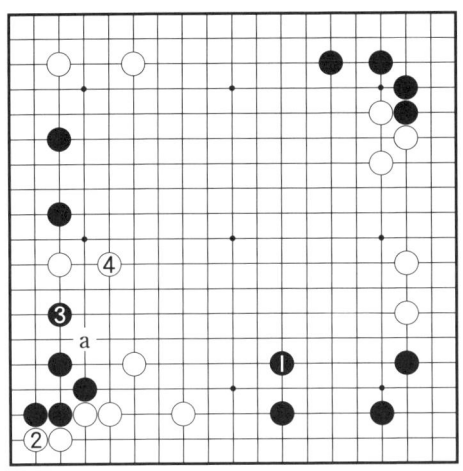

4도(호각의 진행)

계속해서 흑1로 뛰는 정도일 때 백2로 기어든 수도 실리와 근거의 요소이다.

흑3을 두지 않으면 백a의 봉쇄가 준엄하다. 4까지 호각의 진행으로 보인다.

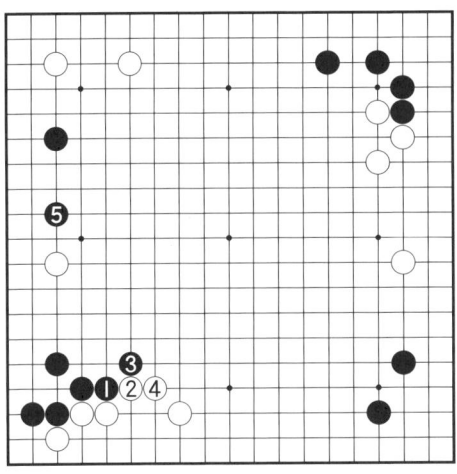

5도(먼저 밀어본다)

애초에 흑은 1로 이쪽을 먼저 밀어보는 것이 좋았을지도 모른다.

백2로 젖힐 때 흑3을 하나 선수해 두고 나서 흑5로 두칸을 벌리는 것이 자연스럽다.

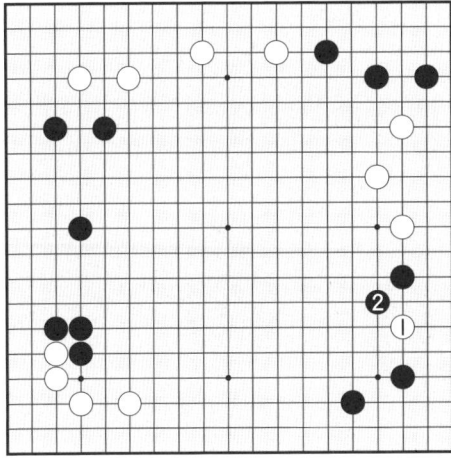

6도(실전 2)

역시 프로의 실전으로 우하가 초점이다.

백1의 침입에 흑2의 마늘모로 공세를 취한 것은 당연한 행동이다. 여기서 백은 상용의 행마법이 있는데….

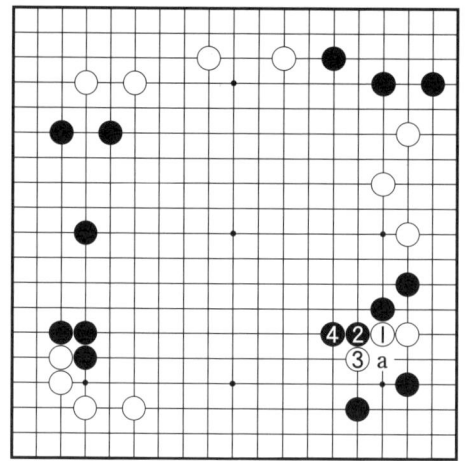

7도(생각 없는 행마)

백1로 그냥 밀고나오는 것은 생각이 없는 행마이다.

흑2의 젖힘이 통렬하다. 백3에는 굳이 a에 끊지 않고 흑4로 그냥 늘어도 백의 고전이 명백하다.

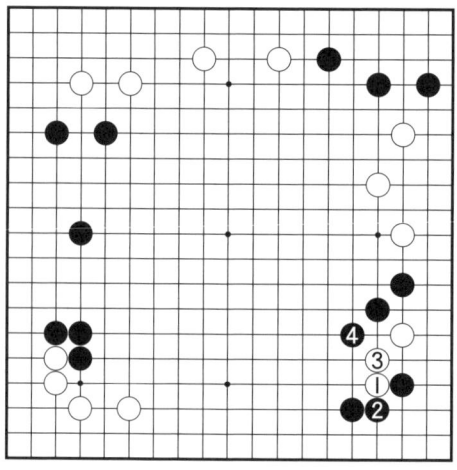

8도(포인트/ 상용수법)

백1로 붙이는 것이 이럴 때 쓰는 수법이다. 즉, 부분적 급소에 해당한다.

흑2에 백3으로 끌어서 흑에게 약점을 만들어 놓는다. 당연히 흑은 4로 봉쇄를 꾀할 것이다. 이다음….

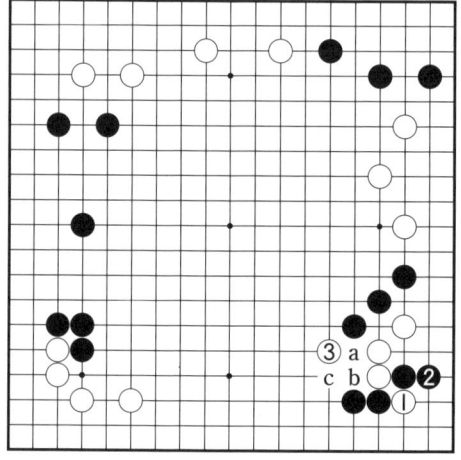

9도(백, 멋지게 탈출)

백은 예정대로 1에 끊는다. 흑2의 내려섬은 정수이며, 백은 3으로 뛰어 멋지게 탈출에 성공했다.

흑a, 백b, 흑c로 나와 끊을 수 없음을 확인할 것.

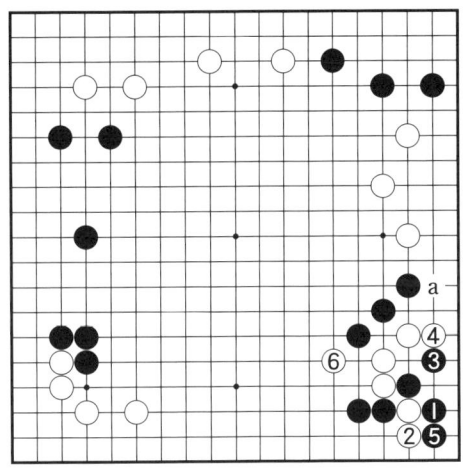

10도(흑의 나쁜 대응)

앞 그림 2로 이 그림처럼 흑1로 단수하고 3에서 5로 대응하는 것은 좋지 않다.

백은 6으로 탈출할 수 있을 뿐 아니라 여차하면 a에 붙여서 연락할 수도 있다.

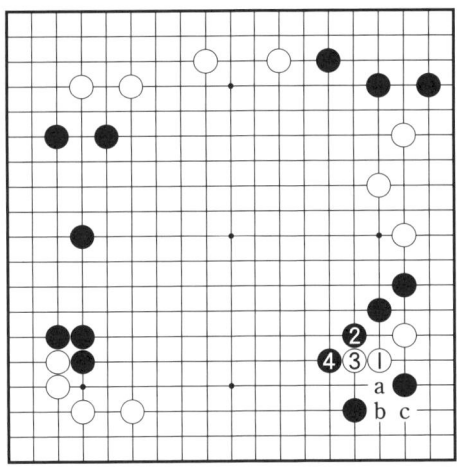

11도(백3은 위험하다)

처음으로 돌아가서, 백1의 마늘모로 나가는 수도 있다. 흑2에 백3으로 나가는 것은 흑4로 막혀서 위험하다.

그러므로 백3으로 a, 흑b, 백c로 끊으면 8도로 환원된다.

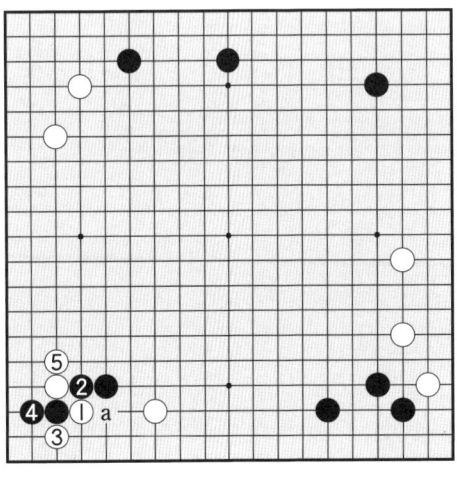

12도(실전 3)

역시 실전에서 나온 형태인데, 좌하의 공방을 보자.

소목정석의 변화로, 백3으로 단수하고 5에 는 것은 변칙수법이다. 백3은 a가 기본정석으로 가는 코스.

193

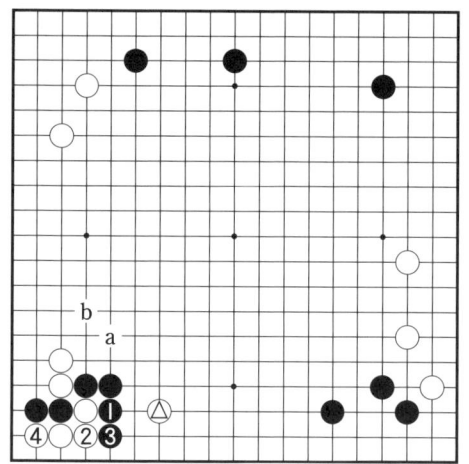

13도(백의 주문)

흑1로 그냥 단수하고 3을 선수하는 것은 낙제점이다.

백△ 한점에 별다른 영향을 못주고 흑만 미생마 신세가 된다. 다음 흑a, 백b라는 진행은 백이 기분 좋다.

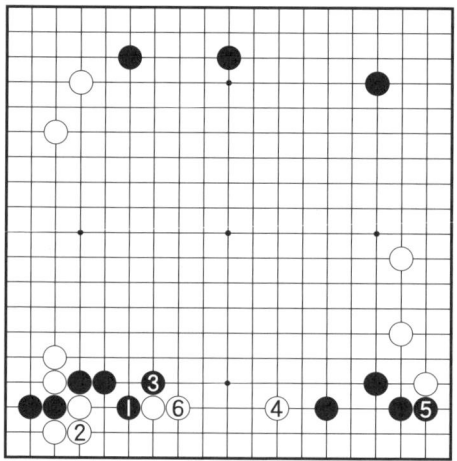

14도(궁리한 수이지만)

흑1의 마늘모붙임은 조금 궁리한 수이지만 백2로 잇게 해 묘미가 적다. 6까지의 진행을 생각한다면 2퍼센트 부족한 결과로 볼 수 있다.

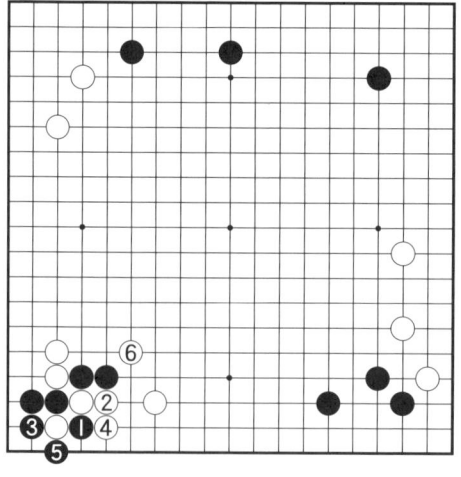

15도(귀살이는 소탐대실)

일단 흑1로 끊어야 할 자리이다. 단, 백2에 흑3으로 귀를 살리는 것은 소탐대실이다.

백에게는 4를 하나 선수하고 6에 씌우는 원대한 계획이 준비되어 있다.

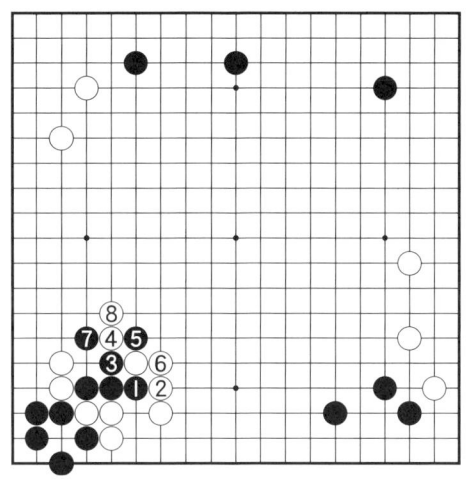

16도(두기는 싫지만)

계속해서 흑은 두점을 버릴 수
가 없으니, 두기는 싫지만 1 이
하로 움직여야 한다.

백2에 흑3도 어쩔 수 없으며
백4에 흑5, 7도 꼭 필요한 수들
이다. 이다음…

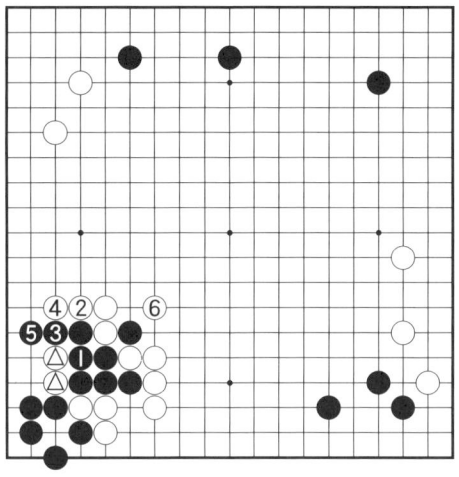

17도(백, 막강한 세력)

흑1에 백은 2와 4를 아낌없이 선
수하고 6의 장문에 손을 돌린다.

백은 △ 두점을 사석으로 막
강한 세력을 쌓는 데 성공한 만
큼, 흑이 망한 꼴임이 명백하다.

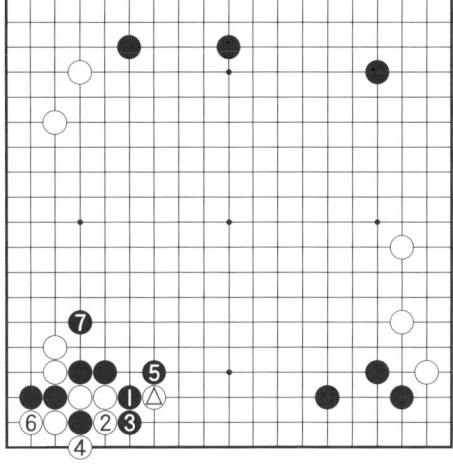

18도(포인트/ 흑의 대성공)

15도의 3으로는 이 그림처럼 흑
1, 3으로 몰아 버리고 5에 젖혀
서 △ 한점을 제압하는 것이 멋
지다. 7의 씌움에 이르기까지,
이 결과는 흑의 대성공이다.

이렇게 바둑의 행마는 부분과
전체를 조화롭게 따져서 급소를
찾아가야 한다.

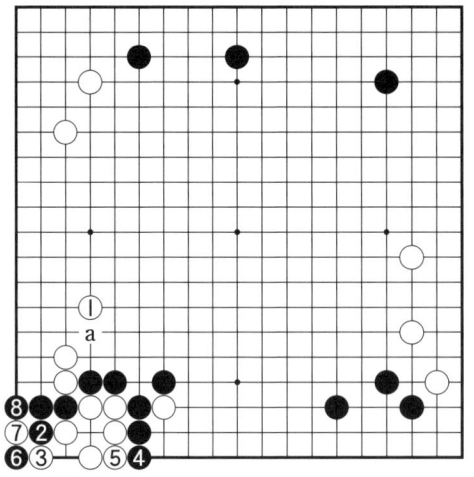

19도(이단패)

앞 그림 6을 두지 않고 이 그림 백1(또는 a)에 손을 돌렸다가는 큰일이 난다.

흑2 이하 귀가 무사하지 못한다. 8까지 이단패이지만 백의 부담이 크다.

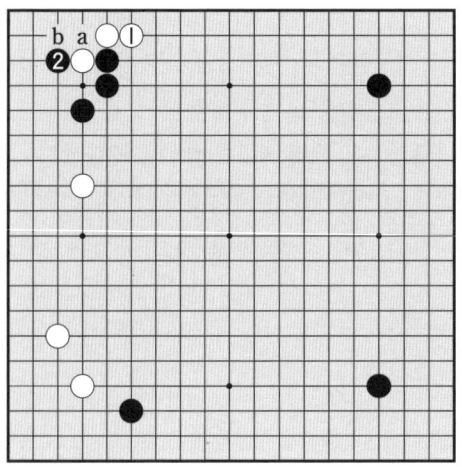

20도(실전 4)

좌상귀에 주목하자. 백의 소목, 흑의 한칸걸침, 백의 두칸협공의 변화이다.

백1은 임기응변의 수법인데, 흑2의 붙임에 백은 a와 b 가운데 어떤 수를 택해야 할까?

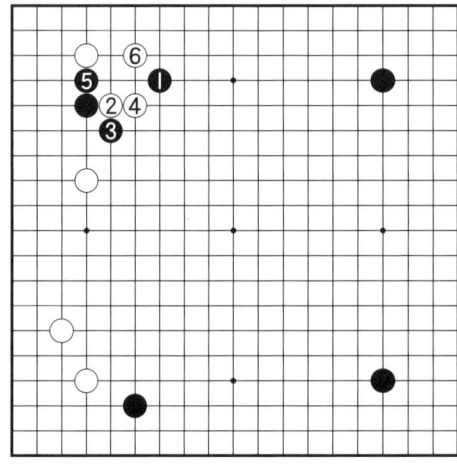

21도(눈목자가 보통)

애초 백이 두칸협공했을 때 흑은 1의 눈목자로 씌우는 것이 보통이다.

백2의 붙임에 흑3으로 젖히고 5에 치받는 것은 널리 알려진 기본정석으로 가는 수순이다.

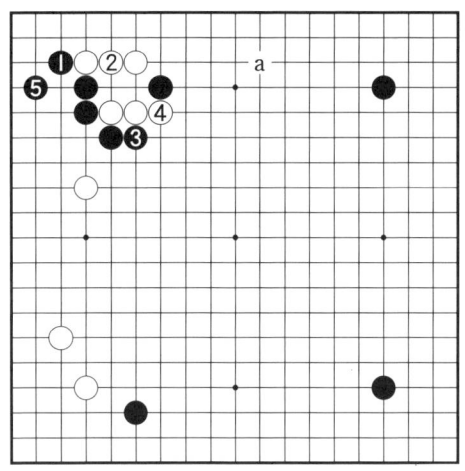

22도(기본정석)

앞 그림에 이어, 흑1로 젖히고 3에 밀어놓고 5에 호구치는 것이 눈여겨 봐두어야 할 수순이자 행마법이다.

여기서 백a 쯤에 전개해서 일단락이며 기본정석의 하나.

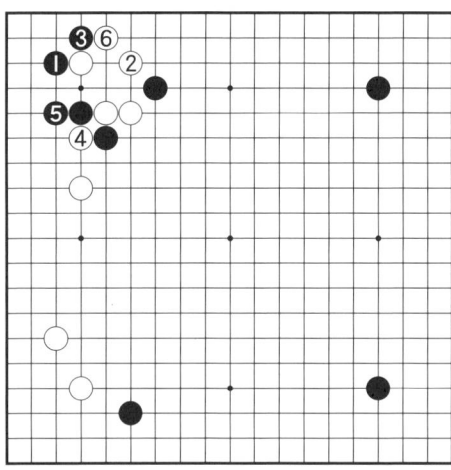

23도(치받음 대신 붙임)

21도 5로는 이 그림 흑1로 붙여가는 수도 있다.

그러면 백2로 한칸을 비키듯이 뛰어서 응수하는 것이 틀이다. 흑3에 백4로 끊고 흑5를 기다려 백6으로 손을 돌린다.

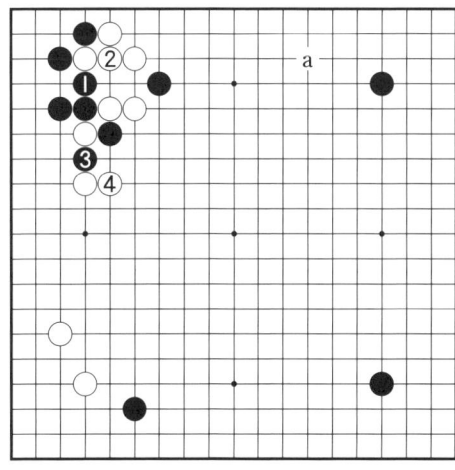

24도(정석/ 실리와 세력)

계속해서 흑1의 단수를 선수하고 3으로 백 한점을 품에 안아 실리와 세력의 갈림이 된다.

여기까지가 정석이며 다음 흑은 a 쯤에 두어서 세력을 견제하게 될 것이다.

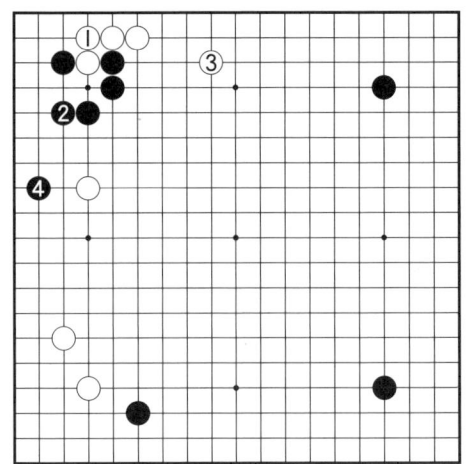

25도(백1의 이음은 잘못)

본론으로 들어가서, 백1로 잇는
것은 잘못된 행마이다.

그러면 흑2로 늘어서는 것이
좋은 행마. 백3이 불가피할 때
흑4로 달리는 것이 안성맞춤이
어서 흑의 만족이다.

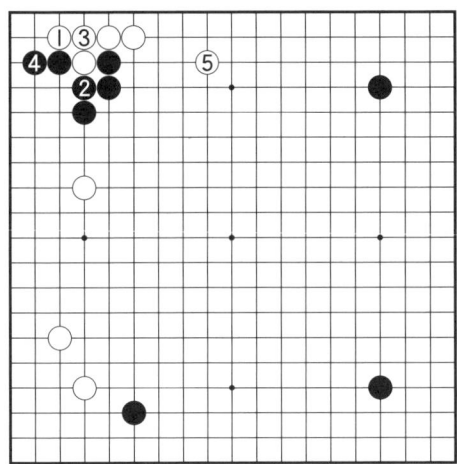

26도(포인트/ 젖힘이 올바르다)

백1로 응수하는 것이 올바른 행
마이다. 그러면 흑은 2의 단수
를 선수활용하고 4에 내려서게
된다.

백5는 당연한데, 이렇게 되면
앞 그림과는 상황이 전혀 달라
져 있다.

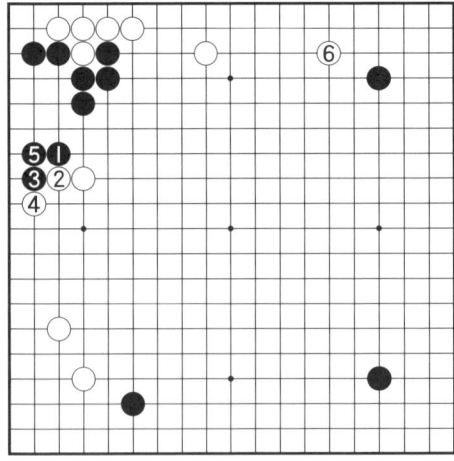

27도(5까지 안정하는 정도)

2선 쪽에 달릴 수가 없으므로 흑
은 1로 날일자한 다음 3, 5로 젖
혀이어서 안정을 꾀하는 정도일
것이다. 그러면 백6으로 발빠르
게 걸쳐가는 바둑을 예상할 수
있다.

멋지게 두는 것만이 능사가
아니다. 때로는 자연스럽게 풀
어가는 것이 급소를 능가한다.

4

실전형
행마의
고급 감각

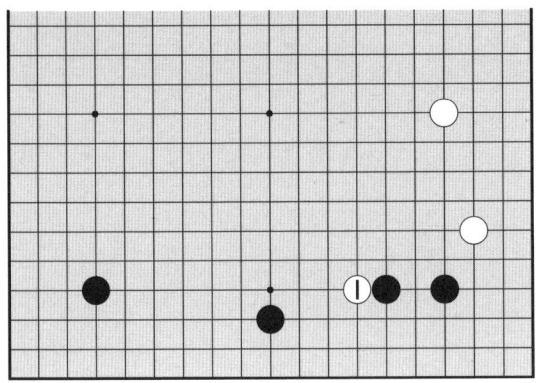

1도

1도(옆구리붙임 대응책)
화점 한칸응수의 옆구리에
백1로 붙여온 장면이다.

접바둑에서 자주 나오지
만 프로 실전에서도 국면
전환용으로 흔히 등장하는
고급 수법이다. 이에 대한
대응책을 살펴보자.

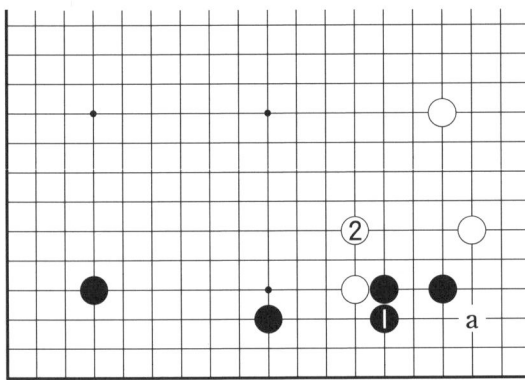

2도

2도(너무 소극적)
흑의 대응책으로 크게 적
극책과 온건책을 생각할
수 있다.

그런데 흑1의 아래 늘기
는 너무 소극적이다. 백이
2로 뛰기만 해도 활발하다.
a의 침입도 남아 흑이 당
한 모습이다.

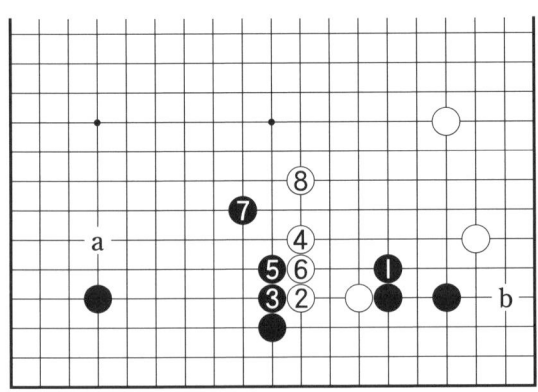

3도

3도(힘을 비축한 온건책)
흑1로 위에서 늘기가 온건
책이지만 힘을 비축한 방
법이다. 특히 좌하에 우군
이 있을 때 유효하다. 백이
8까지 중앙으로 진출할 수
있지만 그 동안에 흑이 벽
을 쌓은 후 a로 모양을 확
대할 수 있다. 흑은 흑b의
지킴도 가능할 것이다.

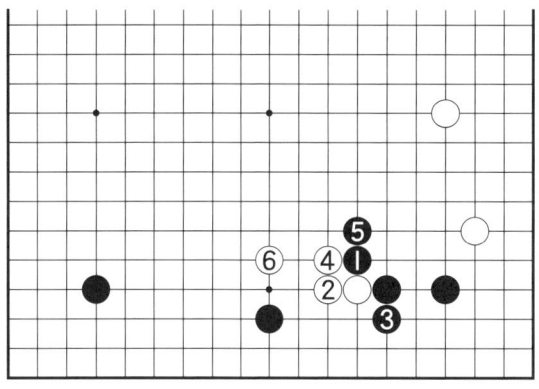

4도

4도(위로 젖힘이면)

흑의 적극책으로는 젖힘이 있다. 그런데 흑1의 위로 젖힘은 강수이긴 해도 우변에 노림이 있을 때나 유효하다. 지금은 백이 우변에 가볍게 벌리고 있어 그리 효율적이지는 않다. 백은 2 이하 6으로 두기만 해도 타개가 어렵지 않다.

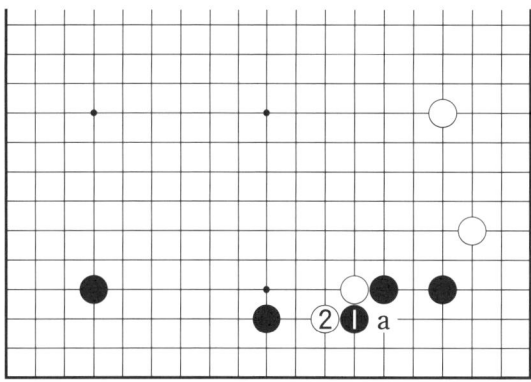

5도

5도(아래 젖힘)

흑1의 아래 젖힘이 하변을 중시하면서 많이 사용하는 수단이다.

이에 백2의 되젖힘이 행마의 요령이다. 다음 흑a로 이으면 굴복이므로….

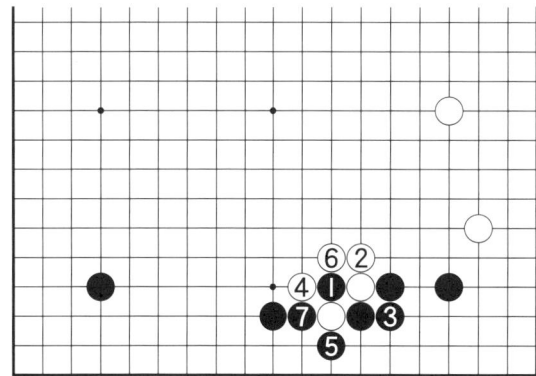

6도

6도(소극적인 지킴)

흑1의 단수는 당연하다. 백2 다음이 기로인데 흑3에 잇고 5, 7로 연결해 하변 실리를 지키는 것은 너무 소극적이다.

백4, 6으로 빵따낸 두터움에 비해 흑의 실리가 부족하다.

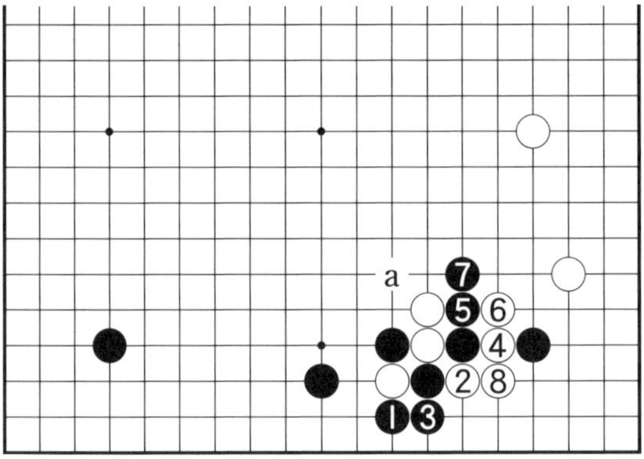

7도

7도(귀의 실리가 좋음)

앞 그림 백2 때 빵따냄을 안주려고 흑1로 즉각 단수하는 것은 백2 이하 8까지 단수치고 잇는 흐름이 된다. 이 결과는 a의 손질이 필요한 흑의 두터움보다 백의 실리가 앞선다.

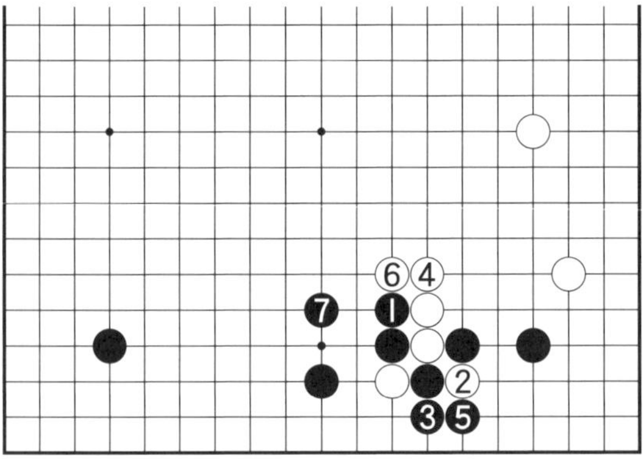

8도

8도(정형)

실은 절단한 방향의 흑1로 미는 것이 요령이다. 그러면 백은 2로 단수한 후 4로 느는 것이 정수순이다. 다음 흑5로 지키고 백6으로 두텁게 꼬부리면 흑7로 모양을 갖추는 것이 정형이다. 여기까지 보통 호각의 갈림으로 본다.

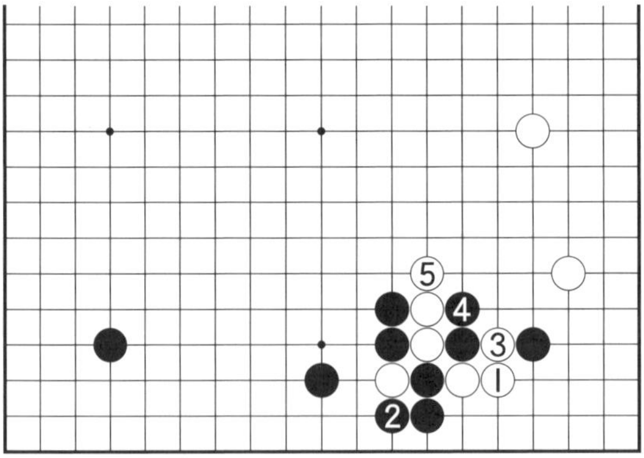

9도

9도(노림)

앞 그림 백2로 단수한 후 이 그림 1로 느는 것은 노림이 있어 흑이 조심해야 한다.

흑2로 하변을 지키면 백3, 5의 수순으로 흑이 이다음 좋은 결과가 없다.

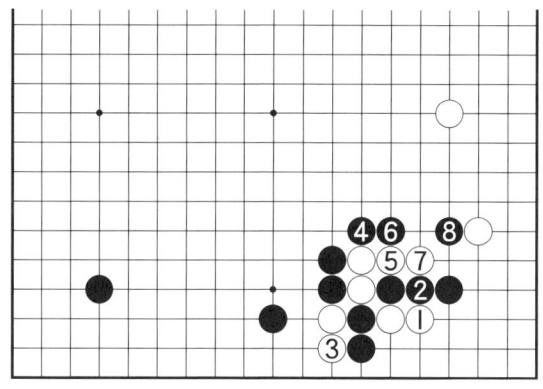

10도

10도(절대의 막음)

백1에는 흑2로 막는 것이 절대다.

흑의 우려는 백3으로 두 점을 잡는 것이지만, 흑은 축이 불리해도 4, 6으로 치고나간 후 8의 장문이 행마의 맥점이다.

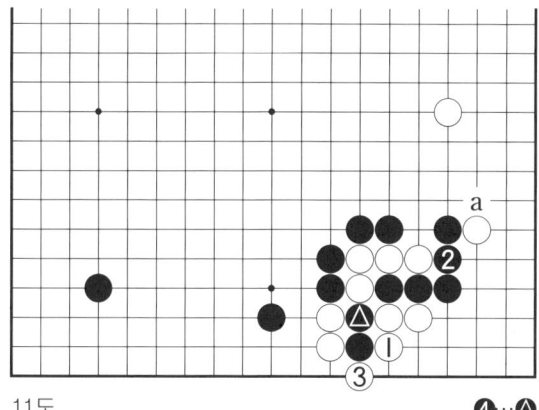

11도

❹…▲

11도(백, 궁색)

계속해서 백은 1, 3으로 두점을 잡을 수밖에 없다. 여기서 흑은 ▲로 먹여치고 백이 따내면 a로 우변을 제압하는 것이 완벽한 수순이다. 흑이 ▲로 먹여치는 순간 이미 백은 궁색한 모습이고 흑은 꽤 두터운 결과다.

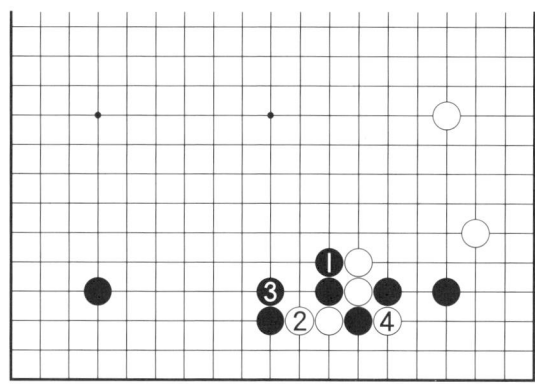

12도

12도(백의 꼼수)

흑1로 밀 때 백2의 헤딩은 일종의 꼼수에 가깝다.

보통 이런 경우 흑3으로 느는 경우가 많지만 백4로 한점을 잡으면 흑이 망한 결과다.

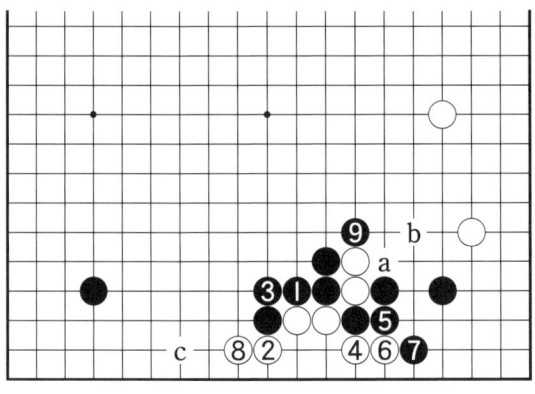

13도

13도(틀어막음)

이 경우는 흑1로 틀어막는 것이 대응책이다. 그러면 백이 2 이하 8까지 최선을 다하지만 흑9로 두점을 제압해 충분하다. 참고로 백a로 나가면 흑b의 장문에 걸린다. 하변 백도 흑c의 공격이면 시달릴 모습이다.

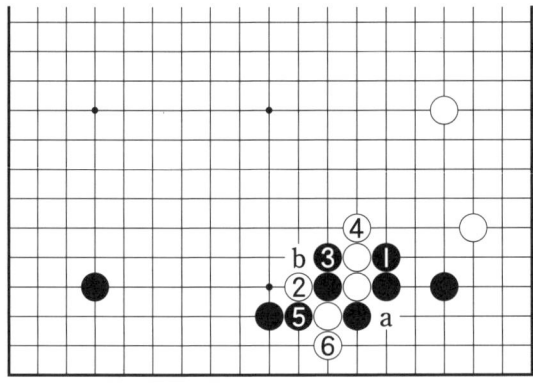

14도

14도(반대쪽으로 밀면?)

반대쪽 흑1로 밀면 어떻게 될까? 백2로 단수해 흑3을 유도한 후 자연스럽게 백4로 느는 것이 행마의 맥이다. 그러면 흑5로 끊게 되지만 백6으로 나온 후 a의 단수와 b의 축을 맞봐 흑이 망한 모습이다.

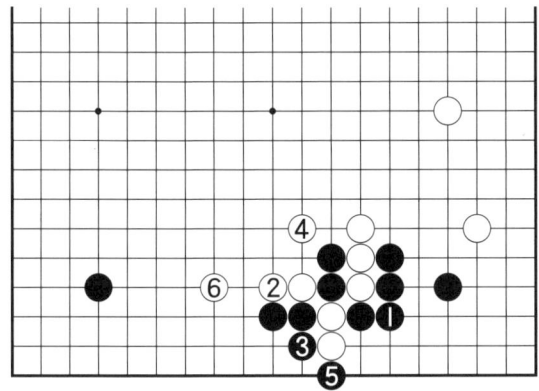

15도

15도(백, 두터움)

만일 흑이 축이 유리해서 1로 잇는다 해도 백이 2 이하 6의 진행이면 두점을 활용해 두터운 모습이다.

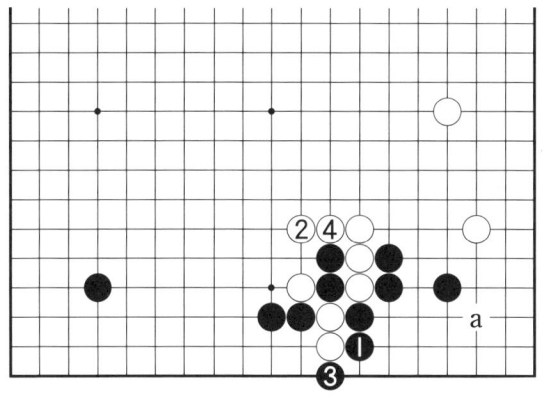

16도

16도(활용)

또 흑1로 막으면 백이 2, 4로 중앙을 씌워 막기만 해도 활용한 값은 나온다.

차후 a의 삼삼침입도 남아 흑집은 생각보다 크지 않다.

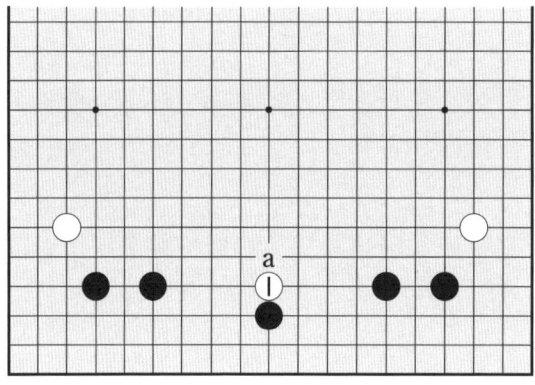

17도

17도(고단수 붙임)

이번에는 양쪽 화점 한칸 응수에서 하변에 벌린 돌에 백1로 위에서 붙이는 수법이다. 보통 둔다면 a의 모자씌움이지만 1의 붙임은 접바둑에서 나올 법한 강렬한 고단수이다. 이에 대한 대책을 간략히 알아보자.

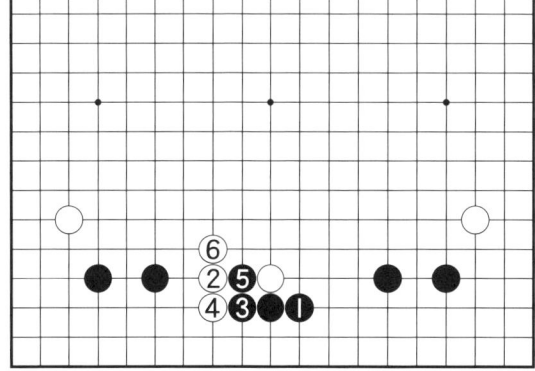

18도

18도(견실한 온건책)

흑1은 견실한 수로 온건책이다. 그러면 백2의 한칸뜀이 행마법이다. 이때 흑3으로 가만히 느는 것은 백4로 막혀 좋지 않다. 흑5에는 백6으로 늘어 왼쪽 흑두점이 약해진다.

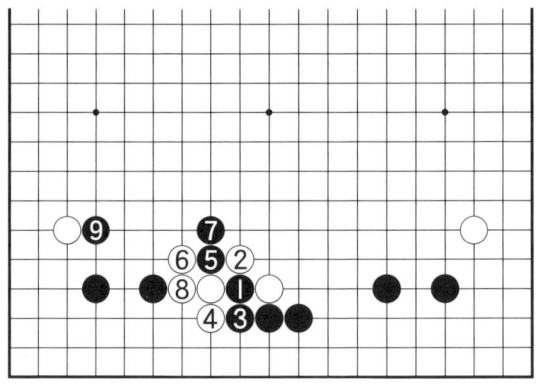

19도

19도(끼움이 정수)

여기는 흑1로 끼우는 것이 정수이다. 이때도 백이 2의 선수 후 4로 막으면 단호히 흑5로 끊는다.

백6, 8로 탈출하게 되지만 흑9로 붙이면서 양쪽 백을 추궁하면 백이 궁색한 모습이다.

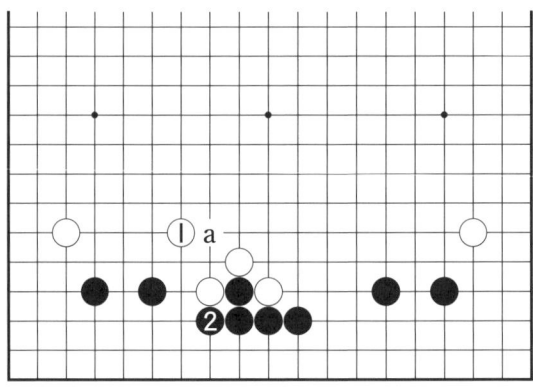

20도

20도(안전한 행마)

앞 그림 백4의 막음이 무리수였다. 그 수로는 백1(또는 a)로 중앙에 틀을 갖추는 것이 안전한 행마다. 흑2로 넘어가지만 이 정도면 서로 호각의 갈림이다.

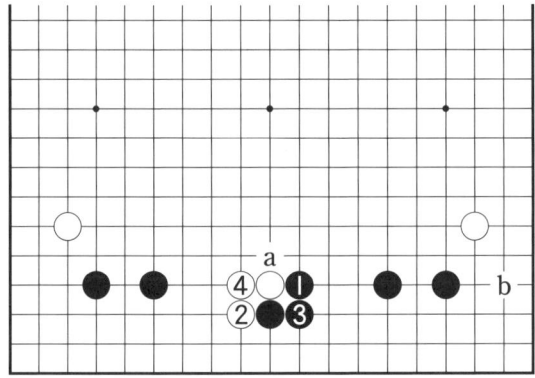

21도

21도(적극책)

백의 붙임에 이번에는 흑1의 젖힘으로, 이 수는 적극책에 해당한다. 백2의 되젖힘에 흑3으로 이으면 알기 쉽다.

다음 백이 4의 이음이나 a로 늘어 보강하면 흑b로 귀를 지켜 충분하다.

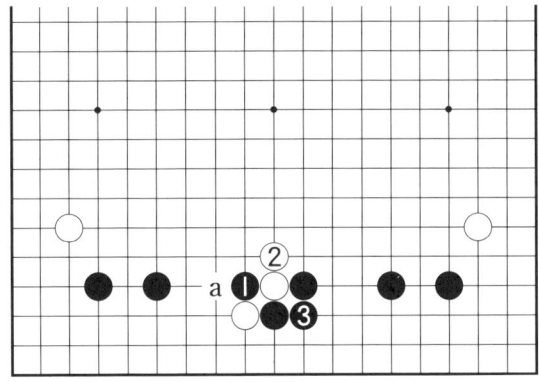

22도

22도(강공책)

백이 되젖힐 때 흑1로 끊은 후 3의 이음은 강공책이다. a의 축이 유리하다면 이런 패기가 필요하다. 백은 a의 축이 불리하다면 다른 수단이 필요하다. 그런 수가 있을까?

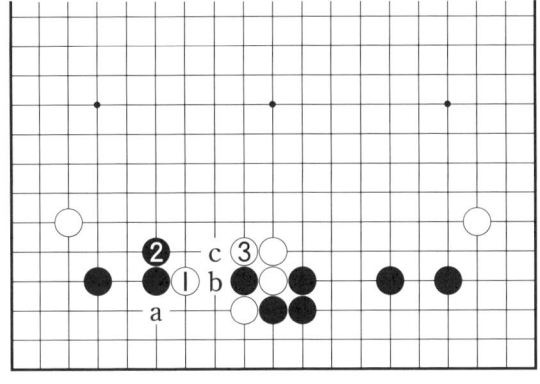

23도

23도(맥점)

백1의 붙임이 배워둘 만한 맥점이다. 백2나 a로 물러서면 백3으로 몬다. 다음 흑b로 나가면 백c로 돌려쳐 흑이 망하는 코스다.

그러므로 백1에 흑도 다른 수단을 강구해야 한다.

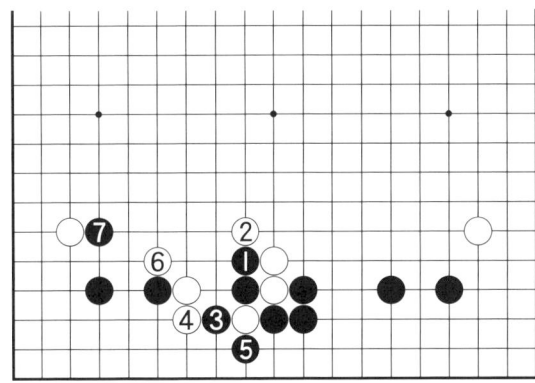

24도

24도(대응법)

흑은 1로 밀어가는 것이 대응법이다. 백2가 기세의 젖힘이지만 흑3으로 단수한 후 백4로 뚫으면 흑5로 일단 따낸다. 백6이 2차 기세의 젖힘이지만 흑7로 붙여가면 백이 곤마로 흩어져 있어 시달릴 모습이다.

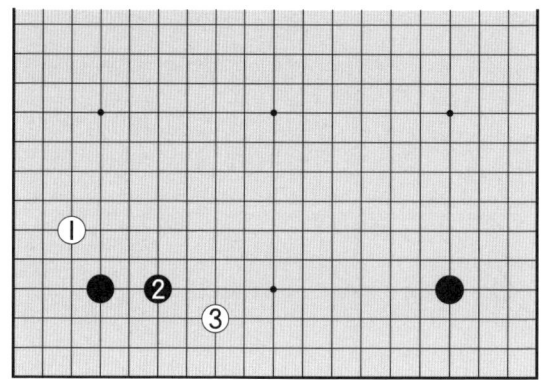

1도

1도(귀와 변의 동시 걸침)

화점에 백1로 걸치고 흑2로 한칸응수 할 때 백3으로 변에서 다시 걸치는 것은 접바둑에서 진영을 공략하는 상수의 전형적인 수법이다. 이에 대한 대응책을 알아보자.

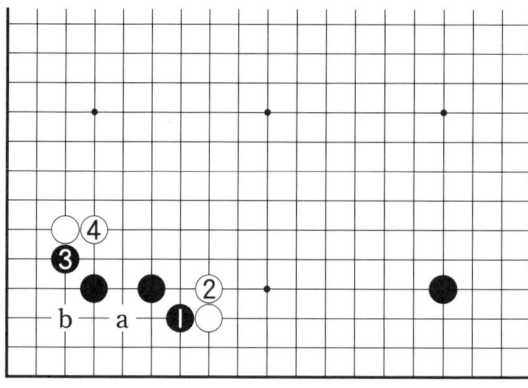

2도

2도(상수의 바램)

이때 겁이 많은 하수라면 흑1, 3으로 붙여 안전을 도모하려는 경우도 심심치 않게 보게 된다. 이는 상수가 바라는 최상의 순간이다. 백을 강화시켜 준데다가 a, b의 약점으로 그리 안전하지도 않다.

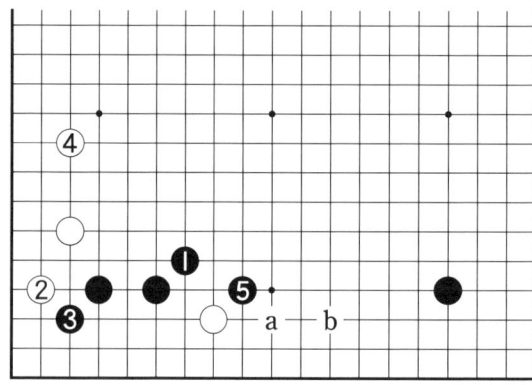

3도

3도(견실한 마늘모)

흑1의 마늘모 행마는 견실한 수단이다. 약간 느슨할지 모르지만 적어도 이렇게 두면 양쪽 백을 노릴 수 있다. 백2, 4로 좌변을 안정하면 흑5로 두텁게 씌워갈 수 있다. 만일 백a의 뜀이면 흑b로 공격이 자연스럽지 않은가.

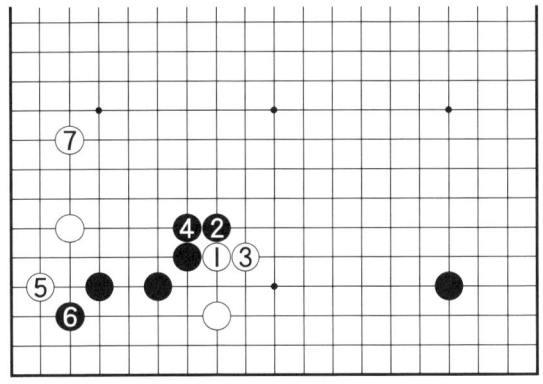

4도

4도(흑, 미흡)

백1, 3으로 붙이고 늘며 하변부터 보강하면 어떨까?

이때 흑4로 약점을 즉각 이으면 백5, 7로 좌변까지 안정해 백이 양쪽을 다 둔 결과라 흑이 미흡하다.

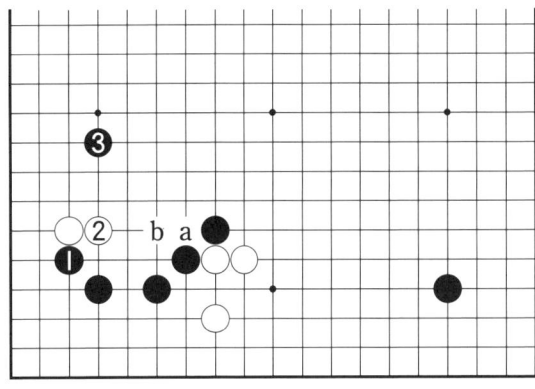

5도

5도(유력)

백이 하변에서 붙이고 늘면 흑1, 3의 수순으로 좌변을 선공하는 것이 유력한 방법이다.

만일 백a로 끊으면 흑b로 몰아 좌변 두점을 확실히 제압한다는 생각이다.

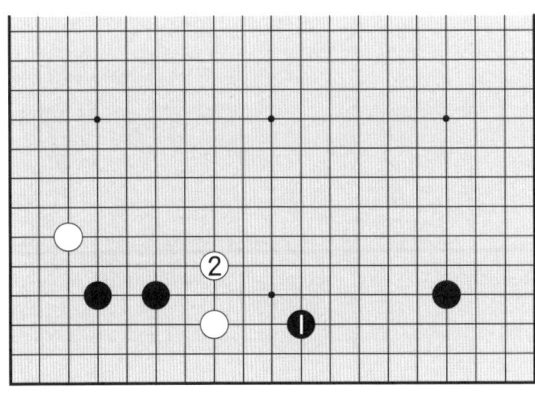

6도

6도(변의 협공에서)

백이 양걸침할 때 흑이 적극적 공격으로 풀어갈 생각이라면 1의 협공이 제격이다. 이제부터 백의 다양한 작전이 전개되지만, 그에 맞는 대응책도 알아볼 예정이다. 우선 가장 알기 쉬운 2의 뜀부터 살펴보자.

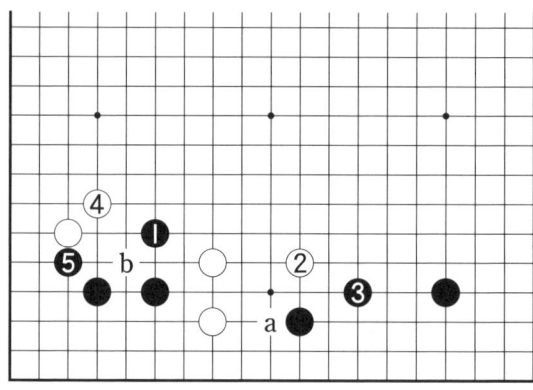

7도

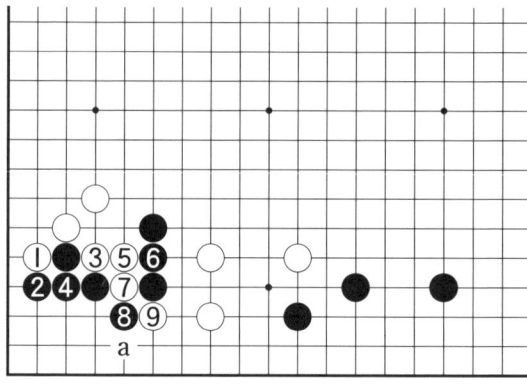

8도

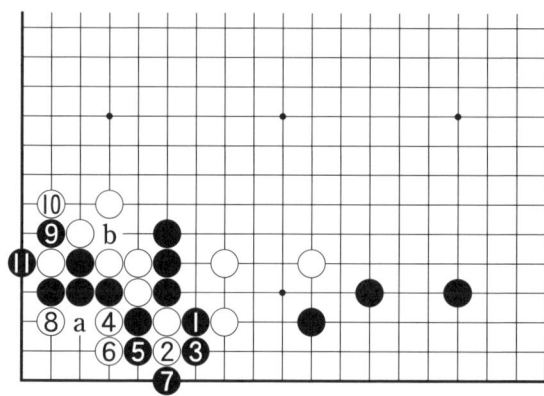

9도

7도(급소 노림과 방어)

다음 흑1의 뜀은 당연하고 백2에 씌우면 흑3의 날일 자도 정형이다.

여기서 백은 a로 붙여 보강하는 것이 보통이지만, 한가롭다 여기고 4의 마늘모로 b의 급소를 노릴지 모른다. 그러면 흑5로 지키는 것이 맥점이다.

8도(흑의 염려)

이때 흑의 염려는 백1로 젖힌 후 3 이하 9로 끊어오는 것이다.

여기서 귀의 단점이 신경 쓰여 흑이 a로 물러서면 중앙 흑이 절단되어 재미없다.

9도(백, 곤란)

과감히 흑1, 3으로 몰아도 염려 없다. 백4 이하 8로 추궁하지만 흑9, 11로 한 점을 따낸 후 a나 b로 양쪽 백을 맞보면 백이 곤란한 모습이다.

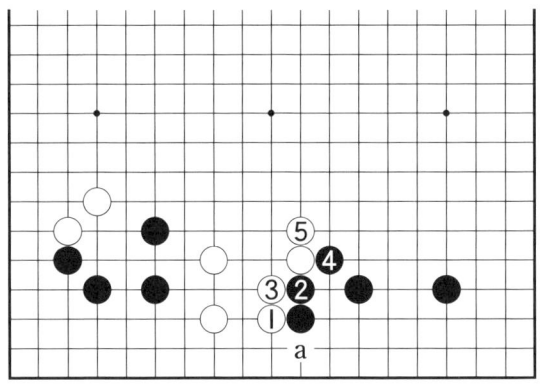

10도

10도(백, 두터움)

차라리 백은 1의 붙임으로
하변을 돌보는 것이 나을
것이다.

이때 흑이 선수로 알기
쉽게 둔다고 2, 4로 부딪
쳐가는 것은 백 모양만 두
터워질 뿐이다. a의 젖힘도
짭짤한 활용으로 남는다.

11도(밑젖힘이 보통)

흑1로 밑젖힘이 보통이다.
그러면 백2의 맞끊음이 타
개수단이며 이하 6까지 정
형이다. 다음 흑은 a로 따
내거나 b의 지킴도 생각할
수 있다.

11도

12도(찝는 수)

여기서 만일 흑이 좌하귀
를 강화시키고 싶다면 1로
찝는 수가 탄력적인 방법
이다.

백2로 이으면 흑3의 호
구가 두터운 요소다.

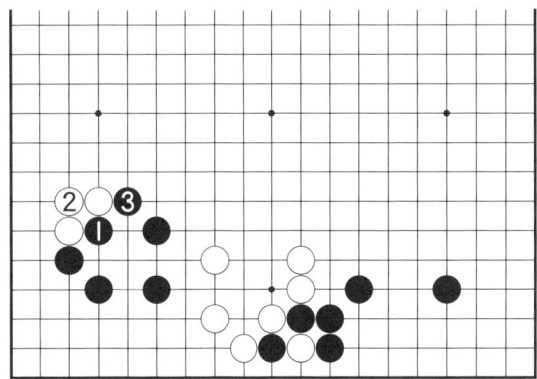

12도

211

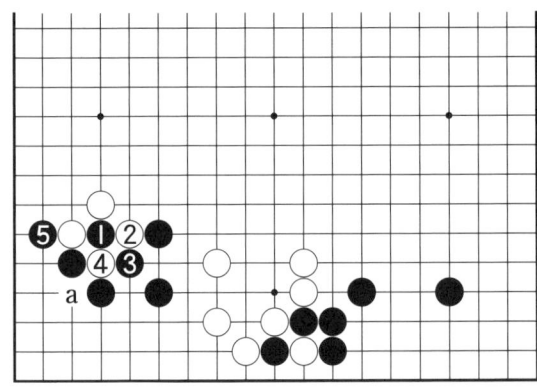

13도

13도(유인)

흑1에 백2로 단수하면 흑은 탄력을 이용해 3으로 막는 것이 상대를 유인하는 전략이다. 백4에 흑은 a로 잇는 것이 아니라 5로 되젖힌다.

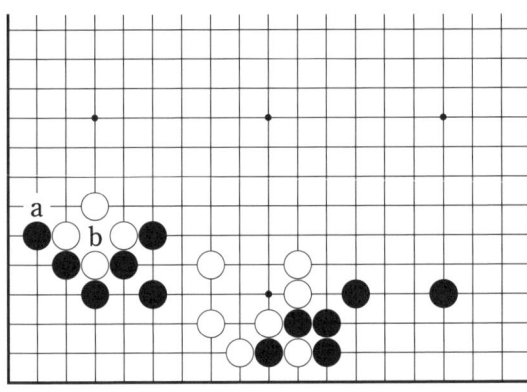

14도

14도(백, 곤란한 모양)

그러면 이런 모양이 된다. 다음 백a로 막으면 흑b로 양단수가 되어 백이 곤란하고, 백b로 이으면 흑a로 늘어 백 모양이 견디기 힘들다.

15도(흑의 반격)

애초 백은 1로 걸쳐올지 모른다. 흑3으로 받으면 그때 2로 씌우겠다는 것. 상수의 권리행사라 생각할지도 모른다. 그러면 흑2로 반격해보자.

다음 a의 탈출이 보통이지만 내친김에 백은 3으로 양걸침해 상수의 권도를 행사한다. 여기서 흑의 하변 응징책은?

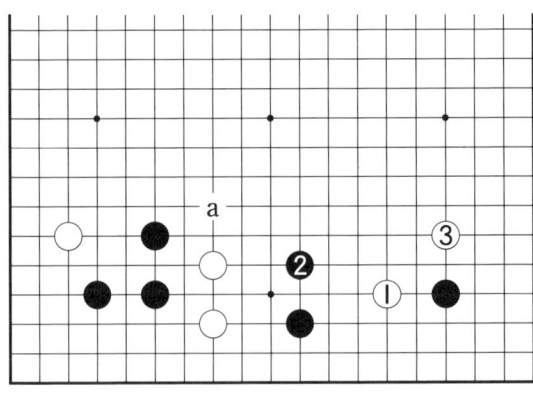

15도

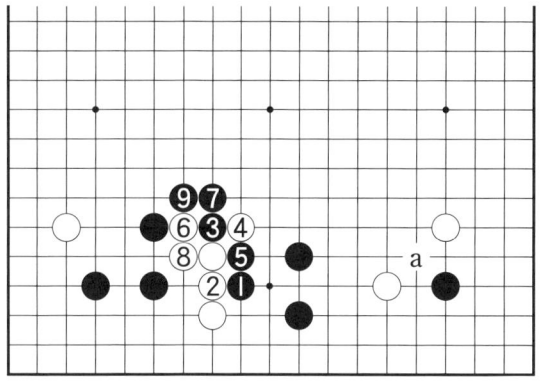

16도

16도(필승의 수순)

흑1로 들여다본 후 3의 붙임이 상대를 가두는 맥점이다. 이하 9까지 탈출은 불가능하다. 백은 어떻게든 사는 것이 가능해도 그만큼 흑이 두터워질 테고 그 틈새에 a로 나오면 흑 필승이 아니겠는가.

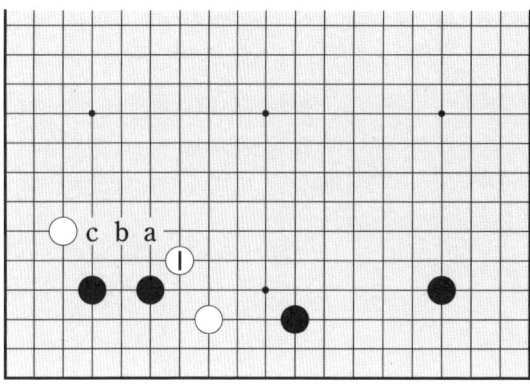

17도

17도(날일자씌움에서)

흑의 협공 때 이번에는 백 1의 날일자씌움 편이다. 평범한 뜀보다는 좌측 흑에 영향을 주면서 폭넓게 두겠다는 뜻인데 모양상 단점이 있어 흑이 대응을 잘 하면 그리 염려할 것은 없다. 흑의 대응으로는 a의 뜀, b의 날일자, c의 붙임 등을 생각할 수 있다.

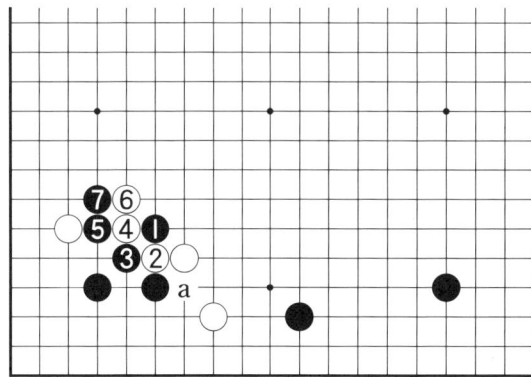

18도

18도(힘찬 행마)

흑1의 뜀은 언뜻 보기에는 허술해 보이지만 사실 힘찬 행마다. 만일 백2, 4로 끊으면 흑5, 7로 치고나가 왼쪽 백이 다치고 a로 나와끊는 수도 있어 백이 무리한 결과다.

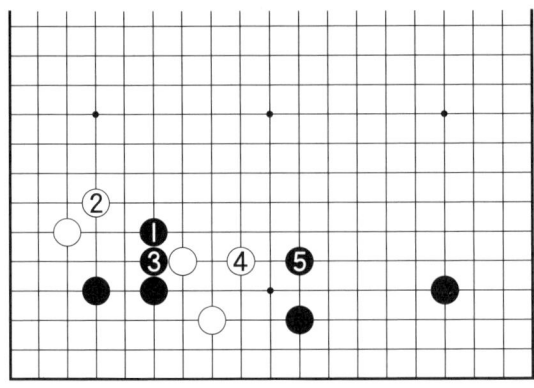

19도

19도(추격)

흑1로 뛰면 백은 2로 활용하는 정도다. 그러면 흑3으로 꽉 잇는 자세가 힘차다. 백4로 하변을 정비하면 흑5로 모양을 확대하며 추격하는 자세가 좋다.

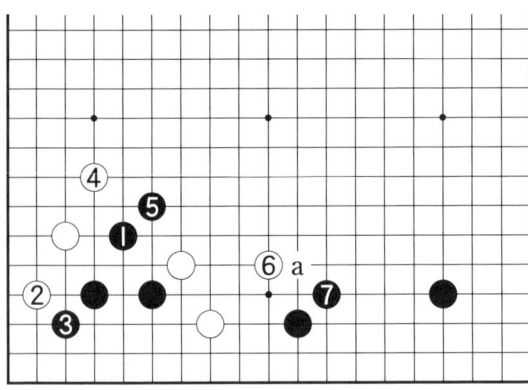

20도

20도(날일자 행마)

흑1의 날일자는 균형 감각은 있어 보이나 약간 미지근한 수이다. 그래도 못 둘 것은 없다. 백2, 4면 흑5로 나간다. 백6으로 하변을 보강하면 흑7로 힘을 비축한다. 흑7로는 a에 붙여 강하게 둘 수도 있지만 그만큼 백도 두터워진다.

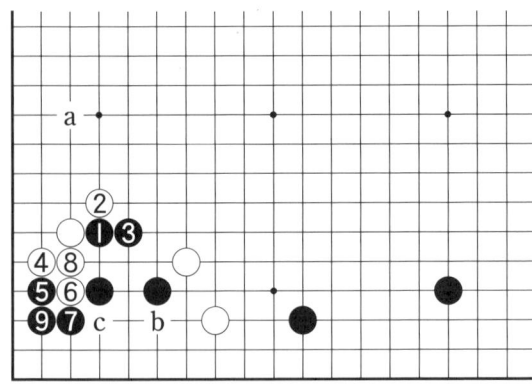

21도

21도(기대기 작전)

흑1의 붙임은 상대에 기대 모양을 정비하면서 하변 두점을 크게 공격하려는 기대기 작전이다. 이하 9까지는 정형. 다음 백a로 벌리면 흑b의 지킴이 견실하다. 흑9로 c의 이음은 비효율적이다.

　혹시 뒷문이 열린 귀의 진영에 불안요소는 없을까?

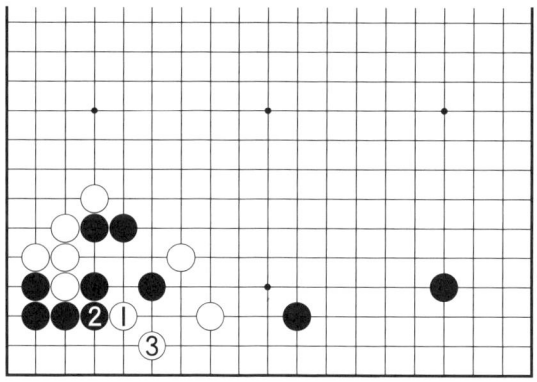

22도

22도(들여다보면)

백1로 들여다보는 것이 걱정될지도 모른다. 흑2로 이으면 백3으로 귀를 공략한다. 이 결과는 귀가 완생이 아니라 부담이지만 백도 양쪽이 강하지 못해 큰 걱정거리는 아니다. 그래도 하수는 불안한 법이다.

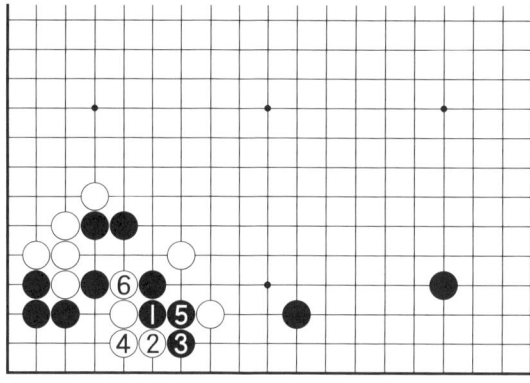

23도

23도(흑, 곤란)

그렇다면 흑1로 막아보자. 그런데 백2의 젖힘에 흑3으로 막아 잡으려는 것은 과하다.

이하 6까지를 보라. 흑 모양이 파괴되어 곤란한 모습이다.

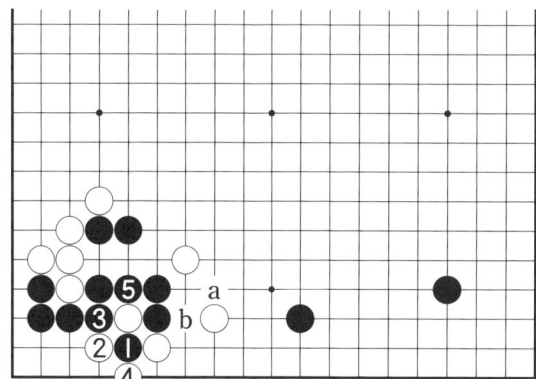

24도

24도(끊음이 맥점)

앞 그림 백2에 흑1의 끊음이 맥점이다. 백2로 잡을 때 흑3, 5로 이으며 단수한다. 만일 여기서 백이 1로 이으면 흑a의 건너붙임이 2차 맥점이다. 그러면 흑b가 선수이므로 백은 봉쇄를 피할 수 없다.

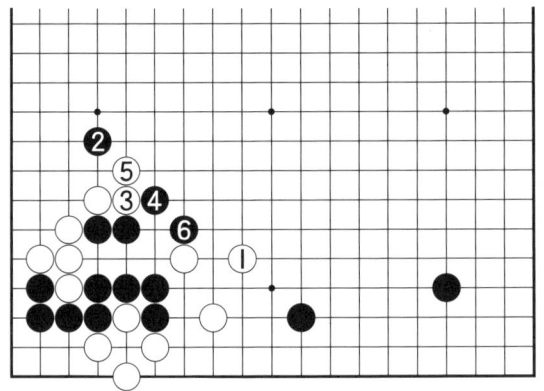

25도

25도(흑, 충분)

따라서 앞 그림 다음 백은 1로 정비하게 된다.

그러면 흑은 2의 공격이 통렬하다. 이하 6까지 흑은 견실하게 두며 충분히 싸울 수 있다.

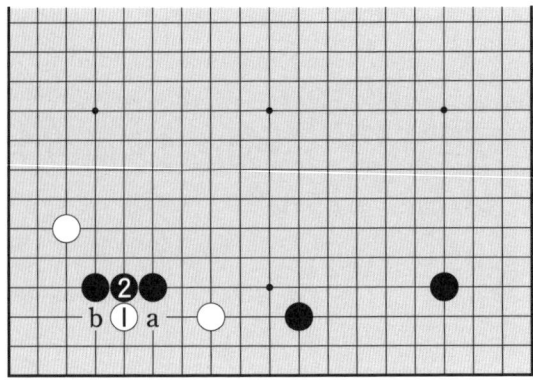

26도

26도(귀의 들여다봄)

흑의 협공에 대해 이번에는 백1로 들여다보는 수단이다. 실리를 중시하면서 흑진을 위협하려는 전략이므로 흑은 줄건 주면서 두텁게 국면을 운영하면 만점이다. 일단 흑2로 막고 볼 일이다. 그러면 백은 a나 b를 선택하게 된다.

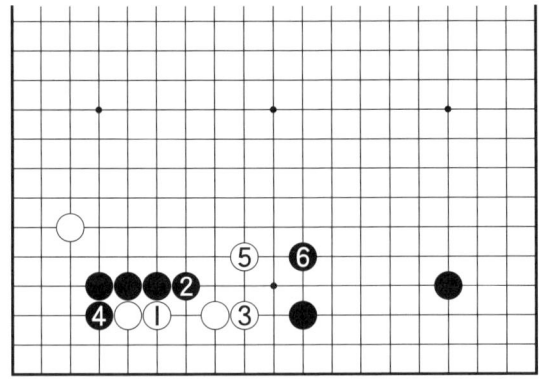

27도

27도(흑, 하변 압박)

백1로 변쪽을 선택하면 흑2는 일단 급소다. 백3으로 정비하면 흑4로 귀를 지키며 하변을 압박하는 것이 좋다. 백5에는 흑6으로 추격하며 모양을 확대해 흐름이 좋다.

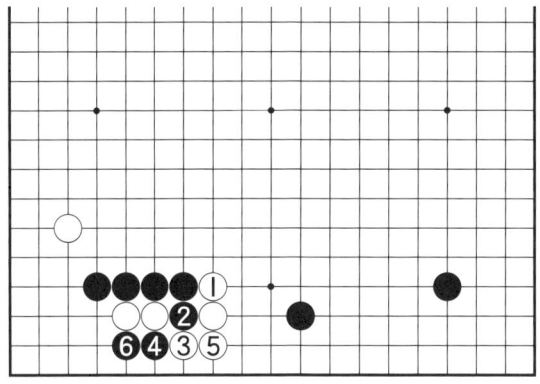

28도

28도(귀쪽 끊음)

앞 그림 흑2에 백1로 올라 서면 흑2, 4로 나가 귀쪽 에서 끊는 것이 좋은 수순 이다. 백5로 변을 이으면 흑6으로 두점을 잡은 귀의 실리가 짭짤하다. 하변의 백도 안형이 없어 공격 대 상이다.

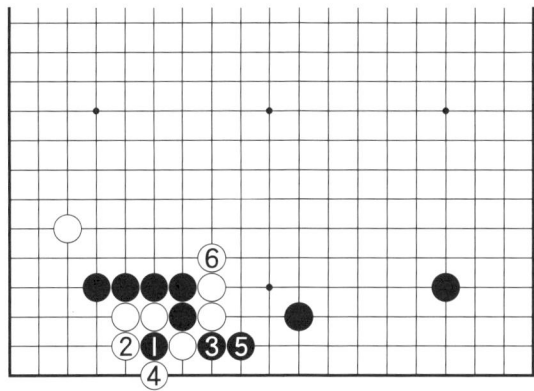

29도

29도(끊은 쪽을 잡음)

보통 흑1에는 백2로 끊은 쪽을 잡게 된다.

그러면 흑은 3, 5로 절 단하고 백은 6으로 늘어 버 틸 것이다.

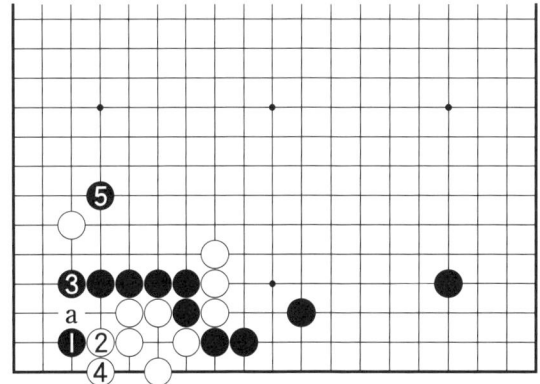

30도

30도(귀의 활용)

계속해서 흑은 1, 3으로 사 활을 담보로 귀를 활용할 수 있다. 이때 흑3은 a로 느는 것보다 흑5의 압박감 에 영향을 준다.

흑은 이렇게 좌변을 압 박하면서 중앙 석점을 노 려 충분한 진행이다.

217

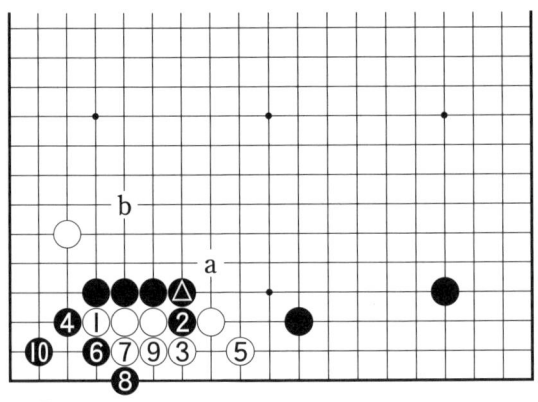

31도

31도(귀에 파고들면)

흑● 때 백1로 귀에 파고
들면 흑2, 4로 찌르고 젖
힌다.

백5로 지키는 정도일 때
흑6 이하 10으로 귀를 안
정시킬 수 있다. 다음 백a
로 진출하면 흑도 b로 뛰
어 충분하다.

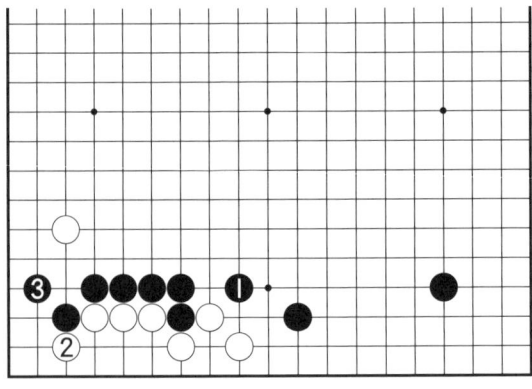

32도

32도(중앙 차단)

앞 그림 백5 때 흑1로 씌워
백의 중앙진출을 차단하는
방법도 있다.

백2로 젖히면 흑3으로
호구쳐 두텁게 처리할 수
있다.

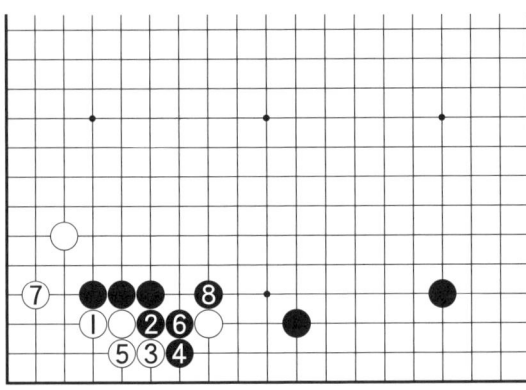

33도

33도(귀를 선택하면)

26도의 시점에서 백1로 귀
쪽을 선택하면 흑2로 막는
다. 다음 백은 3, 5로 젖혀
이은 후 7의 날일자가 귀
와 변을 연결하는 맥이다.
흑은 8로 젖혀 두텁게 두
면 충분하다.

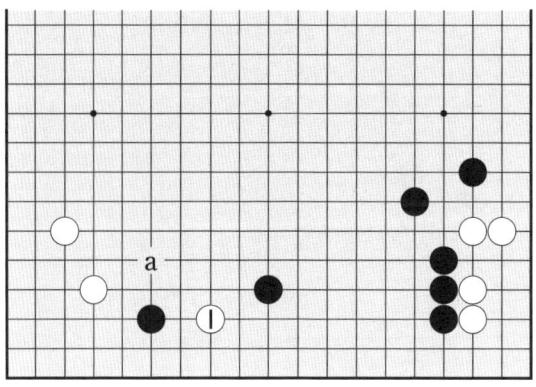

1도

1도(침입이 제격)

화점 바둑에서 종종 나타날 수 있는 장면이다. 흑 세력과 백 실리의 대결인데, 여기서 흑이 a로 뛰면 더욱 모양이 확장된다.

　백이 이를 견제한다면 1의 침입이 제격이다. 이를 둘러싼 공격과 타개에 대해 살펴보자.

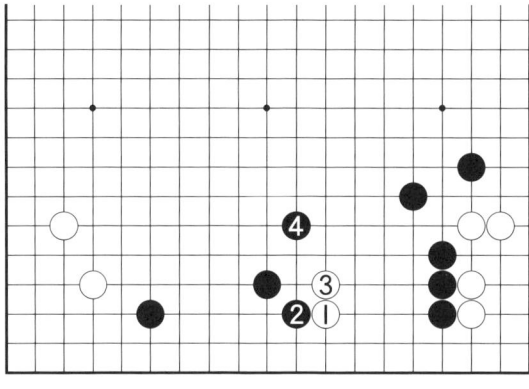

2도

2도(무모한 침입)

그런데 처음부터 백1로 흑진 안으로 풍덩 뛰어든다면 흑2, 4의 공격으로 위험에 처한다.

　백은 우하귀만 다쳐도 곤란하므로 이런 식으로 무모하게 절대 두지 말 것.

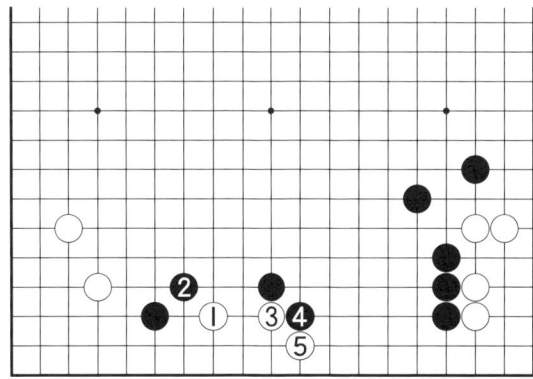

3도

3도(수월한 타개)

그래서 흑진을 엿보며 허술함을 공략하는 백1의 침입이 제격이다.

　만일 흑2의 마늘모로 가두려 하면 백3, 5의 붙이고 젖히는 상용수순으로 타개가 수월하다.

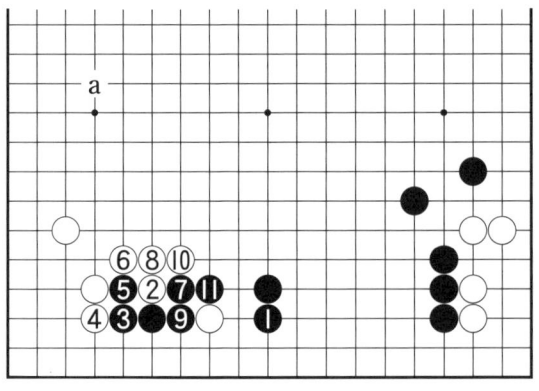

4도

4도(백, 활발)

백의 침입에 흑1로 진영을 집으로 만들려는 생각은 소극적이다. 백2로 막으면 흑3 이하 11까지는 상형.

　백이 이렇게 귀를 지키면서 오히려 세력을 쌓은 후 a로 벌리든가 큰 곳에 향하면 활발한 국면이다.

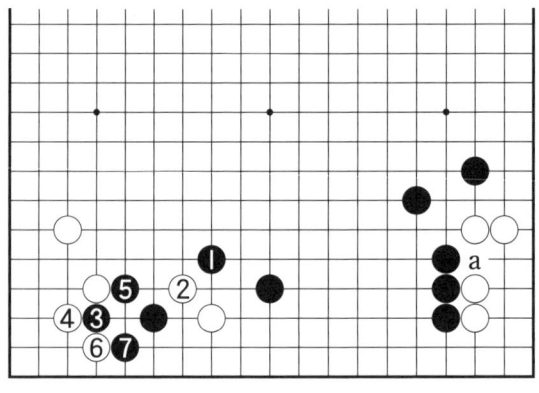

5도

5도(흑의 책략)

흑1의 모자는 책략이 숨어 있다. 백2를 유도해 흑3, 5로 간접 공격한다.

　백6이면 흑7로 패로 버티겠다는 생각이다. a쪽에 패감이 있어 백은 운신하는 데 부담이 많다.

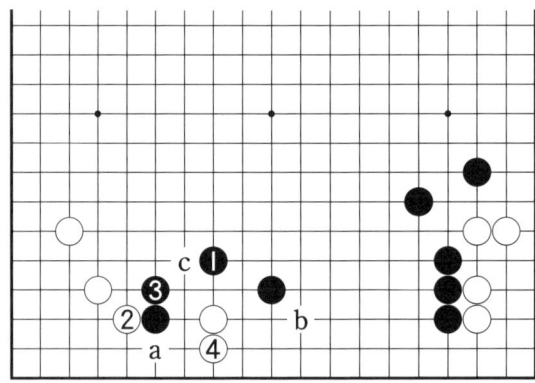

6도

6도(교묘한 수순)

흑1에는 백2, 4가 교묘하면서 유력한 맥이다.

　다음 백은 a와 b를 맞볼 수 있고 c의 반격도 노릴 수 있어 흑이 좀 난처한 모습이다.

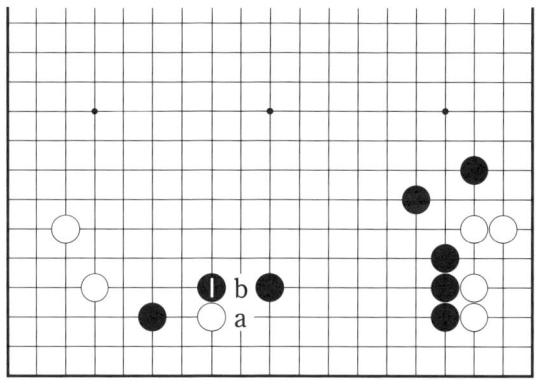

7도

7도(일단 봉쇄)

그러고 보니 백의 침입에 는 흑1의 봉쇄가 일단 중 요하다.

여기서 백은 a나 b를 선 택하게 되는데 우변 모양 을 주시해야 한다.

8도(끼움)

백1의 끼움은 적극적인 선 택이다. 그런데 이 형태에 서 과연 올바른 선택일까?

만일 흑2로 위에서 단수 하면 이하 7까지 a와 b의 단점을 남기며 하변을 크 게 부수고 살아 백의 만족 이다.

8도

9도(백의 양분)

백의 끼움에는 흑1, 3으로 아래에서 단수하며 한점을 잡는다. 백4 다음 a의 축 이 있지만 흑●가 축머리 역할을 하고 있지 않은가?

백이 양분돼 난처한 모 습이다. 흑●가 b에 있어 야 축이 가능하다.

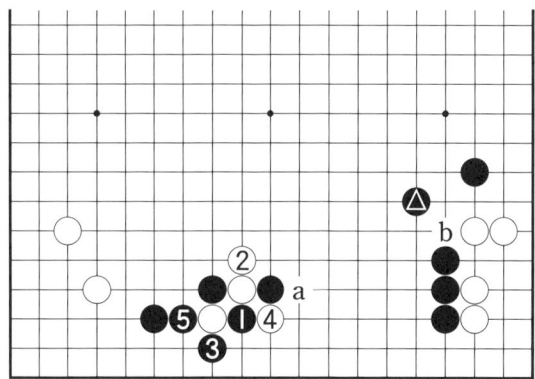

9도

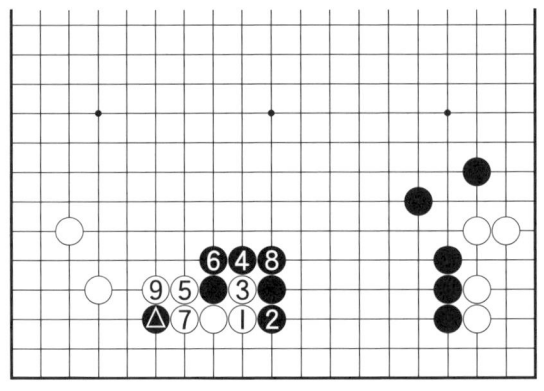

10도

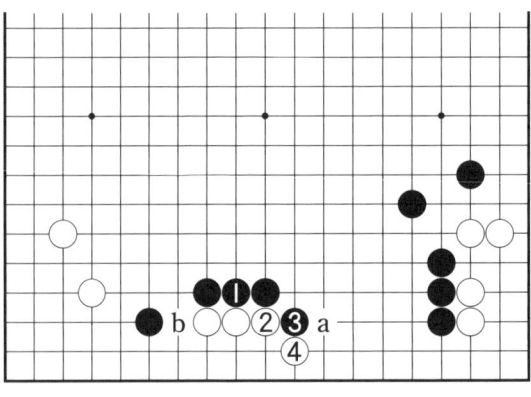

11도

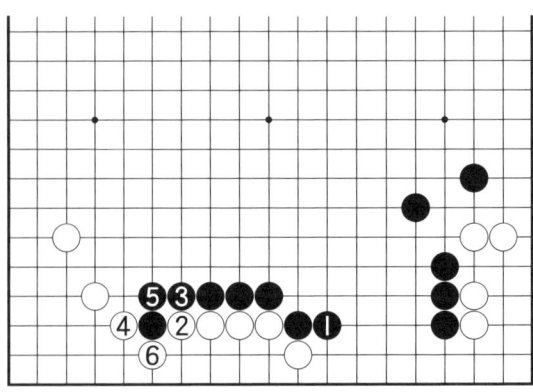

12도

10도(느는 것이 무난)

그러므로 백1로 느는 것이 무난하다. 이때 흑2로 막는 것은 우하변 실리를 지키려는 뜻이지만, 9까지 흑❀를 제압한 백의 실리가 상대적으로 너무 크다.

11도(중앙 막음)

흑은 일단 1로 중앙을 막는 것이 정수이다. 백2에는 흑3으로 젖혀 막는다. 다음 백4로 젖힐 때가 선택의 기로이다.

흑은 a로 느는 수와 b로 막는 수가 선택지인데 어느 쪽이 나을까?

12도(귀와 연결)

만일 흑1로 늘면 백2 이하 6까지 꺼붙이며 귀와 연결해간다. 백의 실리가 너무 좋지 않은가?

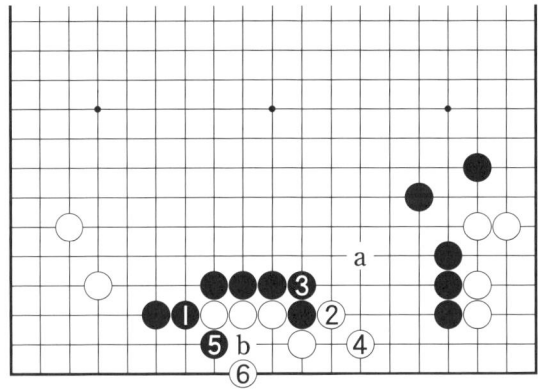

13도

13도(상형)

그러므로 흑1의 막음이 더 나은 선택이다. 이하 6까지 상형이다. 백은 a의 진출과 b의 자체 안정이 있어 사는 데는 큰 지장 없다.

그렇다면 흑은 하변이 파괴되어 상처를 입은 것일까?

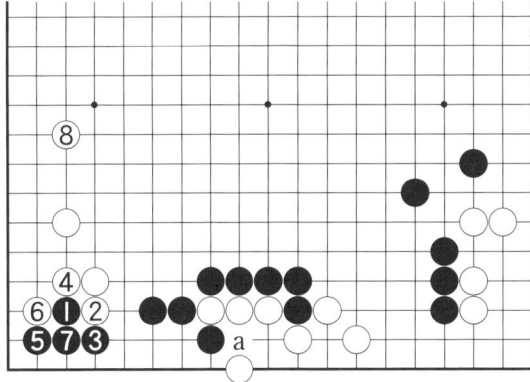

14도

14도(호각)

흑은 두터움을 배경으로 1의 삼삼침입을 꾀할 수 있다. 그러면 백은 a의 약점상 2, 4로 물러설 수밖에 없다. 이하 8까지의 진행이 예상된다. 백이 하변 흑진을 파괴했지만, 흑도 귀를 도려내고 두터워 이 정도면 호각의 결과다.

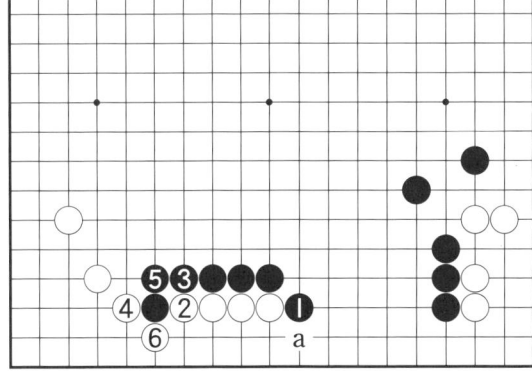

15도

15도(즉각 넘어가면)

흑1로 젖힐 때 백이 2 이하 6으로 즉각 넘어가면 어떻게 될까?

12도와 비교해 a를 생략한 것이지만 그 결과는 천양지차임을 알게 된다.

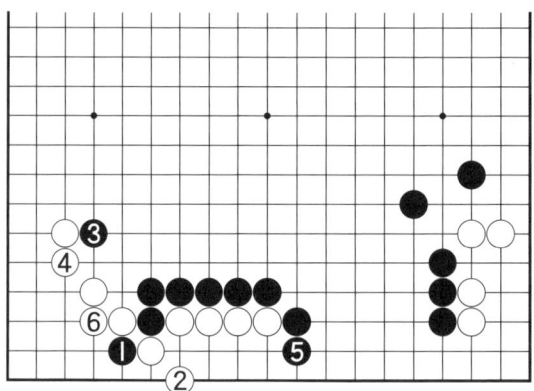

16도

16도(흑, 우세)

우선 흑1의 끊음을 활용한 후 3의 붙임이 교묘한 맥점이다. 백은 귀의 약점 상 4로 물러설 수밖에 없다.

이때 흑5의 내려섬이 또 선수로 듣는다. 백6은 모양이 약간 이상한 지킴이지만 중앙에 도움을 준다. 아무튼 이 그림은 12도와 비교해 흑이 우세하다.

17도(백, 좋은 흐름)

11도 흑3의 젖힘을 먼저 하지 않고 1부터 막으면 백2가 힘차다. 흑3으로 공격해도 백은 4 이하 8까지 타개 흐름이 자연스럽다. 다음 흑a면 백b.

17도

18도(백, 실리로 전환)

애초에 흑은 1로 귀에 붙인 후 3으로 봉쇄해 귀와의 연결을 차단하려는 수단도 있다. 그러면 백이 4 이하 8로 실리로 전환할지도 모른다. 그리고 나서 a의 삭감과 b의 끝내기 등을 하면 흑은 투자에 비해 그리 큰 실속을 얻지 못한다.

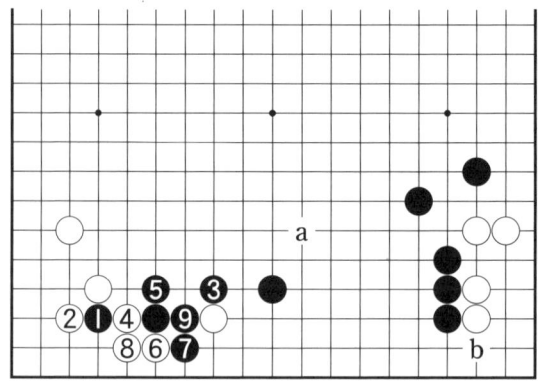

18도

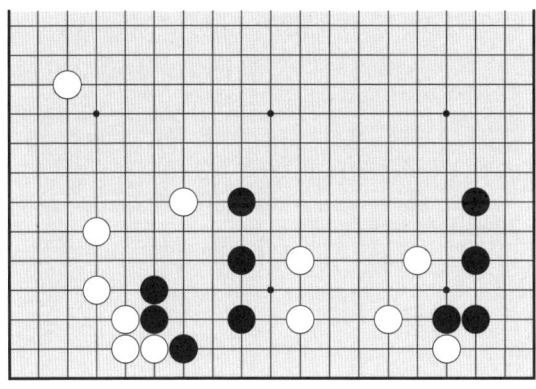

19도

19도(하변에서의 공방)

소목 굳힘과 화점의 대치 국면에서 변의 주도권을 둘러싸고 파생된 장면이다. 백은 좌하변이 두터운 반면 하변이 다소 엷다.

그 엷음을 흑이 공격하고 싶은데 여기서 벌어지는 공방을 살펴보자.

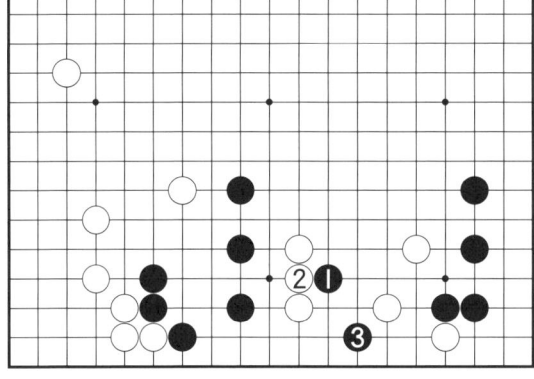

20도

20도(들여다보고 치중)

흑1로 들여다보는 수단. 일단 하변을 공략할 때 많이 쓰는 응수타진이다.

백2로 이으면 이어지는 흑3의 치중이 이런 경우의 공격 패턴이다.

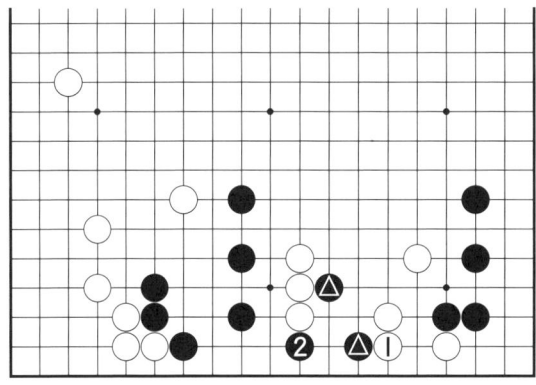

21도

21도(교묘한 붙임)

계속해서 백1로 막으면 흑2의 붙임이 교묘한 맥점이다. ▲들과 더불어 흑2는 서로 연관되는 고급 감각이다.

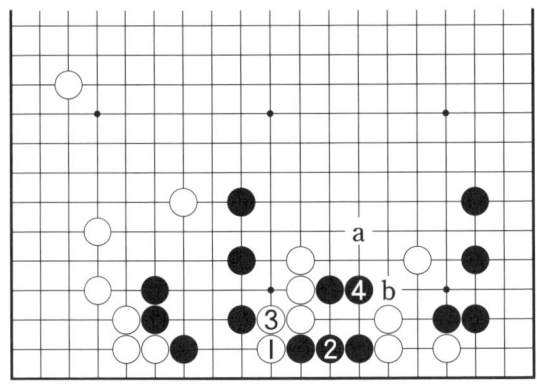

22도

22도(쌍립)

여기서 백이 1로 젖혀 차
단하는 것은 흑2, 4의 쌍
립으로 모양을 정돈한다.

　백진이지만 흑말을 봉쇄
할 수 없다. 봉쇄라면 백a
가 일감이지만 흑b로 가볍
게 나와끊으면 오히려 백
이 곤란하다.

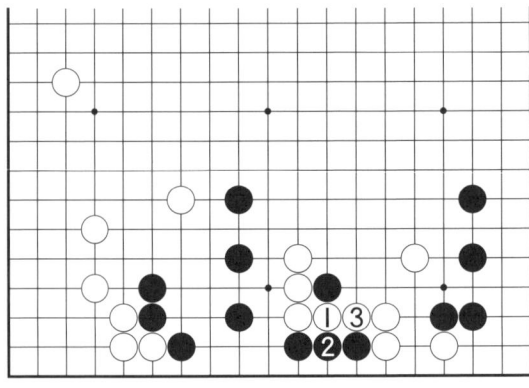

23도

23도(타협)

21도 다음 백1, 3이면 서
로 부분적으로 연결이 되
어 일단 무난하다.

　이 정도가 타협의 갈림
일 것이다. 흑은 백진을 파
내 약간의 소득을 올리고
있다. 그런데 이걸로 끝이
면 큰 울림은 없다.

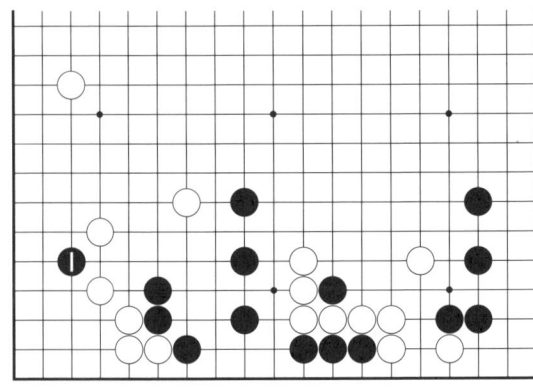

24도

24도(하변안정 후 좌변공략)

하변이 주 무대였지만 사
실 더 중요한 것은 이 하변
흑 대마의 안정에 있다.

　뒤가 튼튼해야 흑1로 두
터운 백진을 안심하고 공
략할 수 있다. 여기까지 내
다본다면 고수의 생각에
접근해 간다 할 수 있다.

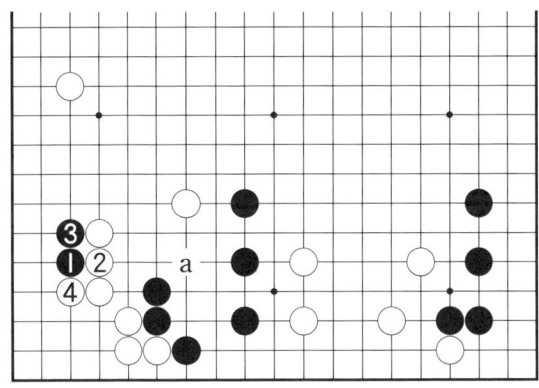

25도

25도(역공 가능성)

만일 하변의 공략하는 수순을 생략하고 흑이 서둘러 1, 3으로 좌변 삭감에 집착하면 백이 기회를 타서 a로 역공해올 수 있다. 그러면 흑이 양곤마 신세가 되어 판을 그르칠지도 모른다. 고급 감각은 이런 마인드를 장착해야 한다.

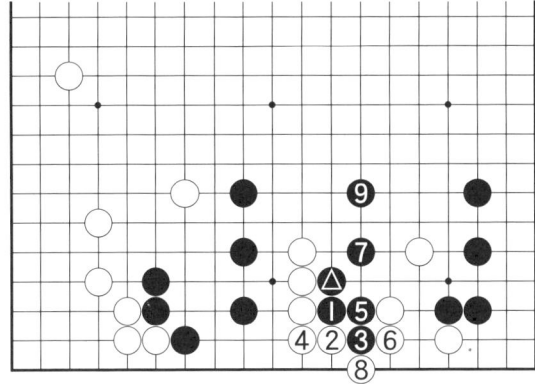

26도

26도(무거운 발상)

거슬러 올라가 흑이 ▲로 들여다본 후 1로 막는 것은 무거운 발상이다.

백2로 젖힌 후 8까지 넘어가는 것이 좋은 수순이며, 흑은 자충 성격의 무거운 행마다.

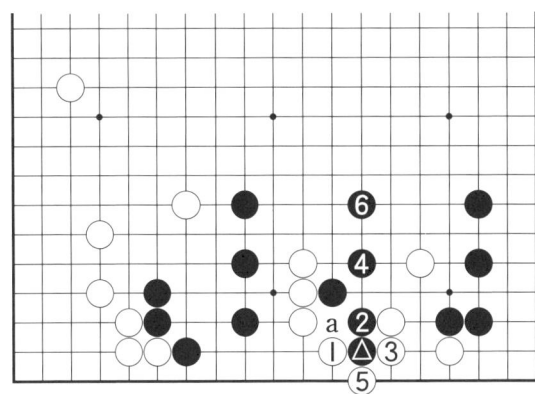

27도

27도(공배만큼 차이)

그렇다면 흑이 ▲로 치중할 때 백1, 3으로 흑을 무겁게 하면 어떨까?

이하 6까지 이 경우는 앞 그림과 비슷하면서 다르다. a로 공배 하나가 생긴 만큼 흑이 충분히 싸울 수 있다.

227

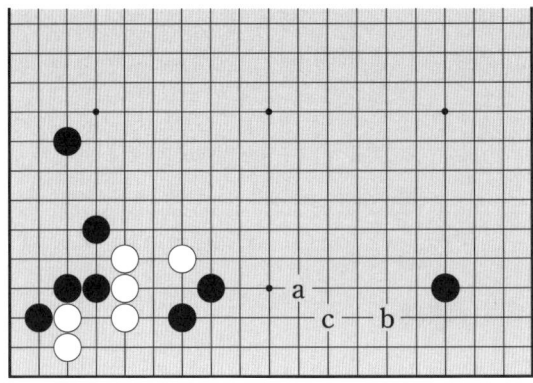

1도

1도(정석 이후의 행마)

좌하귀는 정석 진행인데, 이후 백이 어떻게 움직일 지 고민이다. 하변만 생각 하면 a의 협공이 두고 싶 은 자리다. b의 걸침은 흑 c의 협공이 안성맞춤이다. 이런 배경을 토대로 좀 더 디테일한 행마를 살펴본다.

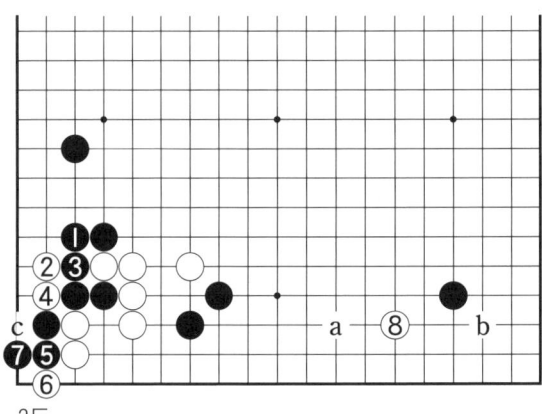

2도

2도(껴붙임)

일단 백1, 3으로 껴붙여 보 는 것이 고급 행마다.

　만일 흑이 4, 6으로 굴 복하면 백7의 협공이 더욱 빛이 난다. 이건 백의 이상 적인 결과일 것이다.

3도(귀의 이득)

그런 활용이 싫어 흑1로 늦 추면 백2로 치중한 후 7까 지 외길이다.

　백은 귀의 이득으로 만 족하고 이번에는 8의 걸침 으로 향한다. 물론 흑a면 백b. 귀에는 백c로 먹여치 는 패맛이 남아있다.

3도

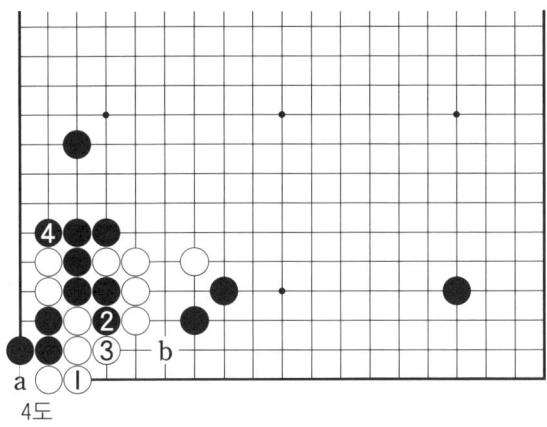

4도

4도(착각할 수도)

귀는 백1로 이어 수상전에 이길 수 있다고 생각하는 것은 착각이다.

흑2, 4면 백이 자충 형태라서 a로 들어갈 수 없다. 다만 백b의 활용은 가능한 정도다.

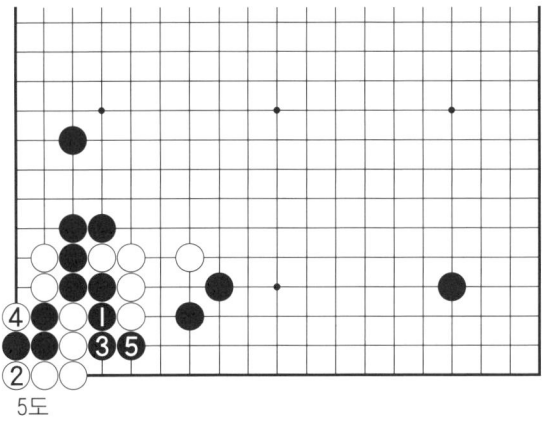

5도

5도(편협)

그렇다고 흑1 때 백2로 귀의 석점을 잡는 것은 편협된 행동이다.

흑3, 5면 중앙의 백 다섯점이 허공에 떠서 판을 그르치게 할 공산이 크다.

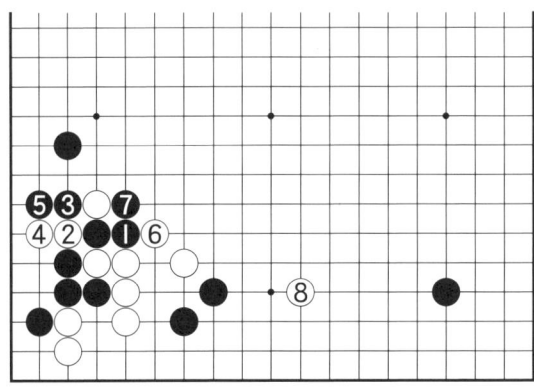

6도

6도(일단 기세)

백의 껴붙임에는 흑1로 나오는 것이 기세일 것이다. 그러면 백2로 끊어 활용한다. 이하 7까지는 외길이다. 좌하 백이 강화된 덕분에 8의 협공이 빛이 난다. 다음 그림을 보자.

4장

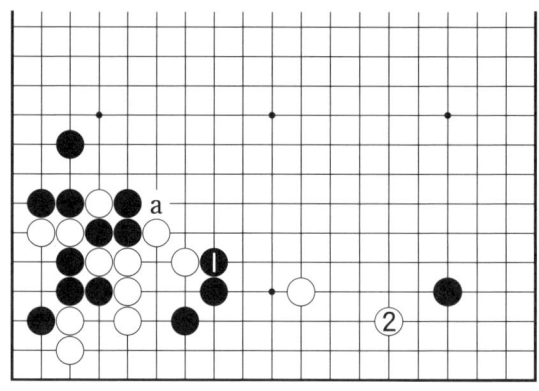

7도

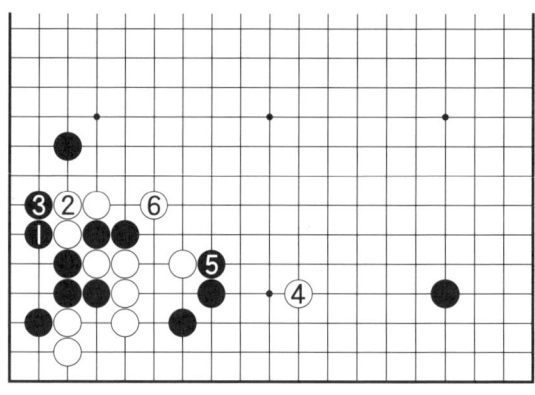

8도

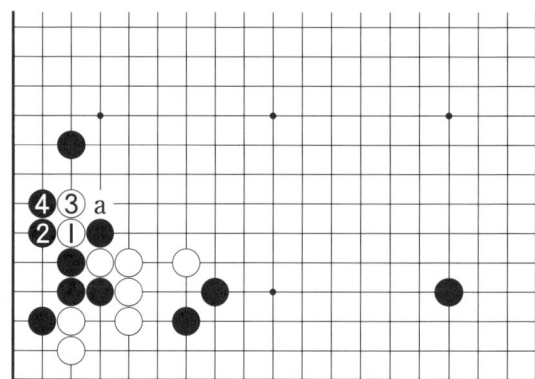

9도

7도(하변 걸침이 가능)

흑1로 움직이면 백은 손을 돌려 2로 걸칠 여유가 생긴다. 이게 큰 자랑이다. 좌변에서의 활용으로 좌하 백이 강화된 덕분이다(a까지 선수). 물론 좌변 석점은 사석으로 약간의 손실은 감수해야 한다.

8도(두점 장문)

백이 껴붙이고 끊을 때 흑 1, 3으로 넘는 것은 활용을 피하려는 생각이지만 백4로 협공한 후 6의 장문이 리드미컬한 행마다.

백이 양쪽을 두면서 두점을 잡아 두터운 결과다.

9도(단순한 끊음)

그런데 백이 단순히 1로 나와끊는 것은 묘미가 없다. 흑2, 4 다음 백a 정도로는 앞 그림과 같은 두터움을 얻을 수 없다.

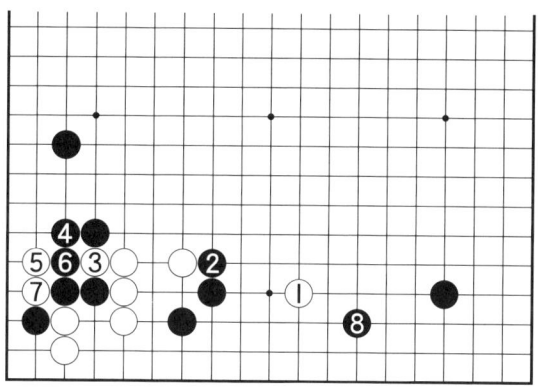

10도

10도(흑, 늦춤)

서두에 백1로 협공하고 싶은 자리라 했지만 먼저 둔후 3으로 공작에 들어가면 이번에는 흑4로 늦춘다.

백5, 7로 여기서는 이득이지만 흑8의 다가섬이 하변의 대세점이다. 그래서 뭐든지 타이밍이 중요하다.

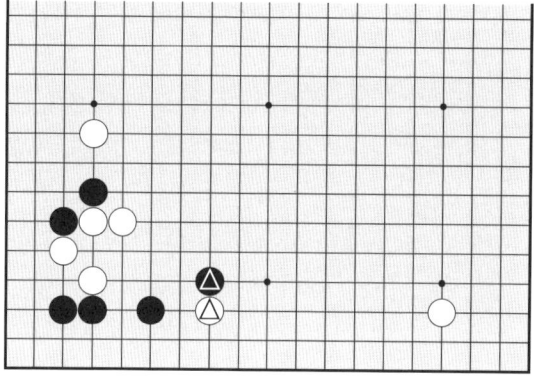

11도

11도(기대와 반격)

좌하귀는 화점 날일자걸침에 두칸높은협공에서 파생된 형태다.

백△로 압박하자 흑▲로 붙여온 장면이다. 여기서 흑의 기대와 백의 반격을 살펴본다.

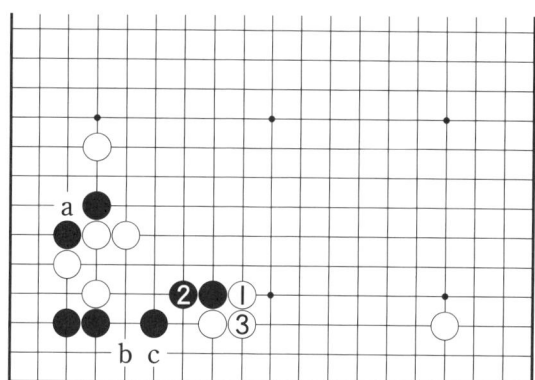

12도

12도(흑의 주문)

단순히 백1로 젖힌 후 3의 이음은 흑의 주문이다. 흑은 이렇게 귀를 안정시킨 후 좌변 a를 노릴 것이다.

여기서 귀의 안정은 백b의 침입에 달려있다. 지금이라면 흑c로 막을 수 있다.

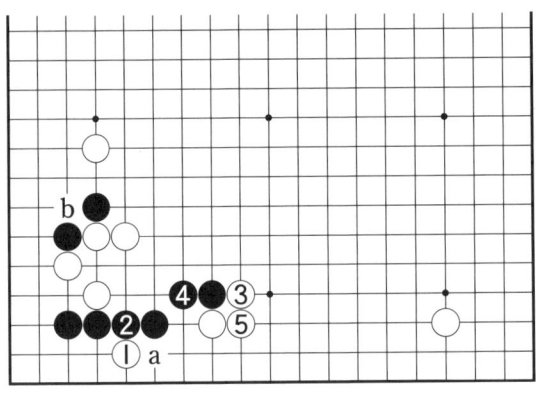

13도

13도(치중 타이밍)

흑이 머리에 붙일 때 바로 백1의 치중이 적절한 타이밍이다. 지금은 흑2로 받을 수밖에 없다. 그리고 나서 백3, 5로 젖혀잇는다. 흑은 a로 넘어가는 약점 때문에 b에 잇고 함부로 싸울 수 없다.

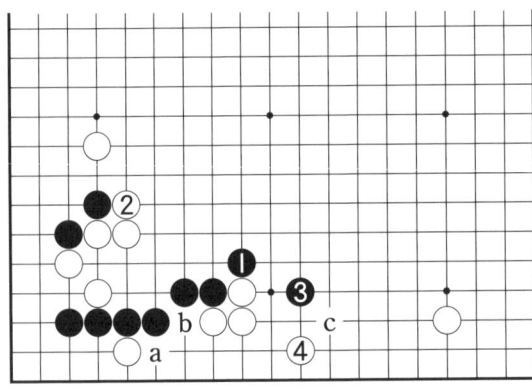

14도

14도(좌변 보강할 여유)

다음 흑1로 젖혀 움직이면 백도 이 정도에서 2로 좌변을 보강할 수 있다. 흑3으로 압박하면 백4로 견뎌도 a가 남은 만큼 충분하다. 다음 흑a나 b로 지키면 백은 c의 진출이나 더 큰 곳으로 향하는 진행이 될 것이다.

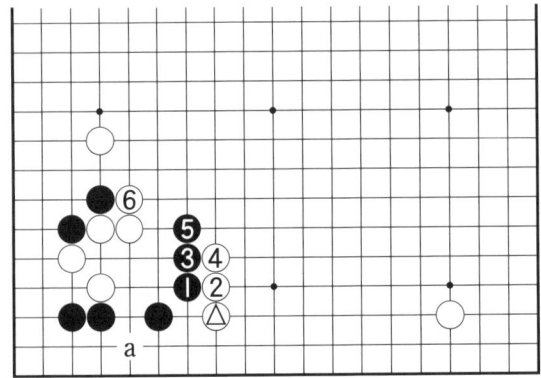

15도

15도(보통의 진행)

백△의 압박에 a의 치중이 있는 만큼 흑1의 마늘모 행마가 보통이다.

그러면 백2, 4로 밀어올려 변을 강화한 후 6으로 좌변을 보강해 충분하다.

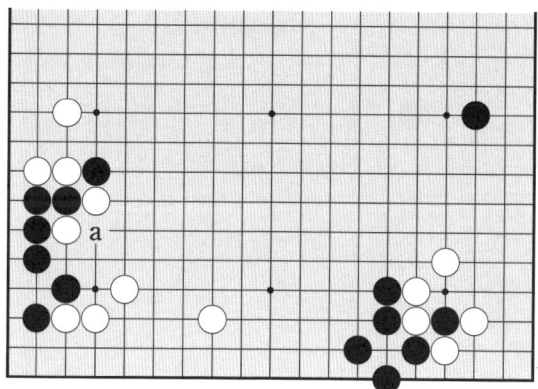

1도

1도(좌하귀의 처리법)

좌하귀가 초점이다. 흑이 여기를 어떻게 처리할지 고민인데, 무턱대고 a의 양단수는 어떨지….

상대에게 일방적 두터움을 주지 않으면서 당당한 전투를 유도하는 행마의 묘를 강구해야 한다.

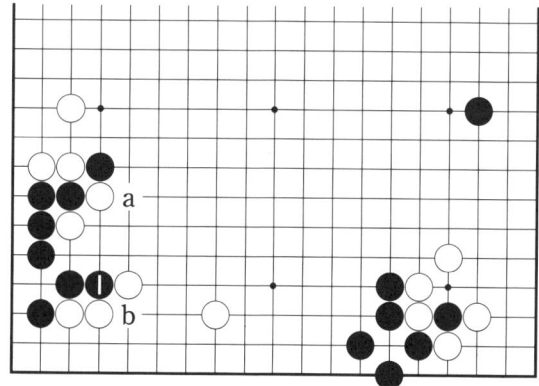

2도

2도(상대 두터움만 강화)

첫눈에 양단수가 보인다고 흑1, 3으로 무턱대고 나가면 백4의 중앙 젖힘을 당한다.

계속 흑5, 7이면 기분만 냈지 중앙에서 상대 두터움만 강화시킬 뿐이다.

3도

3도(속수가 맥점으로)

흑1로 치받는 것이 a부터의 단수와 b의 끊음을 맛보는 고급 행마의 묘다.

이렇게 부분적으로 속수 같아도 상황에 따라 맥점으로 둔갑하는 경우가 많다.

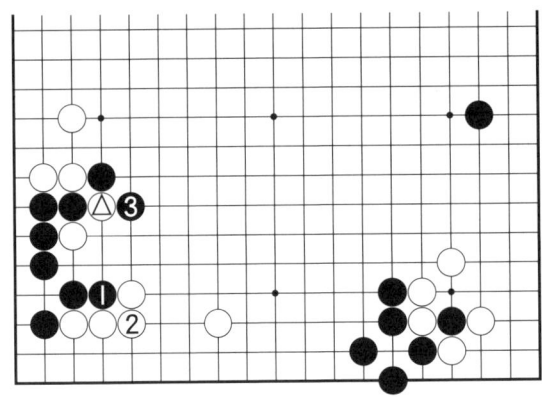

4도

4도(요석 잡힘)

만일 흑1에 백2로 이으면 흑3의 단수로 백의 요석 △가 잡히니 안 될 말씀이다. 백은 다른 수로 대응해야 할 것이다.

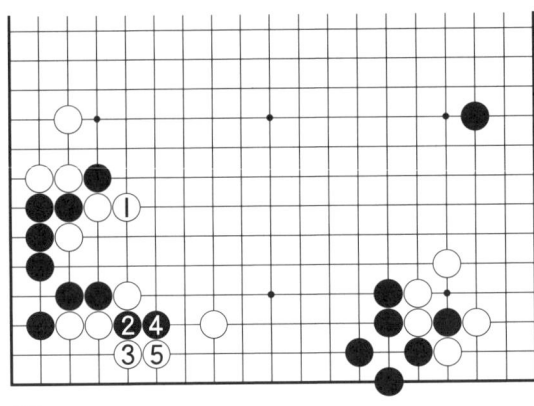

5도

5도(중앙 보강이 우선)

백은 요석이 잡히면 곤란하므로 중앙 보강을 우선 고려해야 한다.

　가령 백1로 는 후 흑2의 끊음에는 백3, 5로 2선에서 단수하며 견디는 수순을 생각할 수 있다.

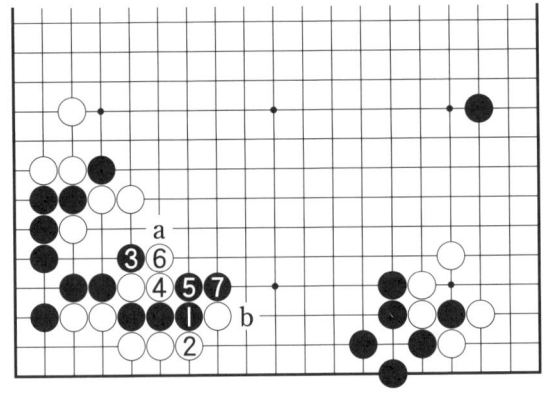

6도

6도(맞보기)

그러면 흑은 1로 치받은 후 3 이하 7의 수순으로 반격한다.

　그리고 보니 a의 축(축은 흑 유리로 가정)과 b의 단수가 맞보기로 백이 몰리는 상황이다.

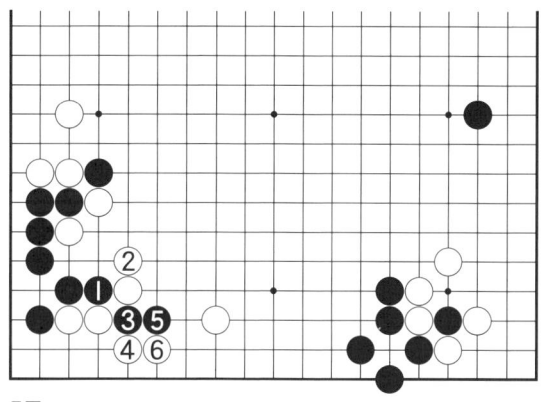

7도

7도(활용 후에)

따라서 흑1에는 백2로 위쪽에 느는 것이 절충점.

그러면 흑3, 5로 끊어 활용한 후 중앙을 겨냥한다. 계속해서···.

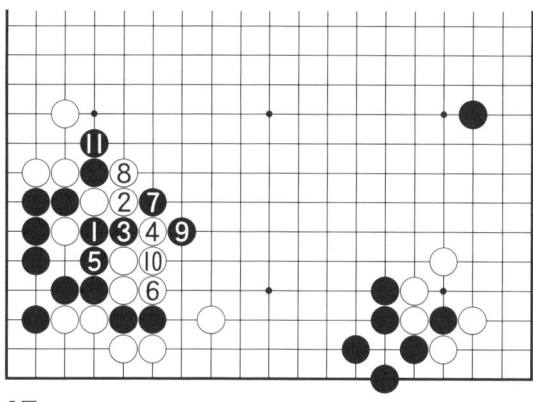

8도

8도(흑, 주도권 장악)

이번에는 흑1로 끊어 5까지 백의 외곽에 흠집을 내는 것이 교묘한 수순이다. 다음 백6으로 확실히 잡아두는 것이 안전하다. 그러면 흑은 7로 끊고 9를 활용한 후 11로 나가 중앙전투 주도권을 잡을 수 있다.

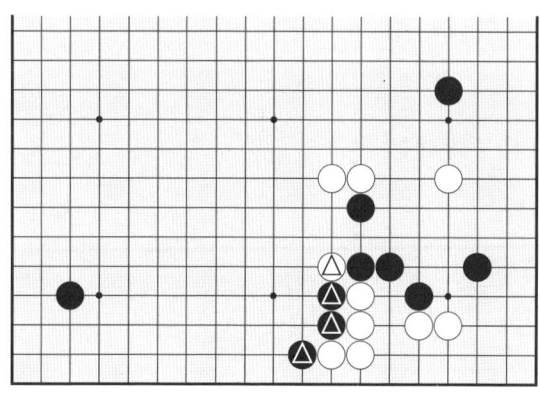

9도

9도(흑의 타개책은?)

우하 장면은 소목 날일자걸침 두칸높은 협공에서 언제든 나올 수 있는 모양이다. 그런데 가만히 보니 백△의 끊음으로 흑이 위기에 처했다. 당장 흑△들, 허약해보이지 않는가? 흑의 타개책을 강구해보자.

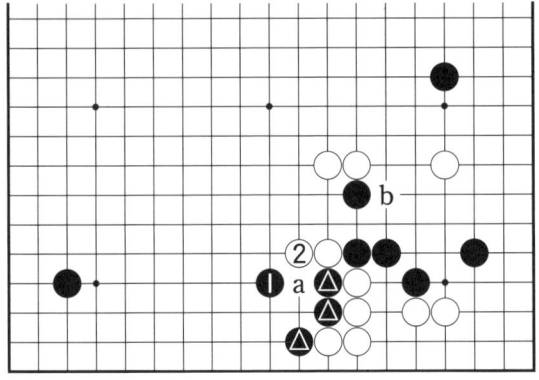

10도

10도(늘기만 해도)
흑이 ❹의 허약함에만 신
경 쓰면 고급 수단을 발견
하기 어렵다.
　가령 흑1로 뛰어 지키면
백2로 늘기만 해도 a와 b
가 맞보기로 흑이 궁지에
몰린다.

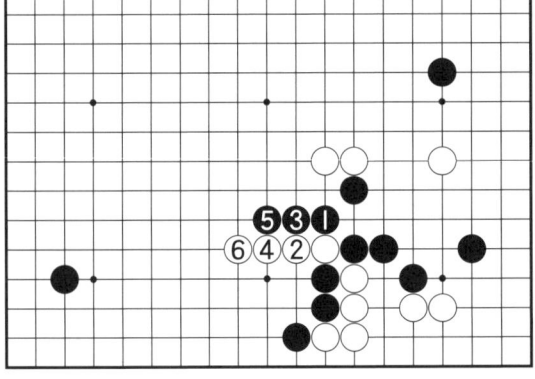

11도

11도(수레뒤밀기)
그렇다고 흑1 이하로 몰수
야 없지 않은가. 이하 6까
지 이건 '수레뒤밀기'라 해
서 나쁜 행마의 전형이다.
하변이 고스란히 백의 수
중에 들어갈 태세다.

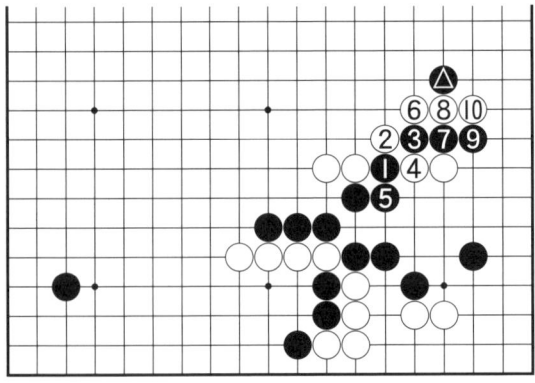

12도

12도(우변 관통)
만일 흑1, 3의 반격으로 하
변의 손실을 보충할 수만
있다면 좋겠지만, 백4 이하
10까지의 결과를 보라.
　오히려 흑❹가 폐석화되
며 우변이 관통돼 눈물을
삼켜야 한다.

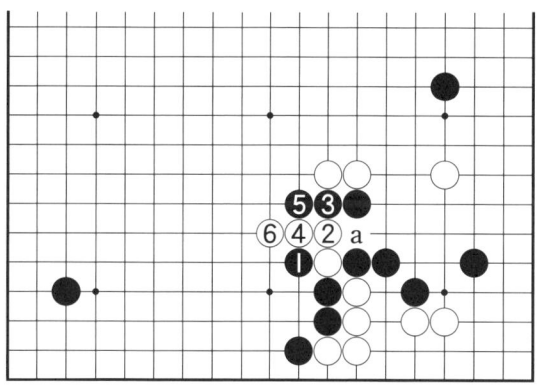

13도

13도(행마의 모범이지만)

흑1로 단수한 후 3, 5로 관통하는 것이 그나마 행마의 모범을 보여주고 있지만 다음이 없다.

오히려 하변의 약한 돌만 커졌고 a의 맛도 남는다. 좋은 기술도 상황에 맞게 써야 제 맛이다.

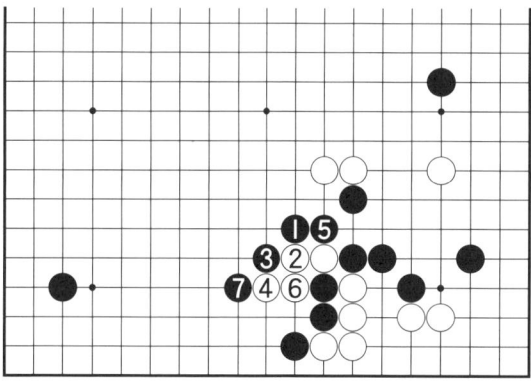

14도

14도(씌움)

흑1의 씌움이 이 상황에 맞는 고급 타개책이다. 백2에 흑3으로 두점머리를 두드린다. 이때 백4로 젖히면 흑5, 7의 수순으로 막는 자세가 좋다. 하변 약간의 손실은 두터움으로 충분히 상쇄하고도 남는다.

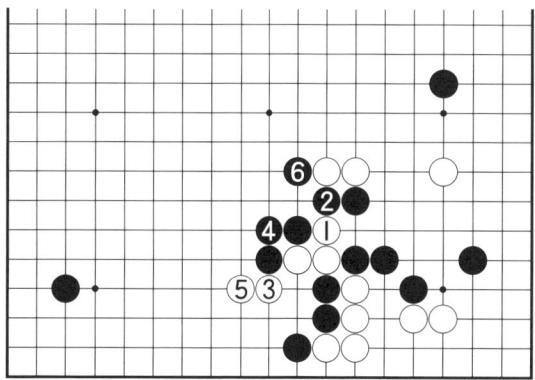

15도

15도(두터움으로 대항)

앞 그림 흑3에 백은 1로 하나 나간 후 3의 젖힘이 하변의 관계상 좀 나을 것이다. 그러면 흑은 4의 선수 후 6의 두터운 호구젖힘을 때릴 수 있다. 흑은 백의 실리에 맞서 두터움으로 충분히 대항한다.

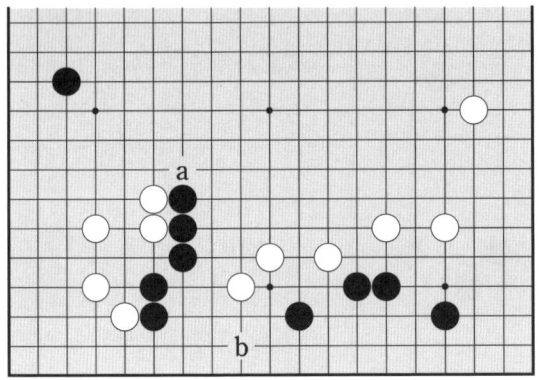

1도

1도(공격하기 전에)

백은 a로 젖혀 왼쪽 흑을 공격하고 싶은 장면이다. 그런데 흑b로 넘어가면 그뿐이다.

그렇다면 백은 선수로 그런 연결을 차단하고 싶을 것이다. 목표는 정해졌다. 곰곰이 생각해보자.

2도(건너붙임)

단도직입적으로 들어가서 백1의 건너붙임이 맥점이다. 흑2에 백3으로 끊고 흑4에 백5로 막는다.

여기서 흑은 숨을 고르면서 고민에 빠질 것이다.

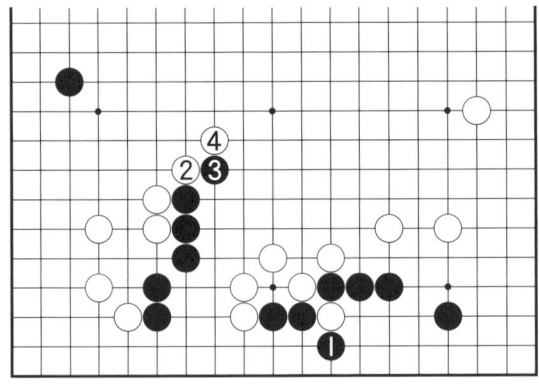

2도

3도(연결차단 후 공격)

다음 흑1로 잡으면 백2, 4의 이단젖힘이 보기에도 준엄한 공격이다.

여기까지 백의 행마가 물 흐르듯 리드미컬하다. 하변에서 선수로 연결을 차단한 효과다.

3도

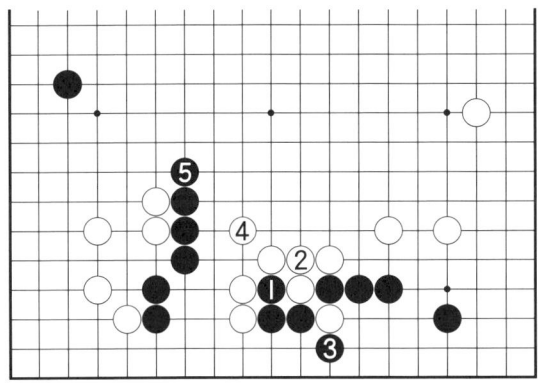

4도

4도(중앙 두터움)

상황에 따라서는, 2도 다음 흑이 1의 단수를 선수한 후 3으로 잡을지도 모른다. 그러면 백4의 지킴이 절대다. 그런 후 흑5로 늘어 위기를 벗어날 수도 있지만 대신 백의 중앙이 두텁다.

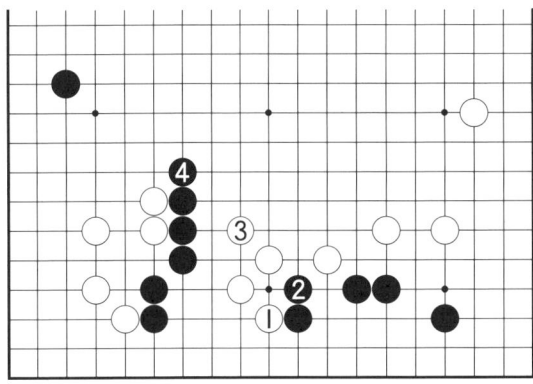

5도

5도(중앙 엷음)

백이 건너붙임의 고급수단을 모른다면 1로 마늘모 붙여 하변 차단에만 신경 쓸지 모른다. 그러면 흑2에 설 때 백3의 보강이 필요하다. 흑4로 늘면 중앙 두터움에서 백이 앞 그림만 못하다. 판을 넓혀 생각하면 이 차이는 크다.

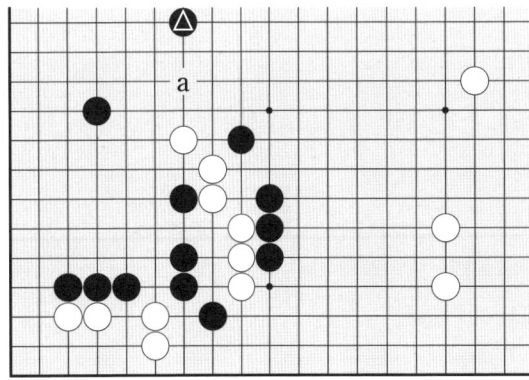

6도

6도(백의 타개책은?)

중앙 백말이 쫓기고 있는데, 백a로 진출하자니 흑❶에 가로막혀 거북한 장면이다.

그렇다면 백은 하변으로 움직여야 하는데 가장 좋은 타개책은? 좌하귀와 연관해서 생각해보자.

239

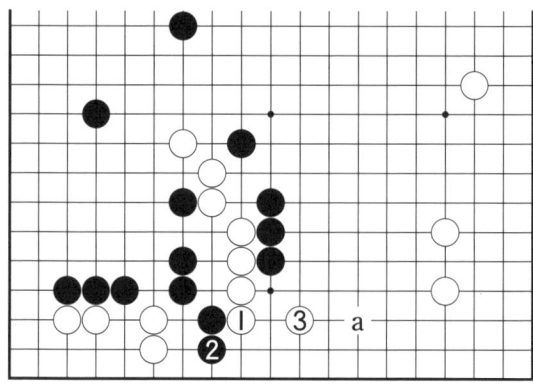

7도

7도(이걸로 만족?)

우선 백1, 3으로 움직이면 이 대마가 죽을 염려는 없다. 그러나 이걸로 만족한다면 아직 고급수준이 아니다. 이 대마는 우변과의 거리가 멀어 차후 흑이 a의 침투 등 여러 노림이 남아 좀 시달릴 모양이다.

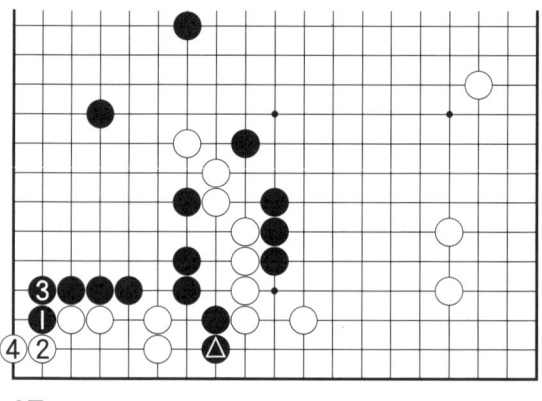

8도

8도(선수 끝내기)

또 하나 생각할 일은 ▲가 오면 흑1, 3의 젖혀이음이 귀에 선수로 듣는다는 점이다. 그러면 끝내기에서 흑이 큰 포인트를 올리는 셈이다.

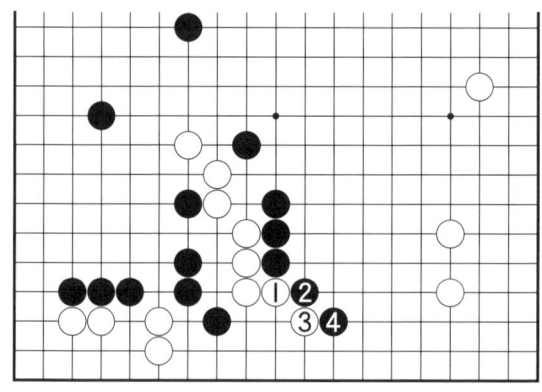

9도

9도(최악의 행마)

그럼 이번에는 백1로 꼬부려 움직여본다. 그러나 이 행마는 흑2, 4의 이단젖힘이 준엄해 몇 발자국 내딛기도 힘들다. 흑의 모양만 강화시켜 줄 뿐이다. 가장 최악의 순간이다.

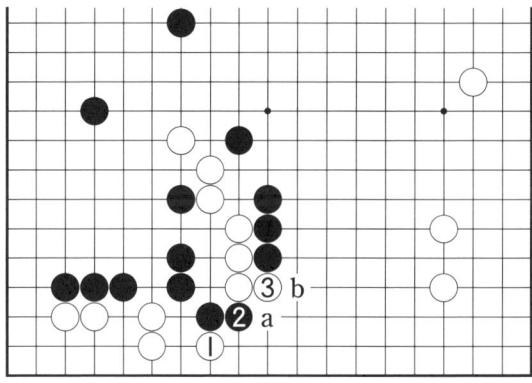

10도

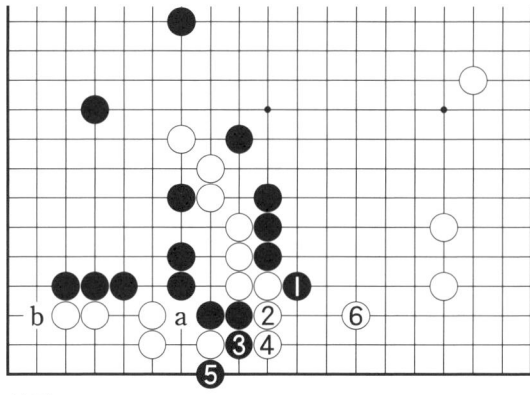

11도

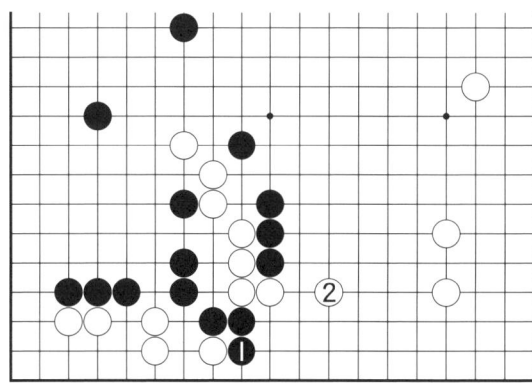

12도

10도(2선 붙임 후 나감)

자, 이제 답을 찾았는지….
백1의 2선 붙임이 교묘하
다. 흑2로 상대로 하여금
밀게 한 후 백3으로 나가
는 것이다. 보기에도 리드
미컬한 행마다. 이때 흑a
로 한번 더 밀면 백b로 나
가 기분 좋다. 그러면 중
앙 흑이 공격대상으로 떠
오를 것이다.

11도(귀와 신속 연결)

앞 그림에 이어 흑1이면 백
2, 4를 선수한 후 6으로 귀
와 신속하게 연결해간다.
　이번에는 a의 활용이 있
어 흑b의 젖힘이 선수로 듣
지 않는다는 점이 백의 자
랑이다.

12도(백, 뛰어나감)

또 10도 다음 흑1로 막으
면 백2로 뛰어나가면 된다.
이제 흑은 중앙 곤마를 걱
정해야 할 것이다.

241

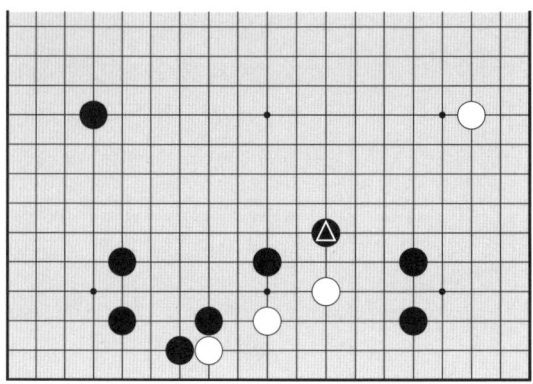

1도

1도(어떻게 살까?)

하변을 유심히 보기 바란 다. 흑이 ●로 모자를 씌 우자 백이 거의 갇힌 모양 으로 안에서 살아야 할 절 체절명의 순간이다. 그런 데 어떻게 사는 것이 가장 효과적인지 궁리해보자. 한번쯤은 이런 곤경에 처 하지는 않았던가?

2도(탈출 수단)

물론 탈출이 불가능한 일 은 아니다.

　백1, 3으로 들여다보고 붙임. 많이 보아왔던 수법 아닌가?

2도

3도(추격하며 이득)

다음 흑1로 차단하면 백2 로 끊은 후 8까지의 수순 으로 빠져나가는 데는 성 공한다.

　그런데 흑은 9로 계속 추격하면서 이득을 얻을 것이다. 그러므로 피투성 이로 쫓기느니 안에서 사 는 것이 좋을 때가 많다.

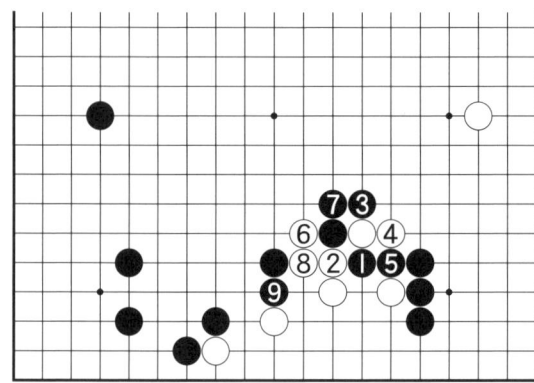

3도

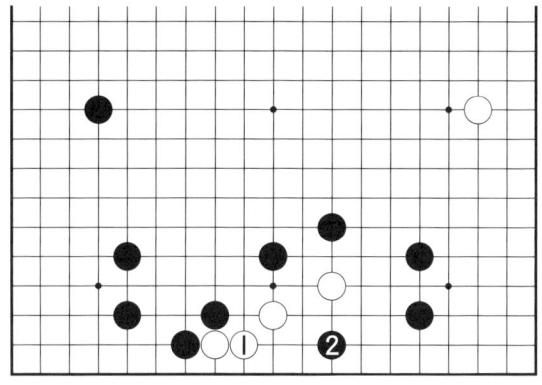

4도

4도(쉽지 않은 삶)

이제 사는 방법에 대해 얘기할 때다.

우선 백1의 늘기는 실리로는 큰 곳이지만 흑2로 달렸을 때 안형이 수상하다. 딱 봐도 살기가 쉽지 않을 것이다.

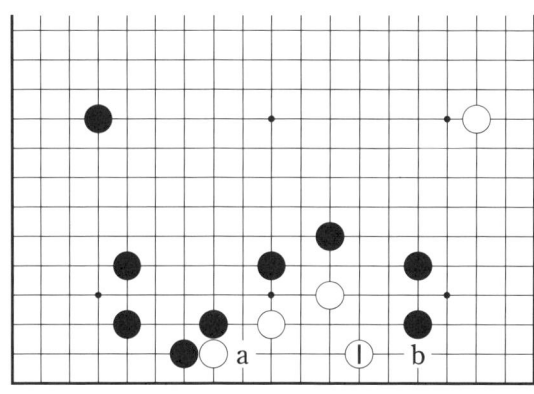

5도

5도(공간을 넓히지만)

백1, 3으로 공간을 최대한 넓혀 사는 방법이 가장 알기 쉬울 것이다.

그런데 흑4로 선수 한점 뜯기는 것이 아프고 우하귀도 막혀 탄력이 없다.

6도

6도(효율적 발상)

백1의 날일자 행마가 효율적 발상이다.

a의 이음과 b의 붙임을 맞보고 있는 것이다. 이런 수가 탄력적인 행마라 할 수 있다.

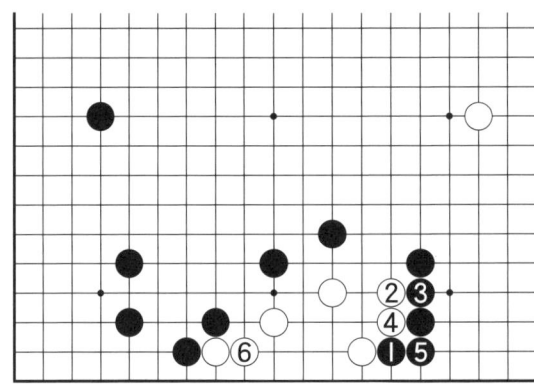

7도

7도(귀에서 막으면)

만일 흑1로 귀의 붙임을 차단하면 백2, 4를 결정한 후 6에 늘어 보기 좋게 살아버린다.

5도와 비교해 큰 차이가 남을 알 수 있다.

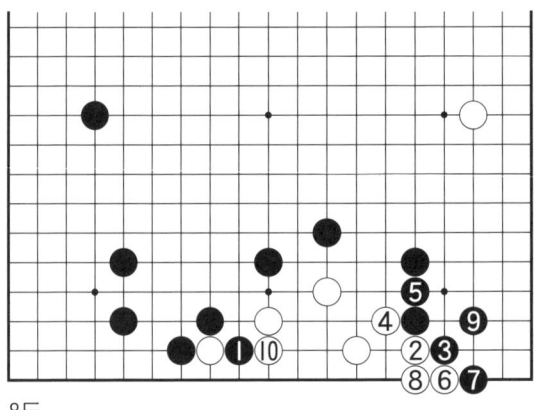

8도

8도(귀의 활용)

흑1로 한점부터 잡으면 이번에는 백2로 붙여 8까지 활용한 후 10으로 막는다.

귀를 잠식하며 사는 과정이 보기 좋지 않은가.

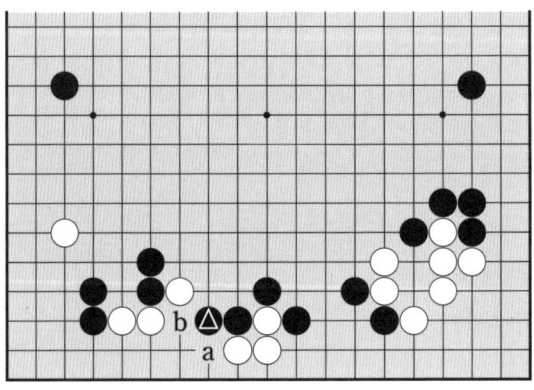

9도

9도(백의 효율적 선택은?)

우하귀와 좌하귀는 화점 양걸침에서 나온 모양이다. 하변에서의 접전이 초점.

흑△로 늘었을 때 백은 어떻게 받는 것이 효율적일까? a와 b의 선택이지만 그 전에 생각할 찬스가 있는데….

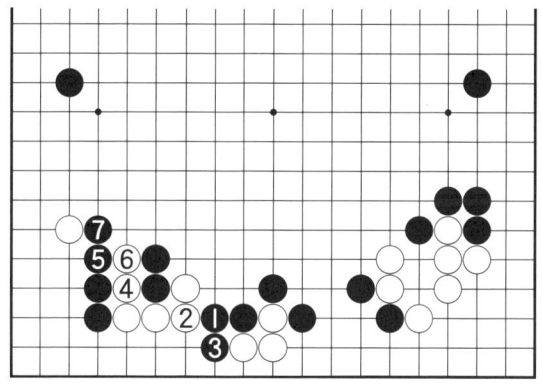

10도

10도(중앙 이음이면)

우선 흑1에 중앙 백2로 이어보자. 이것은 흑3으로 백 석점이 고스란히 잡힌다. 그런 후 백4로 뚫어봤자 흑5, 7로 슬슬 늘어가면 그뿐이다. 좌변에서의 손실만 커질 뿐.

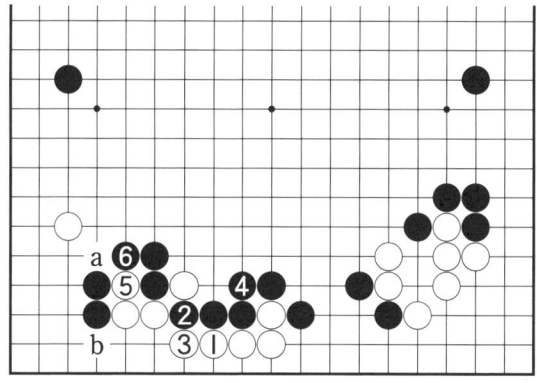

11도

11도(석점을 살린 이후)

이번에는 백1, 3으로 하변 석점을 살려보자.

흑4로 이은 후 백은 5로 나와 a로 끊을 수 있어야 운영이 될 텐데 흑b가 선수로 들어 오히려 곤란하다.

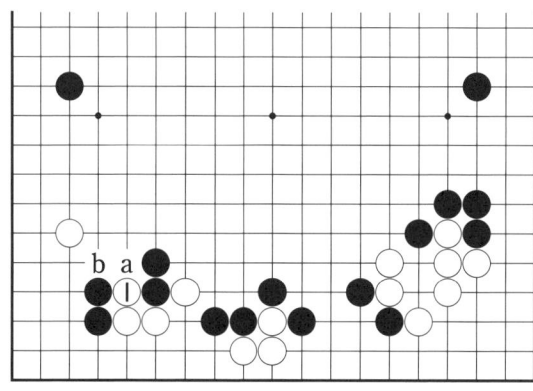

12도

12도(먼저 나감)

여기서 착안할 수 있는 것이 백1로 먼저 나가보는 것이다.

흑이 a로 막을지, b로 늦출지 의중을 먼저 물어보는 것이다. 이것이 효율적 행마이자 수순의 묘라 할 수 있다.

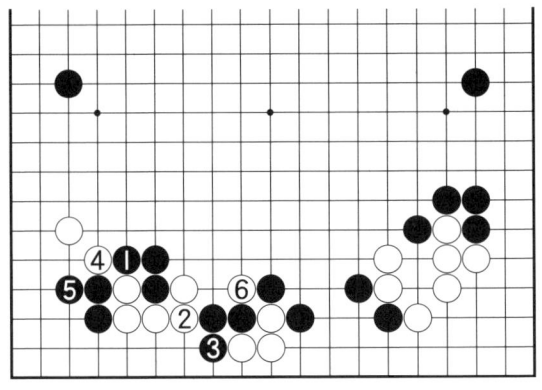

13도

13도(수순의 차이)

흑1로 막으면 백2로 중앙
을 이은 후 4로 끊는 것이
수순이다(10도와 비교해보
면 수순의 차이를 알 수 있
다). 흑5로 귀를 지킬 때 백
6의 끊음은 상대의 약점을
이용해 중앙을 강화하려는
의도다.

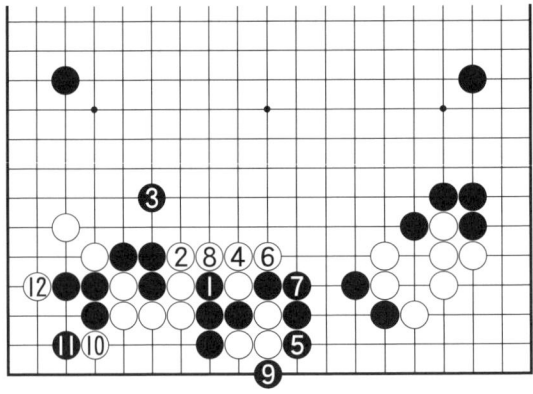

14도

14도(사석작전)

계속해서 흑1로 단수해오
지만 백은 2가 선수가 되니
4로 나갈 수 있다. 이하 9
까지는 필연.

기분 좋은 사석작전이
다. 다음 백은 10, 12로 귀
를 압박하면서 두텁게 두
어갈 수 있다.

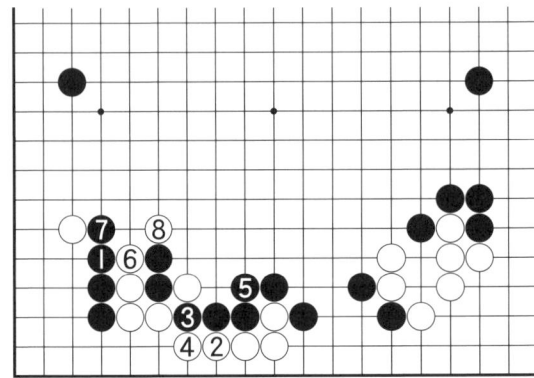

15도

15도(두점머리 단수)

12도 다음 흑1로 늦추면 이
번에는 2, 4로 하변 석점을
살린다.

흑5의 이음을 기다려 백
6, 8로 뚫고나오며 두점머
리를 단수해 기분 좋은 흐
름이다.

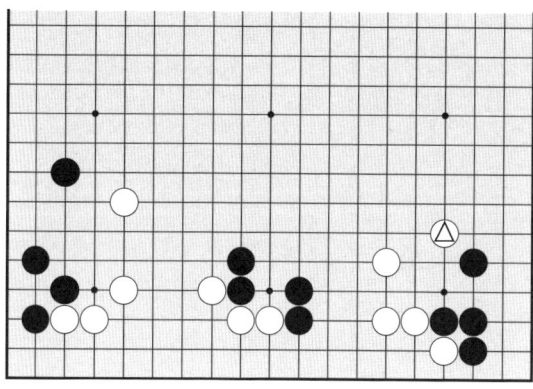

1도

1도(흑의 반격 수단은?)

우하변에서 접전이 벌어지고 있다. 백△로 씌운 장면. 이 수의 의도는 이쪽 백을 강화시킨 후 하변 흑 넉점에 대한 공격에 있다.

흑이 그런 상대의 의중을 거스르는 공격적인 수단을 생각해보자.

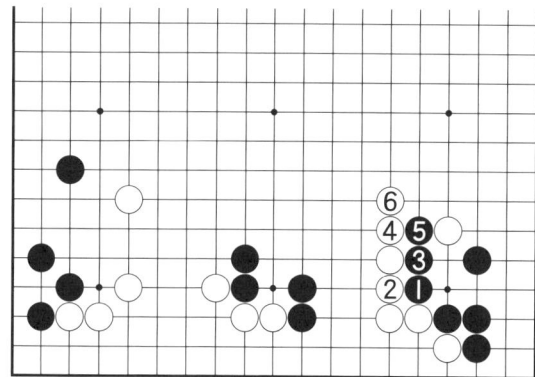

2도

2도(흑의 가시밭길)

백의 씌움에 흑1로 받는 것은 백의 의도대로다.

백은 2, 4를 선수해 우변을 강화시킨 후 6으로 강력한 공격을 퍼부을 것이다. 흑의 가시밭길이 예견된다.

3도(빈틈없는 두터움)

이번에는 흑1, 3의 반격. 나와 끊으려는 생각이다. 그런데 의도는 좋았으나 수순이 잘못되었다.

백은 막지 않고 계속 4, 6으로 늦출 것이다. 백의 빈틈없는 두터움이 위협적이다.

3도

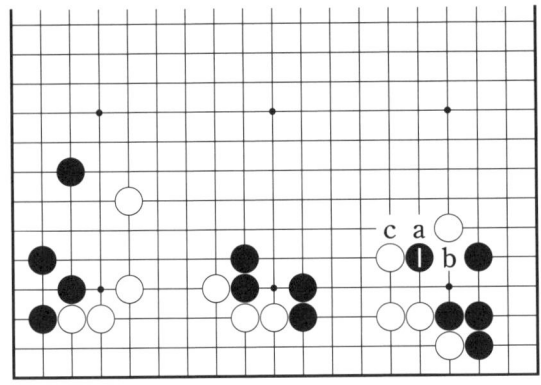

4도

4도(역습 붙임)

가만히 흑1의 붙임이 상대의 의표를 찌르는 공격 행마다. 일종의 역습이다.

이제 백은 a~c 중에서 선택해야 하는데 각각 어떤 변화가 이루어질지 살펴보자.

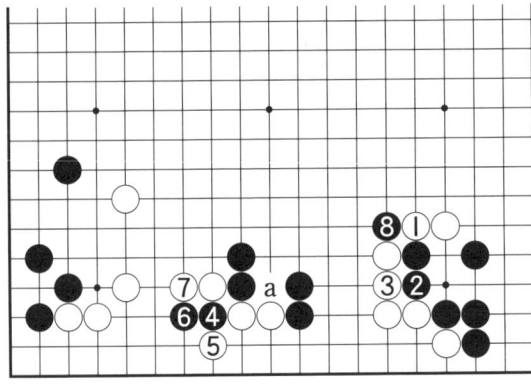

5도

5도(흑, 주도권 장악)

먼저 백1로 막는 수. 흑은 2의 선수 후 하변 4의 끊음이 좋은 활용이다.

백은 5, 7의 대응이 보통인데 이때 흑8이 강력한 끊음이다. 이제부터 전투력에 달려있지만 주도권은 흑이 잡고 있다(흑a가 선수인 점도 가세한다).

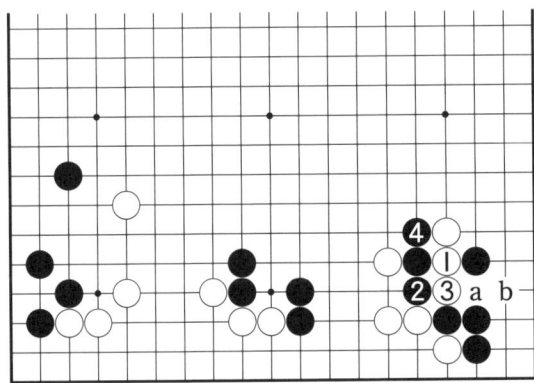

6도

6도(백, 엷음)

4도 다음, 이번에는 백1로 뚫는 수. 기세는 좋지만 강공책에 불과하다.

흑2, 4로 끊어 강하게 맞대응하면 양쪽 백이 엷어 무리한 싸움이다. 귀는 백a로 뚫어도 흑b로 막아 살아있기에….

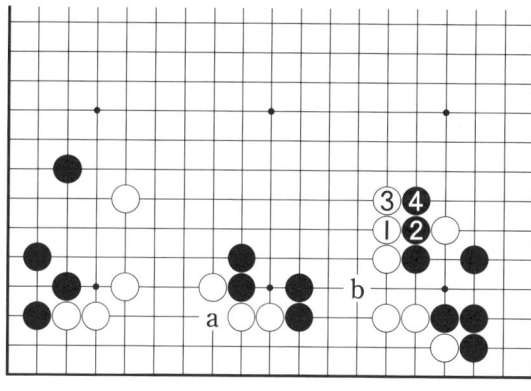

7도

7도(흑, 만족)

백도 일단 1로 늦추는 것이 최선일 것이다. 그러면 흑2로 뚫고 백3으로 한번 더 늦추면 일단 흑4로 밀어간다. 이 결과는 우변 흑이 커져 만족이다. 하변 흑은 a와 b가 모두 활용이 되니 그리 걱정할 일이 아니다(3도와 비교해보라).

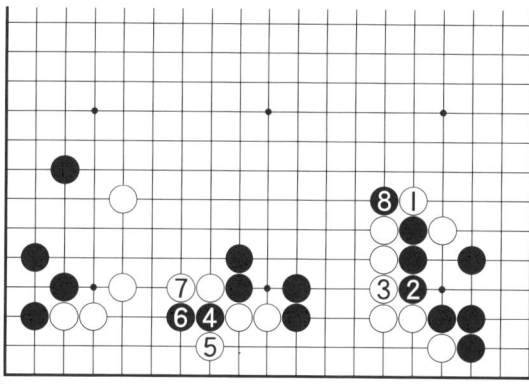

8도

8도(흑, 충분한 싸움)

백도 앞 그림 3으로 백1에 막는 것이 기세일 것이다.

그러면 흑은 2를 선수한 후 4로 끊어 일단 하변을 활용한다. 그런 후 8의 끊음이면 충분히 싸울 수 있다.

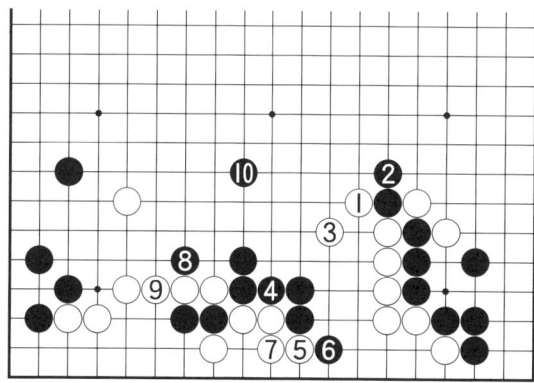

9도

9도(이후 진행)

조금 더 진행해보자. 백1, 3으로 지키면 흑은 4 이하 8로 중앙을 보강한 후 10으로 진출한다.

일단 우변에서 한건 한 흑이 충분히 둘 수 있지 않은가?

249

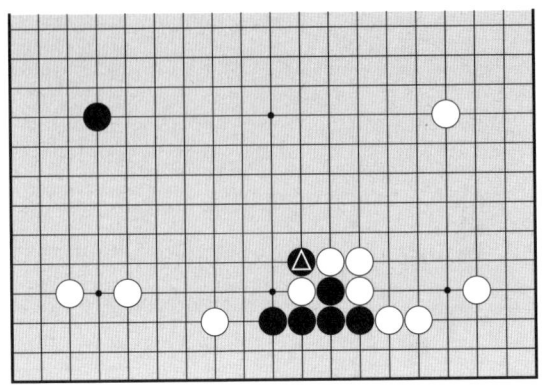

10도

10도(백의 공격 수단은?)
백이 하변 흑을 압박해 나
온 모양이다. 흑▲로 끊어
서 수습하려는 장면이다.
　여기서 백은 흑의 의도
를 거스르는 강력한 공격
수단을 생각해보자.

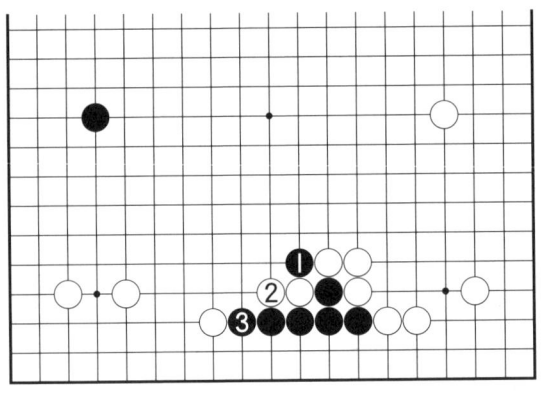

11도

11도(하수의 행마)
흑1의 단수에 백2로 그냥
나가는 것은 하수의 행마
다. 흑3으로 부딪치기만 해
도 백은 다음 응수가 마땅
치 않다.

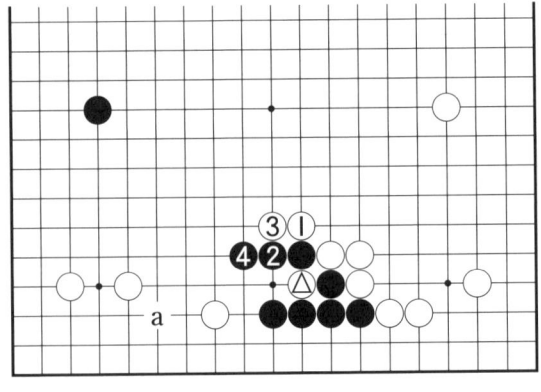

12도

12도(안정하고 나면)
그렇다고 백1, 3으로 △ 한
점을 깨끗이 헌납하는 것
은 너무 아쉽다.
　이렇게 쉽게 흑이 안정
되면 백이 오히려 엷어져
a 등의 약점이 노출된다.

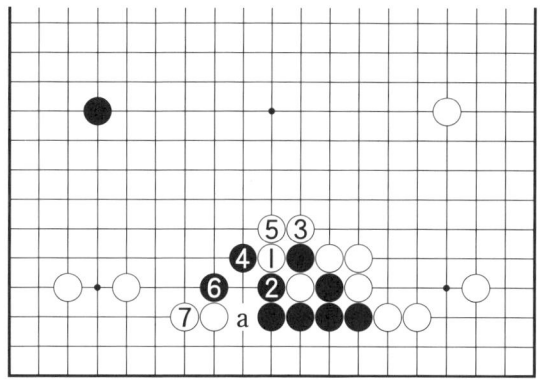

13도

13도(되단수)

백1의 되단수가 상대의 의표를 찌르는 공격 행마다. 흑2로 따내면 백3으로 이쪽을 옥집으로 만들며 봉쇄한다. 흑4, 6으로 타개해 가겠지만 백a가 선수라 흑은 미생. 앞으로 시달릴 모양이다.

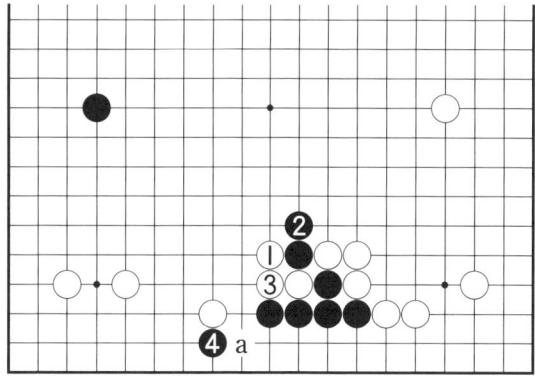

14도

14도(자체 수습은 가능)

백1에는 흑도 2로 나가 맛을 남기는 것이 보통이다. 백3으로 이을 때 흑4의 붙임으로 자체 수습은 가능하다.

이때 백a로 한점을 잡으면 중앙 석점이 떨어지므로 조심해야 한다.

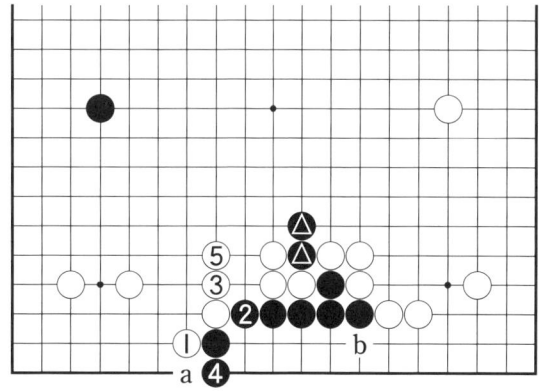

15도

15도(선수 삶이지만)

계속해서 백1에 흑은 2, 4로 살아두고 백5의 지킴까지 일단락이다.

흑은 선수로 살았으나 차후 백a와 b가 모두 선수이고 ▲도 중앙에 떠 있어 백이 충분한 모습이다.

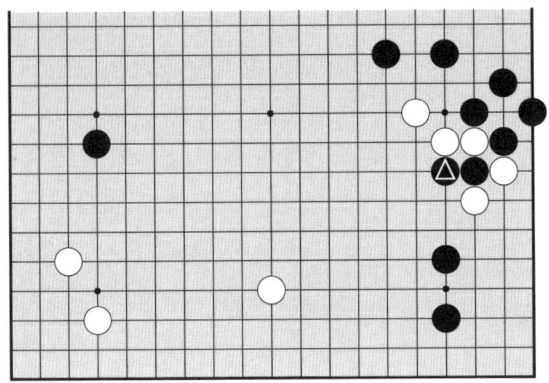

1도

1도(수습의 묘책은?)

우변이 초점이다. 축이 유리한 흑이 ▲로 나간 장면이다. 백이 양쪽을 다 살리는 것은 어려운 노릇이다. 언뜻 위기에 처한 모습이다. 그러나 우하귀와 관련해 수습의 묘책은 있다. 잘 생각해보자.

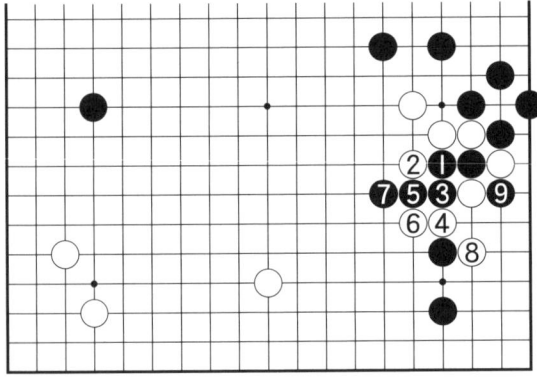

2도

2도(백의 손실이 막심)

흑1에 어차피 축은 불리하니 백2 이하 8로 치고나와 귀에 영향이라도 주면 어떨까 생각할지도 모른다.

그러나 9까지 되면 귀에 큰 영향은 없고 백의 손실이 이만저만 아니다.

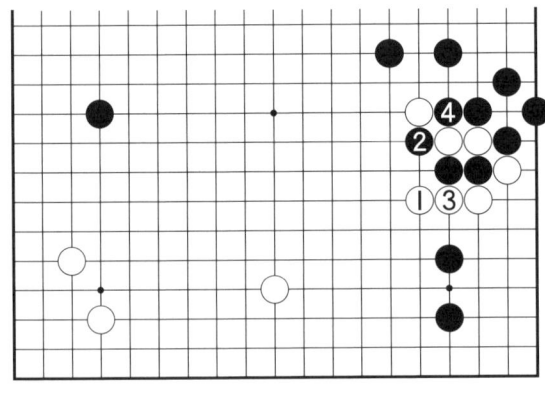

3도

3도(고난의 행군)

또 백1로 씌움은 4까지 귀의 영향은 고사하고 우변의 손실이라도 최소화시키자는 생각이지만, 역시 앞길이 고난의 행군일 것이다.

좀 더 귀와 연관된 파격적인 수단이 없을까?

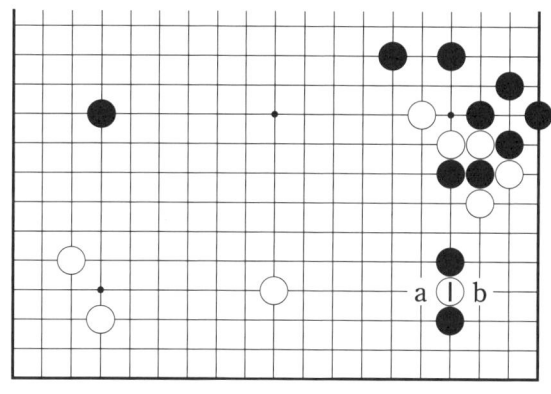

4도

4도(끼움)

백1의 끼움이 위기를 돌파
하는 파격적인 고급 행마
다. 그러면 흑은 일단 a나
b를 선택하게 되는데 각각
의 변화를 살펴본다.

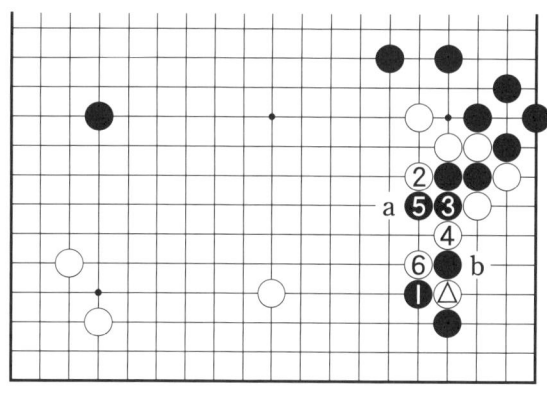

5도

5도(맞보기)

먼저 흑1로 바깥에서 단수
치는 수. 그러면 백2 이하
치고나와 6 다음 a의 단수
와 b의 빵따냄이 맞보기다.
이때 백△의 끼움이 절묘
한 작용을 한다.

그렇다고 흑이 완전히
망가진 것은 아니다.

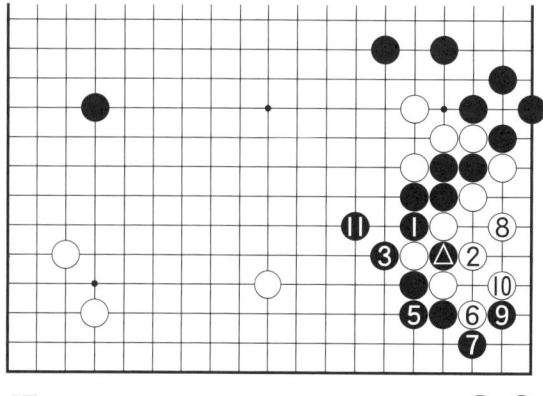

6도   ④…△

6도(타협)

이후의 진행을 예상해보면
흑1, 3으로 봉쇄한 이후 백
은 10까지 귀를 잠식하며
우변을 살리고 흑은 11로
두텁게 중앙을 지켜둔다.
이 정도면 서로 타협일 것
이다. 어쨌든 2도, 3도와
비교해보면 끼움의 효과를
톡톡히 보고 있다.

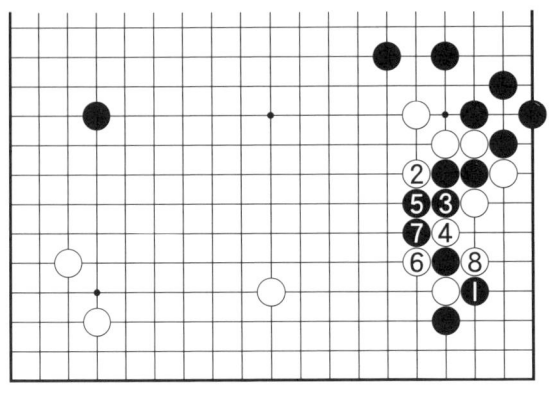

7도

7도(귀에서 단수하면)

이번에는 흑1로 귀에서의 단수. 이하 8까지 앞서와 같은 진행이다.

그런데 이 결과는 흑1이 엉뚱한 자리에 놓여있어 흑진이 분리된 모양이다. 흑이 선택할 수 없는 그림이다.

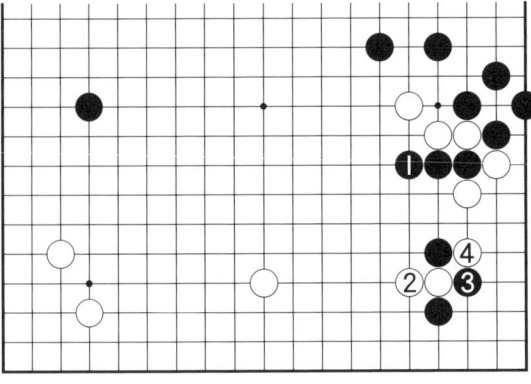

8도

8도(백, 충분)

만일 백의 끼움에 아예 무시하고 흑1로 늘면 어떨까?

그러면 백2, 4로 끊어서 충분히 둘 수 있다.

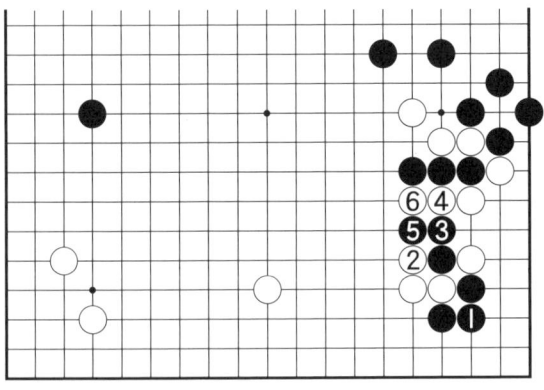

9도

9도(석점 맞보기)

다음 흑1로 이으면 백2의 단수로 문제없다.

설마 흑3으로 나가지는 못할 것이다. 이하 6까지 되면 위아래 어느 쪽이든 석점이 잡히지 않는가.

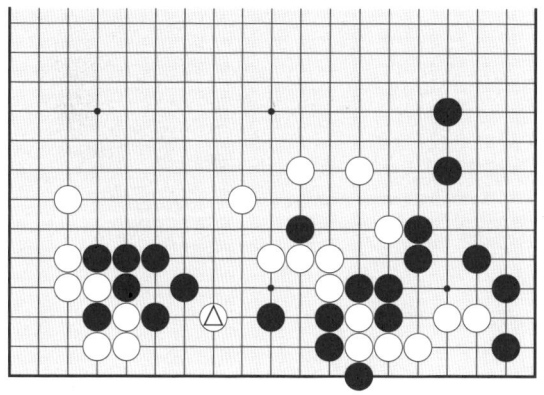

10도

10도(흑의 연결 수단은?)

백△로 침입한 장면이다. 만일 하변의 흑 일단이 잡히면 우하귀 백도 자동적으로 살아난다. 좌측 흑도 위험하지 않은가. 그러므로 흑은 반드시 좌우로 연결해야 한다. 그리 간단하지는 않고 생각을 요한다.

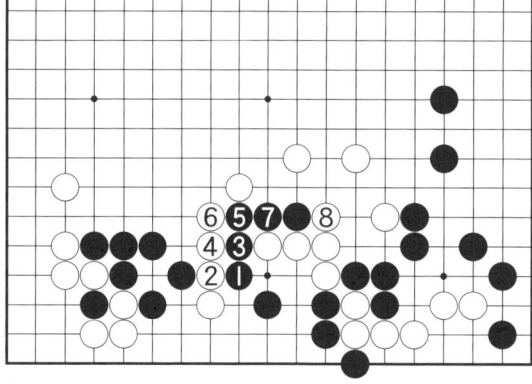

11도

11도(봉쇄)

만일 흑1 이하 7로 아무런 생각 없이 나가는 것은 8까지 봉쇄된다.

우하귀 백과의 수상전도 불리하다. 더구나 좌하 흑도 고사될지도 모른다.

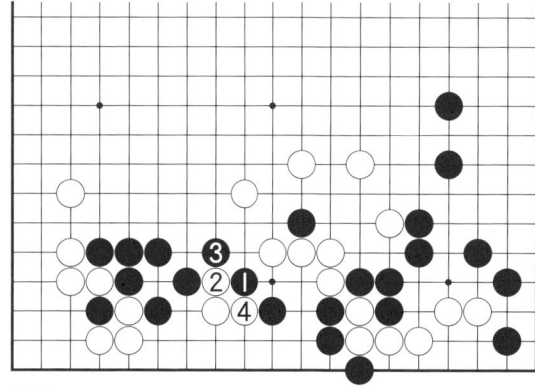

12도

12도(연락 두절)

흑1로 나가고 백2에 흑3으로 막아도 백4로 치받으면 흑은 연락이 두절된다.

먼저 마늘모로 나가려고 하는 데 문제가 있음을 알 수 있다.

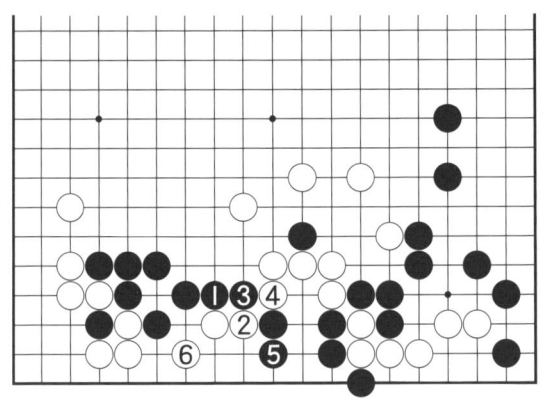

13도

13도(눌러가도 끊김)

흑1, 3으로 눌러가도 역시 백4에 끊긴다.

다음 흑5에 백6으로 넘어가 그만이다.

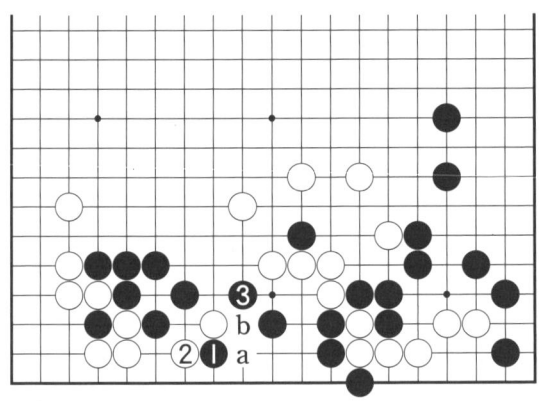

14도

14도(붙인 후 나감)

흑1로 2선에 붙인 후 백2의 젖힘을 기다려 흑3으로 나가는 것이 위기를 돌파하는 절묘한 수순이다.

만일 흑1에 백a로 젖히면 흑b로 끊어 좌측과 연결된다.

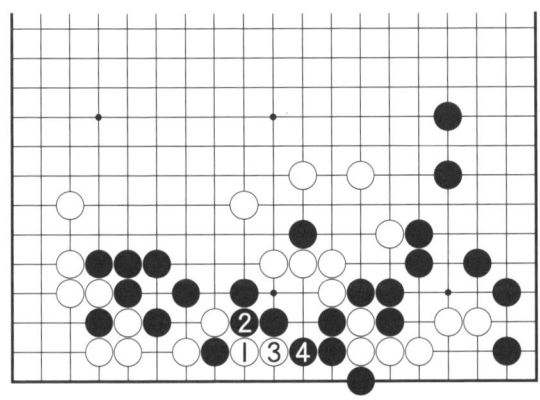

15도

15도(확실한 응수)

앞 그림에 이어 백1로 한 점을 잡으면 흑2가 확실한 응수다.

백3에는 흑4의 막음. 백은 더 이상 흑을 차단할 수 없다.

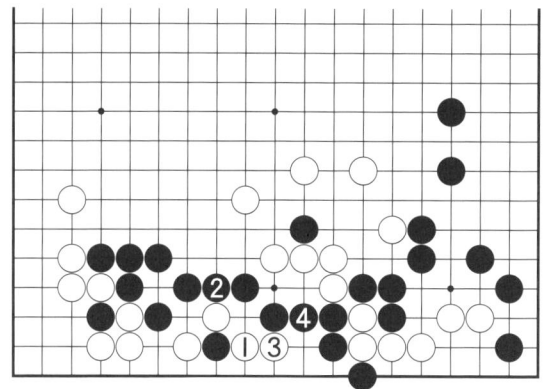

16도

16도(착각수)

백1 때 흑2로 그냥 막는 것은 착각수이다.

물론 백3이면 흑4로 이어 그만이지만 ….

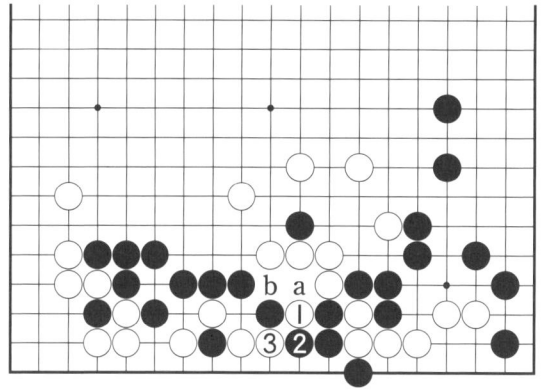

17도

17도(패)

백1로 먼저 끼운 후 흑2에 백3으로 끊는 수단이 있다. 그러면 흑a, 백b로 패가 발생한다.

좁은 곳에서는 이런 아기자기한 수단이 생기므로 주의를 요한다.

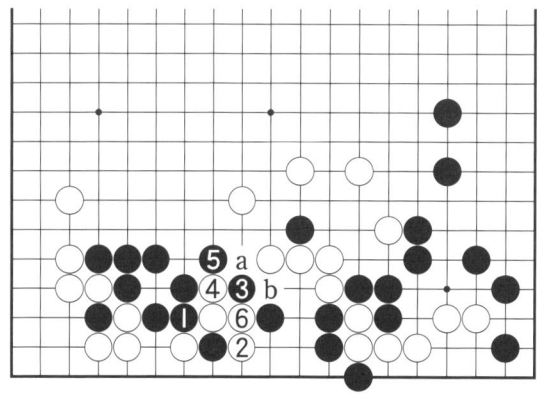

18도

18도(맞보기)

백이 젖힐 때 흑이 마늘모로 나가지 않고 먼저 1로 끊는 것도 잘못이다.

백2로 잡고 나서 흑3으로 나가면 백4, 6으로 a와 b가 맞보기, 연락이 두절되고 만다.

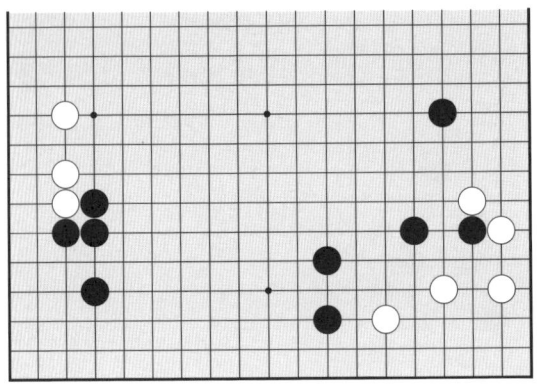

1도

1도(백의 삭감책은?)

하중앙 흑의 영토가 구체화되기 전에 백은 삭감을 서둘러야 할 타이밍이다. 그런데 흑진의 공간이 넓으므로 침투성 삭감이 필요할 듯…. 그렇다면 어떻게 침투할지 생각해보자. 판의 형세를 크게 내다보고 방향을 잡아야 한다.

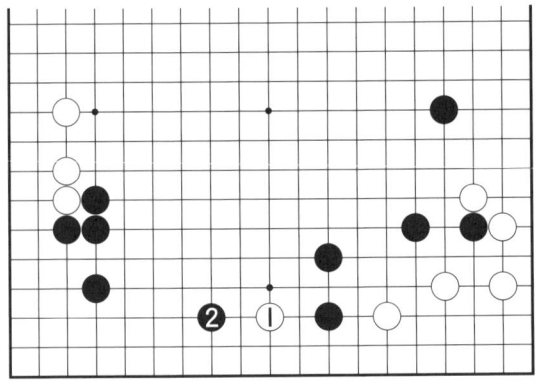

2도

2도(협공이 제격)

변의 침입이라면 백1 자리를 생각할 수 있지만 흑2의 협공이 제격이다.

그러므로 백은 우선 귀쪽을 겨냥하는 것이 올바른 방향이다.

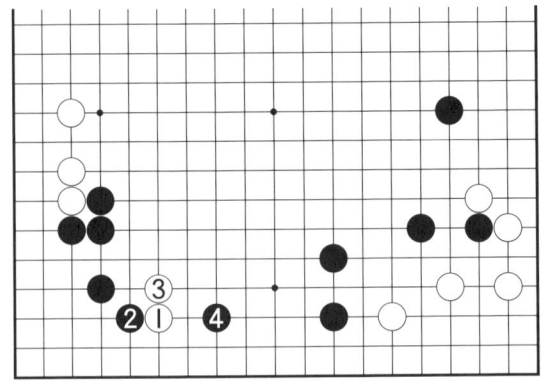

3도

3도(공격이 안성맞춤)

만일 이런데서 천연덕스럽게 백1로 걸치는 것은 흑2, 4의 공격이 안성맞춤이다. 백이 쫓기는 사이 흑은 대세를 장악할 것이다. 하수라면 수없이 당하지 않았던가.

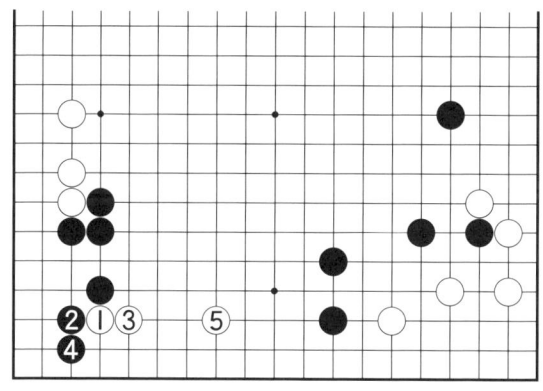

4도

4도(혼자만의 생각)

백1의 붙임도 부분적으로 많이 쓰는 수단이다.

흑2로 귀에서 받는다면 이하 5까지 안착해 백의 이상형이다. 그러나 혼자만의 생각이다.

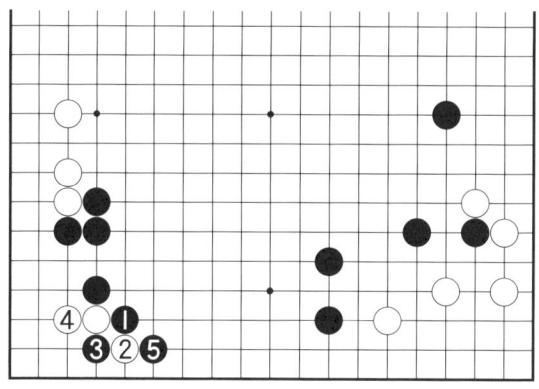

5도

5도(견고한 흑진)

흑은 1로 바깥에서 막고 백2로 젖히면 흑3, 5로 잡아서 그만이다.

백이 안에서 겨우 산다 해도 이미 견고해진 하변 흑진의 규모를 감당할 수 없을 것이다.

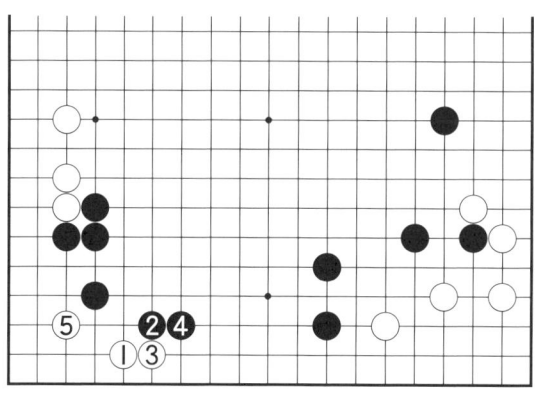

6도

6도(처진 날일자)

백1의 처진 날일자가 좀 고민한 흔적이 있다.

흑2로 평범히 받으면 백3, 5로 귀와 변을 적절히 잠식해 백이 자축할지도 모른다. 그러나 역시 혼자만의 생각이다.

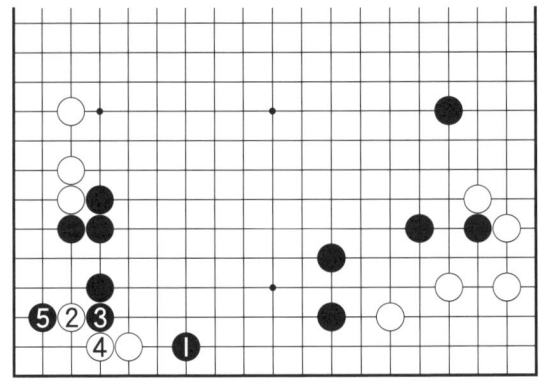

7도

7도(2선 공격)

흑1의 2선 공격이 준엄하다. 백2로 귀에 들어오면 흑3, 5가 안형을 공략하는 방법이다. 백의 앞길이 순탄치 않다.

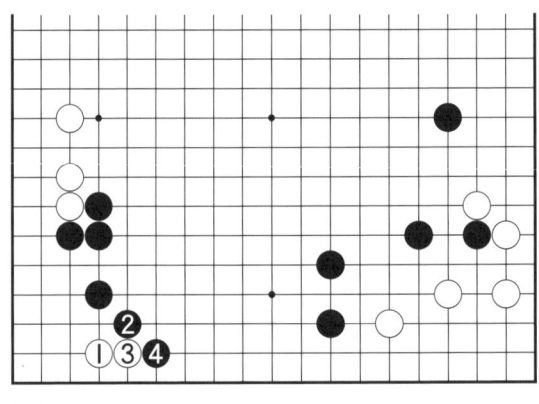

8도

8도(깊숙한 침투)

차라리 백1의 깊숙한 침투가 더 나을지 모른다.

흑2, 4로 막는 것이 보통일 때….

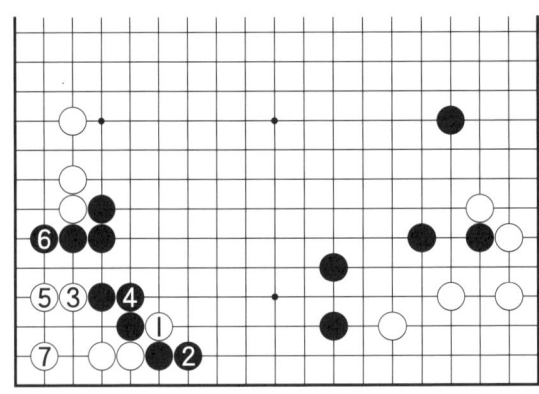

9도

9도(후수 삶)

백1로 끊어 맛을 남긴 후 3 이하 7의 수순이면 부분적으로 서로 무난하다.

그런데 백의 후수 삶으로 하중앙 흑진의 구체화되는 영토가 부담이다.

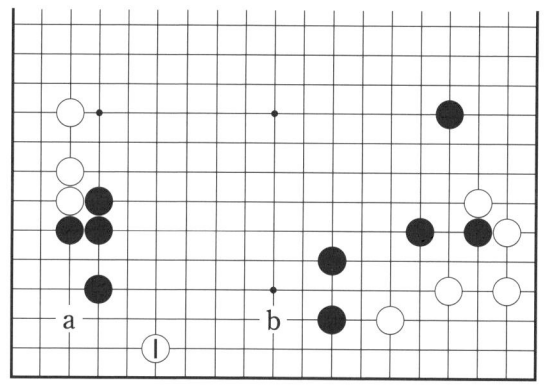

10도

10도(명당)

백에는 귀와 변을 동시에 노리는 삭감책이 있었으니 바로 백1 자리다.

다음 a의 침투와 b의 벌림을 겨냥하고 있어 두고 보니 명당임에 틀림없다.

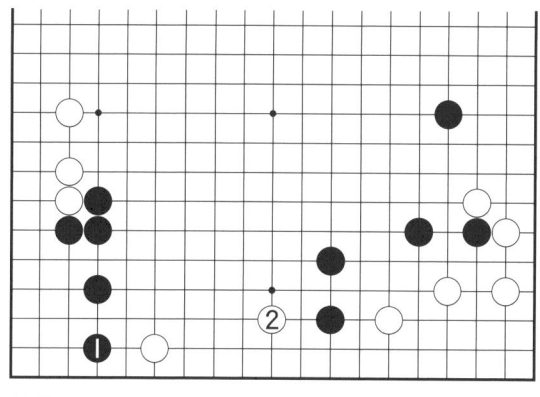

11도

11도(벌림이 제격)

만일 흑1로 귀를 지키면 백2의 벌림이 제격이다. 이제는 변의 주도권이 누가 쥐고 있는지 알 수 없다.

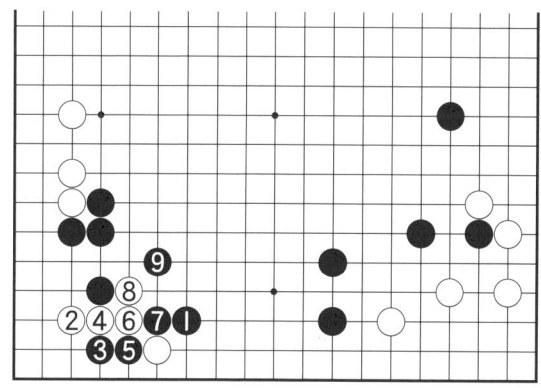

12도

12도(위에서 압박하면)

흑1로 위에서 압박하면 백2로 귀에 일단 들어간다.

흑3이 예리한 공격이지만 백은 4 이하 8로 귀를 파헤치며 사는 수순을 밟는다.

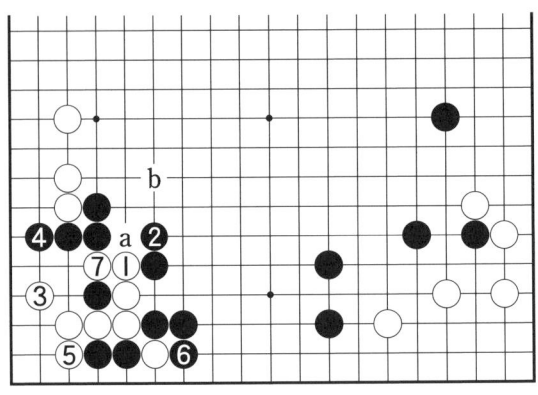

13도

13도(타협)

이어 7까지 백은 제법 집을 마련하며 깔끔한 삶이다. 흑진도 잠식하지 않았는가. a의 맛도 있어 흑b의 지킴이 필요할 것이다. 물론 흑도 두터워진 만큼 이에 대한 활용이 관건이다. 타협이라면 이 정도일 듯.

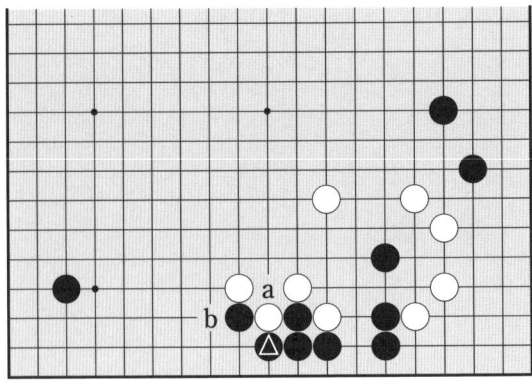

14도

14도(백의 고급처리법은?)

흑▲로 단수친 장면인데 보통이라면 백a로 잇고 흑b로 늘 것이다.

그런데 그렇게 되면 흑은 자연스럽게 실리를 얻지만 백의 두터움이 중복될 염려가 있다. 판의 형세를 크게 본다면 좌하귀와 관련해 고급 수단이 있다.

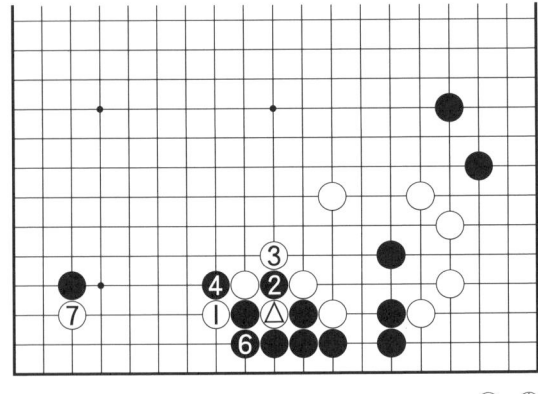

15도

⑤…△

15도(되단수 후 귀의 붙임)

백1의 되단수가 고급 감각이다. 흑은 2로 따낸 후 기세상 4로 끊게 되는데, 이때 백은 5의 단수를 선수한 후 귀에서 7의 붙임이면 제법 재미있는 흐름을 만들 수 있지 않을까?

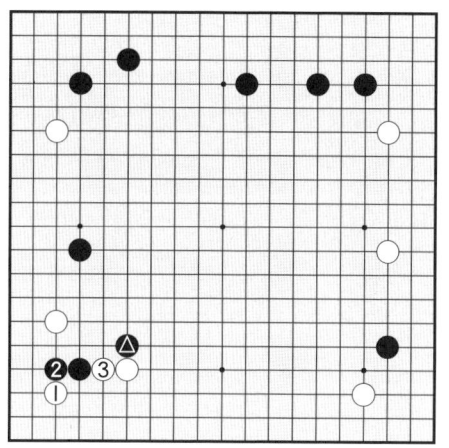

1도(실전 1)

3점 접바둑에서 취재한 장면.

좌하귀 백의 양걸침에 흑▲로 붙이자, 백은 1로 3三에 들어왔다. 흑2는 당연한데 백은 느닷없이 3에 치받았다. 흑의 대응은?

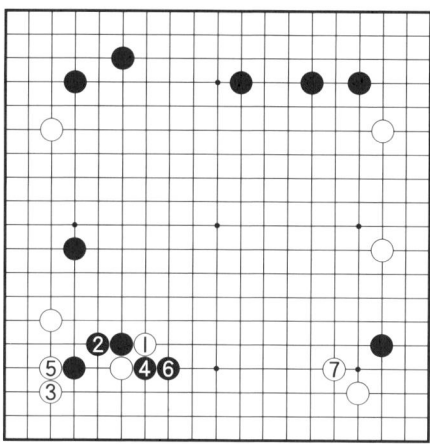

2도(젖히고 나서 3三)

백1로 먼저 하나 젖혀 흑2와 교환하고 나서 백3으로 3三에 들어가는 수도 흔히 시도된다.

그러면 흑은 4로 끊어서 세력을 중시하는 수법도 있으며….

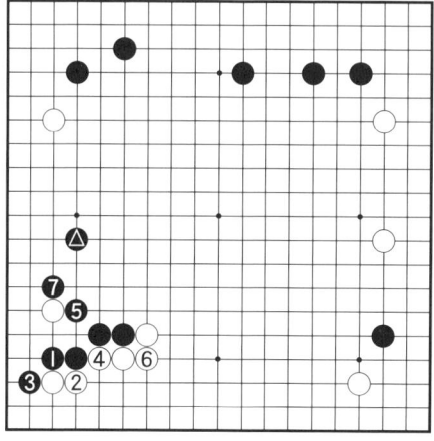

3도(실리 선택)

흑1로 막아 실리를 선택하기도 한다. 백2에 흑3으로 젖히고 백4에 흑5로 호구치는 것이 상식적이며 7까지 ▲가 약간 중복이지만 그런대로 둘 만하다.

263

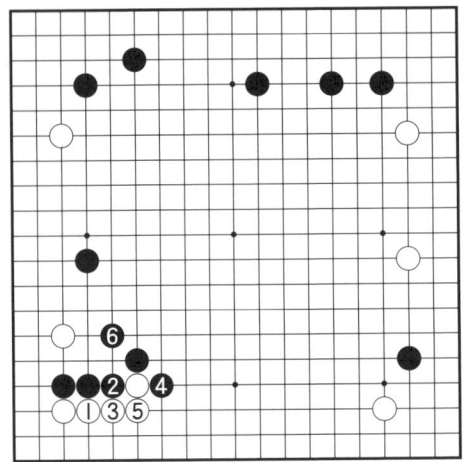

4도(백1의 건넘이 정수)

1도의 3으로는 이 그림처럼 백 1에 건너는 것이 정수이다.

그러면 흑2에 치받고 4로 단수한 다음 6에 호구쳐서 일단락되며 서로 불만이 없는 진행이다.

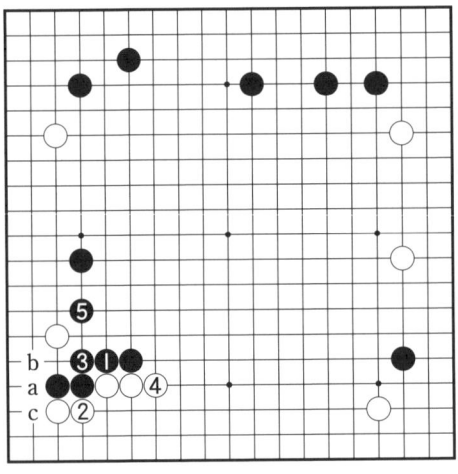

5도(백의 주문)

본론으로 들어가서, 흑1로 덥석 받는 것은 백2로 건넜을 때 응수하기가 고약하다.

흑3에 잇고 5에 지키는 정도인데 백a, 흑b, 백c의 젖혀이음도 선수여서 여간 불만이 아니다.

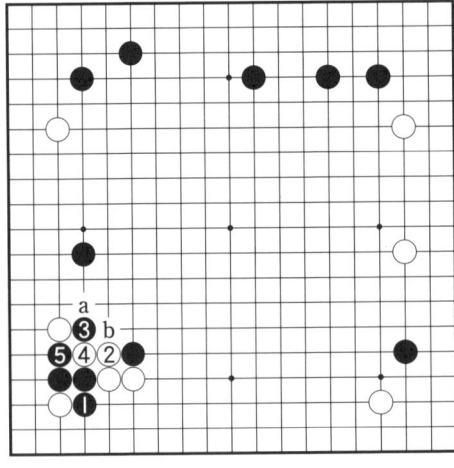

6도(포인트/ 단호한 반발)

흑은 단호하게 1로 반발할 곳이다. 백2에는 흑3의 건너붙임이 백을 분단하는 강력한 행마이다. 백4, 흑5 다음 백a에는 흑b로 나가서 흑이 유리한 싸움이다.

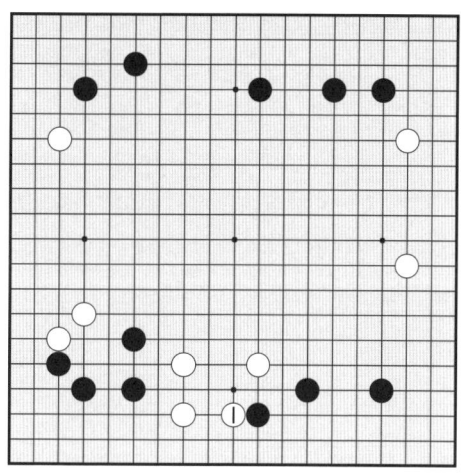

7도(실전 2)

프로와 아마추어의 4점 접바둑
에서 나온 장면이다.

　백1의 붙임은 좌하귀의 공방
을 염두에 두고 노림을 품고 있
는 수이다. 자, 여기서 흑은 어
떻게 응수해야 할까?

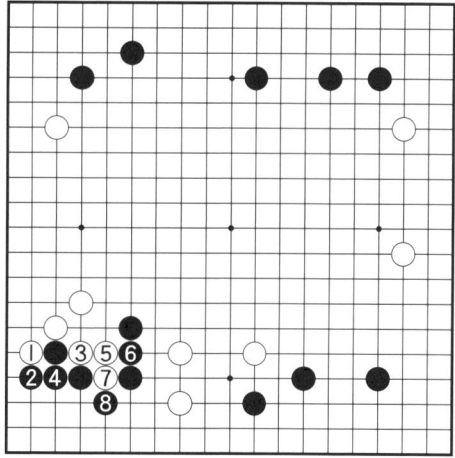

8도(좌하귀의 사정)

먼저 좌하귀의 사정을 살펴보기
로 한다.

　백에게는 1로 젖히고 3에 단
수하고 5로 나가서 흑의 약점을
추궁하는 수단이 있다. 흑6의
이음은 당연하며 백7, 흑8 다
음….

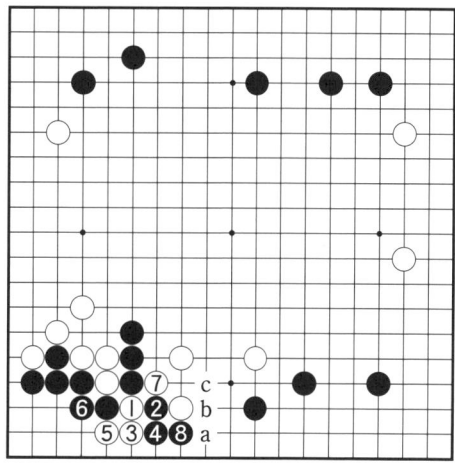

9도(당장은 안 되지만)

백1로 끊는다. 당장은 흑2, 4로
몰고 내려가서 수는 나지 않는
다. 8 다음 백a, 흑b, 백c의 패
는 초반이라 팻감이 없으므로
무리. 하지만 이 근방에 백돌이
온다면….

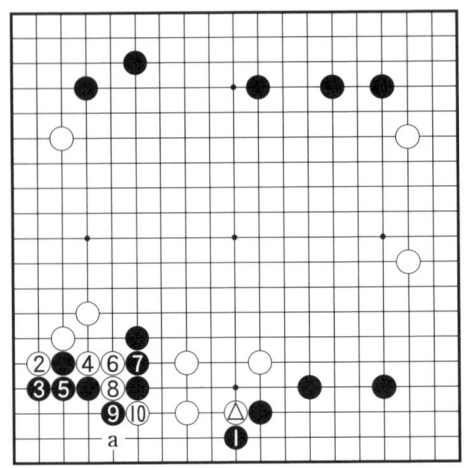

10도(사건 발생)

백△의 붙임에 흑1로 받으면 사건 발생이다. 백2 이하 10의 끊음은 앞서와 같은 수순.

여기서 흑a로 내려서거나 해서 양보하면 별탈이 없지만 분단된 석점이 부담된다.

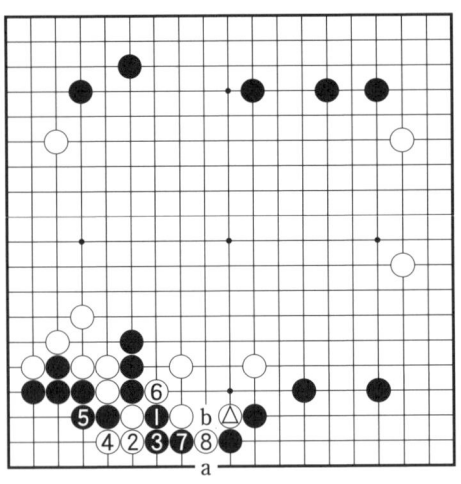

11도(끊는 수가 성립)

그래서 흑1, 3이면 이번에는 백4를 선수하고 6으로 끊는 수가 성립한다.

흑7에는 백8로 끼운다. 다음 흑a에 백b로 이어서 그만임을 확인하기 바란다. 이것이 백△의 효과이다.

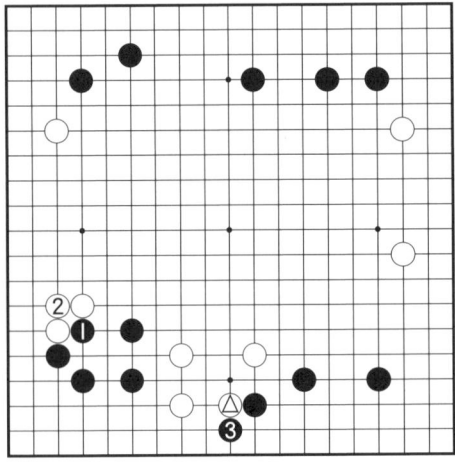

12도(포인트/ 외면하고)

백△에 대해 흑은 직접 대응하지 않고 외면하는 것이 현명하다. 요컨대 흑1로 보강해서 아예 백이 수단을 부릴 여지를 없애 버린다. 백2로 받는다면 그때 흑3으로 받아서 좋다.